Annette Scheunpflug, Ulrike Stadler-Altmann, Horst Zeinz

Bestärken und fördern

Wege zu einer veränderten Lernkultur in der Sekundarstufe I
Erarbeitet und erprobt im Modellversuch KOMPASS –
Kompetenz aus Stärke und Selbstbewusstsein

Klett | Kallmeyer

KOMPASS ist ein Kooperationsprojekt

Stiftung Bildungspakt Bayern

der Stiftung Bildungspakt Bayern

des Bayerischen Staatsministeriums für Unterricht und Kultus

Sparda-Bank freundlich & fair www.sparda-m.de

der Sparda Bank München e.G.

FAU Friedrich-Alexander Universität Erlangen-Nürnberg

Wissenschaftliche Begleitung: Lehrstuhl Allgemeine Erziehungswissenschaft I, Universität Erlangen-Nürnberg

Bibliografische Information der Deutschen Nationalbibliothek
Die Deutsche Nationalbibliothek verzeichnet diese Publikation in der Deutschen Nationalbibliografie; detaillierte bibliografische Daten sind im Internet über http://dnb.d-nb.de abrufbar.

Impressum

Annette Scheunpflug, Ulrike Stadler-Altmann, Horst Zeinz
Bestärken und fördern
Wege zu einer veränderten Lernkultur in der Sekundarstufe I
Erarbeitet und erprobt im Modellversuch KOMPASS – Kompetenz aus Stärke und Selbstbewusstsein

1. Auflage 2012

Redaktion: Dr. Matthias Harder, Berlin
Realisation: Stefan Zielasko
Druck: Kessler Druck+Medien GmbH & Co. KG, Bobingen
Printed in Germany

ISBN: 978-3-7800-1096-4

Annette Scheunpflug, Ulrike Stadler-Altmann, Horst Zeinz

Bestärken und fördern

Wege zu einer veränderten Lernkultur in der Sekundarstufe I

Erarbeitet und erprobt im Modellversuch KOMPASS – Kompetenz aus Stärke und Selbstbewusstsein

Klett | Kallmeyer

Vorworte 6

Einleitung 13

1 Die Veränderung der schulischen Lern- und Unterrichtskultur: Anerkennung 17

1.1 Warum Stärkenorientierung, Eigenverantwortung und individuelle Förderung? 18

1.2 Ein positives Menschenbild 20

1.3 Zum Zusammenhang von Selbstbewusstsein, Lernen und Leistung 24

1.4 Kompetenzorientiertes Lernen 30

1.5 Die Veränderung der Lehrerrolle: Coaching und Individualisierung 33

2 Unterrichten positiv denken: Stärken fördern und Schüler zum Erfolg führen 45

2.1 Lernprozesse in den Mittelpunkt stellen 46

2.2 Erfolg denken: Rückmeldungen geben 51

2.3 Zeit geben: Lernzeiten erhöhen 55

2.4 Orte schaffen: Raum für Lernen geben 56

3 Erprobtes zur Veränderung der Lernkultur 61

3.1 Kompetenzen im Unterricht stärken – Lernen verselbstständigen 62

3.1.1 Kompetenzraster (Deutsch, Englisch, Mathematik, Musik) 64

3.1.2 Portfolio (Englisch, Französisch) 72

3.1.3 Checklisten (Deutsch, Englisch, Mathematik) 75

3.1.4 Rückmeldegespräche (Feedbackgespräche, Coaching-Gespräche) 82

3.1.5 Förderangebote (Deutsch, Physik, Chemie, Mathematik) 88

3.1.6 Besondere fachspezifische und fächerübergreifende Angebote (Sport, Musik, Kunst) 99

3.1.7 Veränderung der Unterrichtsorganisation (Lernen lernen, Persönlichkeitsentwicklung, Freiarbeit und Projektarbeit, Werteerziehung) 103

3.2 Selbstständigkeit schulbezogen fördern – Strukturen weiten 128
3.2.1 Zeiten für selbstständiges Lernen schaffen (Freiarbeit, Stundenplanorganisation, Unterrichtsdifferenzierungen im Fachunterricht 128
3.2.2 In Lernzimmern arbeiten 135
3.2.3 Außerschulische Partner nutzen 137
3.2.4 Neue Angebote in bestehenden Stukturen ermöglichen 138
3.2.5 Übergänge stärkenorientiert gestalten (Wahlkurse, Schnupperkurse) 139

4 Wirkung beginnt, wenn sich viele auf den Weg machen: das Kollegium 147
4.1 Lehrkräften Anregung bieten: zum LernCoach fortbilden 148
4.2 Profilbildung durch die Summe aller Aktivitäten – ein Beispiel 150
4.3 Lernkultur organisieren 152

5 Effekte einer Veränderung der Schulstruktur 159
5.1 Stärkenförderung empirisch untersuchen 160
5.2 Ergebnis 1: Bewältigung des Übertritts von der Grundschule in die fünfte Jahrgangsstufe durch eine stärkenorientierte Pädagogik 163
5.3 Ergebnis 2: Abfederung der Selbstwert- und Interessenseinbußen in der Entwicklung älterer Schülerinnen und Schüler (8. und 9. Jahrgangsstufe) 168
5.4 Ergebnis 3: Nachhaltige Effekte einer Stärkenförderung bei Schülerinnen und Schülern der 5. bis 7. Jahrgangsstufen 172
5.5 Ergebnis 4: Nachhaltige Effekte einer Stärkenförderung bei Schülerinnen und Schülern der 8. bis 10. Jahrgangsstufen 174
5.6 Ergebnis 5: Veränderungen im Lehrerkollegium 176

Literatur 181
Bildquellenverzeichnis 185
Anhang: Die Maßnahmen im Überblick 186

Hinweise zum Download-Material 192

Dieses Symbol verweist auf Download-Material auf der Homepage des Friedrich Verlages. Weitere Informationen hierzu auf S. 192.

STIFTUNG
BILDUNGSPAKT
BAYERN

Vorwort der Stiftung Bildungspakt Bayern

Eine stärkenorientierte Lehr- und Lernkultur ist ein entscheidender Schlüssel zur Verbesserung des Schulklimas, zu einer positiven Persönlichkeitsentwicklung und zur Steigerung der Lern- und Leistungsmotivation.

Der Modellversuch KOMPASS setzt genau an diesem Punkt an, da er die individuelle Förderung jeder einzelnen jungen Persönlichkeit in ihren Stärken zum Ziel hat. KOMPASS hilft jungen Menschen, ihre Stärken realistisch zu erkennen und auszubauen. Durch ein Bündel von Maßnahmen werden Interessen geweckt, die Lernbereitschaft gesteigert und ein positives Lernumfeld gefördert. Vor allem werden Situationen geschaffen, in denen die Schülerinnen und Schüler ihre Selbstwirksamkeit erfahren können, was nachweislich zu einem positiveren Selbstbild beiträgt. Die Folge ist, dass sich die jungen Menschen Herausforderungen leichter stellen und dadurch oft auch Leistungsverbesserungen in schwächeren Bereichen erzielen. So lernen sie auch, mit gelegentlichen Rückschlägen und Misserfolgen konstruktiver umzugehen.

Bei KOMPASS spielt die Selbststeuerung der Lernprozesse durch die Schülerinnen und Schüler eine wichtige Rolle. Dadurch wird nicht nur die Selbstständigkeit gefördert, sondern Kompetenzen wie Teamfähigkeit, Verantwortungsbewusstsein und Hilfsbereitschaft, um nur einige zu nennen, gewinnen im praktischen Tun an Bedeutung. Unabhängig von ihren kognitiven Fähigkeiten können die Jugendlichen durch ein breit gefächertes System differenzierter Rückmeldungen zur Kompetenzentwicklung Lob und Anerkennung erfahren. So kann Schule maßgeblich zum Aufbau von Selbstbewusstsein und Selbstvertrauen beitragen, was für die Persönlichkeitsentwicklung und das spätere Berufsleben von großer Bedeutung ist.

Die Stiftung Bildungspakt Bayern dankt allen Modellschulen und am Modellversuch Beteiligten sehr herzlich für die engagierte Arbeit in den letzten vier Jahren. Besonderer Dank gilt der Sparda Bank München eG, die den Modellversuch großzügig als Exklusivpartner unterstützte, und ihrem Vorstandsvorsitzenden Herrn Lind, der die Entwicklung von KOMPASS persönlich mit großem Interesse und viel Herzblut begleitete. Die Evaluationsergebnisse sprechen für sich: KOMPASS ist ein großer Erfolg, zu dem viele mit unermüdlichem Einsatz und Energie beigetragen haben. Damit möglichst viele Schulen von den Erkenntnissen und Erfahrungen des Modellversuchs profitieren können, entstand diese Handreichung.

Wir wünschen Ihnen eine anregende Lektüre und viel Erfolg bei der Umsetzung an der eigenen Schule!

OStD Ralf Kaulfuß, Geschäftsführer der Stiftung Bildungspakt Bayern

Programmleitung des Modellversuchs:

RSKin Helena Rigatos (September 2007 bis August 2008)
ZwRSKin Dr. Svenja Meindl (August 2008 bis November 2009)
OStRin Dr. Susanne Mortensen (November 2009 bis Juli 2011)

Vorwort des Leiters der Abteilung Realschule im Bayerischen Staatsministerium für Unterricht und Kultus

Die Absolventinnen und Absolventen der Realschule gestalten ihre Bildungsbiografien in vielfältigster Weise: Sie erlernen anspruchsvolle Ausbildungsberufe, besuchen weiterführende Schulen und ergreifen später zu einem hohen Anteil ein Fachhochschulstudium oder ein Hochschulstudium. In der Vorbereitung der Schülerinnen und Schüler auf dieses breite Spektrum an Anschlussmöglichkeiten liegt ein Wesensmerkmal der Realschule und die besondere Herausforderung für deren Bildungs- und Erziehungsarbeit. Diese gelingt dann besonders gut, wenn individuelle Lernweisen und Entwicklungsstände die Grundlage für die Gestaltung von Lernprozessen bilden. Die Realschule ist damit einem hohen Qualitätsanspruch verpflichtet und allen pädagogischen Herangehensweisen aufgeschlossen, die dessen Einlösen unterstützen.

Mit KOMPASS rücken wir die Schülerinnen und Schüler in den Mittelpunkt schulischer Arbeit – mit ihrer Art zu lernen und mit ihrer Art, Schule zu erleben. Indem wir sie in der realistischen Einschätzung ihrer Fähigkeiten unterstützen. Indem wir Lernprozesse so gestalten, dass sie ihre individuellen Stärken erkennen und für sich fruchtbar machen.

Mit KOMPASS gestalten wir Schulkultur. Und zwar nicht top down, sondern bottom up: Lösungen werden dort erdacht, wo sie gebraucht werden. Dabei kommen vielfältige, teils neue Anforderungen an die Professionalität der Lehrkräfte und der Schulleitungen zum Tragen – in den Bereichen Entscheidungskompetenz, Dialog, Teamarbeit, Konfliktverhalten und Personalführung.

Die Erfolge und die hohe Akzeptanz dieses Schulversuchs bei den Schülerinnen und Schülern, bei den Eltern, den Lehrkräften und der Schulleitung haben überzeugt. Aus diesem Grund werden wir erfolgreiche KOMPASS-Maßnahmen sukzessive an weiteren Realschulen verankern, um die positiven Effekte in die Fläche zu tragen und den Dialog einer stärkenorientierten Pädagogik konsequent fortzusetzen.

Mein herzlicher Dank gilt der Stiftung Bildungspakt Bayern sowie insbesondere der Sparda Bank München eG, die Wegbereiter für den Erfolg dieses Projektes sind. Er gilt auch allen Lehrkräften und Schulleitungen sowie der wissenschaftlichen Begleitung, die ihre Arbeit und ihre Erfahrungen in diesem Buch teilen.

Ich wünsche Ihnen eine anregende Lektüre und möchte Sie ermutigen, die vorgestellten Ideen auszuprobieren und weiterzudenken.

München, im Juni 2011

Herbert Püls
Leitender Ministerialrat

KOMPASS wurde seitens des Ministeriums betreut durch:

MR Rüdiger Wieber (Referatsleiter V.1)
RSKin Tanja Stemmer (pädagogische Mitarbeiterin in Referat V.1)

Vorwort der Sparda-Bank

„Die Zukunft soll man nicht voraussehen wollen, sondern möglich machen."
Antonie de Saint-Exupéry

Die Sparda-Bank München eG vertritt und lebt aktiv das Prinzip der Nachhaltigkeit. Dabei geht es um die ausgewogene Koordination von ökologischem Gleichgewicht, ökonomischer Sicherheit und sozialer Gerechtigkeit.

Bereits in der Kindheit werden die Grundlagen für die Zukunft gelegt. Wirtschaft und Schule sind nicht zwei getrennte Welten, sondern stehen miteinander im Zusammenhang. Die Wirtschaft braucht mehr denn je gut ausgebildete und auf ihre berufliche Zukunft vorbereitete Schulabgänger.

Mit ihrem Engagement im Projekt KOMPASS an oberbayerischen Realschulen stellt sich die Sparda-Bank München eG auch ihrer gesellschaftlichen Verantwortung. Sie will damit aktiv zu einer nachhaltigen Veränderung im bayerischen Schulsystem beitragen, damit durch eine erfolgsorientierte Lehr- und Lernkultur die individuelle Förderung jedes einzelnen Schülers gewährleistet wird. Für Manager besteht das tägliche Handwerkszeug überwiegend aus Zahlen, Daten und Fakten. Diese einseitige Anwendung der Ratio im Job wurde bereits in der Schule antrainiert. Die ausgeprägte Neigung zur Trennung, zum Zerlegen, zum Bewerten, zum Vergleichen, zum Be- und Verurteilen, zur Fehlerfokussierung finden wir in den Schulen genauso wie in den Unternehmen. Was uns hier wie dort dabei verloren geht, ist der Blick fürs Leben, für den Menschen in seiner Ganzheit und seiner Einzigartigkeit.

Durch solches Lernen wird der Mensch in Bruchteile seines Potenzials zerlegt, die er sich im Erwachsenenalter durch Coaching-Sitzungen mühsam wieder zusammensetzt. Nach der ersten Ernüchterung im Job bleibt die Frage: Was will ich denn eigentlich? Was ist das Besondere, das ich der Welt zu geben habe? Was ist meine innere Berufung? Der Fokus unserer heutigen gesellschaftlichen und wirtschaftlichen Entwicklung liegt nicht mehr auf Automatisierung und Effizienz, vielmehr stehen hohes Bewusstsein, Achtsamkeit, Nachhaltigkeit und Sinn im Vordergrund. Das Management des 21. Jahrhunderts beschäftigt sich mit der

Frage nach dem Sinn: Was tut dem Menschen, was tut der Gesellschaft, was tut der Umwelt gut?

KOMPASS setzt in den Schulen frühzeitig genau da an, wo im Geschäftsleben nachqualifiziert wird.

Die Sparda-Bank München eG hat über die Jahre viel Geld und Zeit in das Coaching von Führungskräften und Mitarbeitern investiert und dabei immer wieder festgestellt, dass teilweise weder die Führungskraft noch der Mitarbeiter selbst die eigenen Stärken und seine besondere Einzigartigkeit kannte. Viele Entwicklungsmaßnahmen schlugen daher fehl, weil sie am Ziel vorbeigingen. Durch den nicht gelernten Umgang mit Konflikten fehlt die Akzeptanz an der Einzigartigkeit der eigenen Persönlichkeit und der des anderen. Das führt zur Zeit zu den größten Produktivitätsverlusten. Hat der einzelne Mitarbeiter seinen Stärken entsprechend den richtigen Platz gefunden, an dem er nicht mit Anstrengung und Stress seinen Arbeitsalltag erlebt, sondern mit Leichtigkeit und Spaß, benötigt er hinsichtlich seines eigenen Energiemanagements für sich weniger Energie. Damit lassen sich auf der anderen Seite für den Arbeitgeber bessere Ergebnisse erwirtschaften. Auch bei der Wahl der Auszubildenden stellte die Sparda-Bank München eG fest, dass keiner der Berufsanfänger in der Lage war, spontan seine fünf zentralen Stärken zu benennen. Die Bewertungskriterien in Schulen und später im Geschäftsleben sorgen dafür, dass das vorhandene Potenzial von Anfang an übersehen und ignoriert wird. Weil der richtige Umgang damit nicht bewusst praktiziert wird, bleiben oftmals nur noch Bruchteile davon übrig.

Die Fragen, die in den Unternehmen auftreten, sind die gleichen, die wir uns in der Bildung stellen müssen. Erst wenn wir Schule sinnvoller gestalten, hat unser Business Aussicht auf langfristigen Erfolg! Dadurch wird sich auch die Rolle des Lehrers verändern. Lehrer der Zukunft wirken als Lerncoachs und bringen durch Individualisierung die Stärken des Einzelnen zum Vorschein. Sie unterstützen durch Kompetenzraster die Schüler in ihrer Eigenverantwortung, Selbsteinschätzung und Selbstreflexion.

Lehrer der Zukunft ermutigen und lehren Kinder, ihre Einzigartigkeit zu entdecken. Sie helfen jedem Kind dabei, zu empfinden, dass es ein besonderer, wundervoller Mensch ist.

Durch eine Schule, die die Stärkenorientierung und die Förderung des Selbstbewusstseins in den Mittelpunkt stellt, würden wir enorm gewinnen. Daraus würden Menschen mit innerer Stärke hervorgehen, die ihren eigenen Lebensweg selbstständig finden und meistern.

Sie könnten mit Krisen im Leben umgehen, wären auf gesunde Weise team- und konfliktfähig und zugleich selbst- und geistesbewusst, um den heutigen Wahnsinn im Geschäftsleben nicht mehr mitzumachen.

Ihr gesunder Umgang mit sich selbst trägt auf ganz natürlich Weise zur Entlastung der Sozialversicherungssysteme bei, die es ohnehin in der bestehenden Form zukünftig nicht mehr geben wird.

„Unser primäres Ziel ist es, das Potenzial der jungen Menschen umfassend zum Blühen zu bringen."

Helmut Lind, Vorstandsvorsitzender der Sparda-Bank München eG

KOMPASS wurde seitens der Sparda-Bank unterstützt durch:

Helmut Lind, Vorstandsvorsitzender der Sparda-Bank München eG
Christine Miedl, Direktorin Unternehmenskommunikation der Sparda-Bank München eG

Einleitung

Dieses Buch beschäftigt sich mit den Anforderungen an Schule, Schülerinnen und Schüler bestmöglich in ihrer Entwicklung zu fördern. Es möchte Anregungen geben, wie man als Lehrkraft dazu beitragen kann, Heranwachsende in ihrer persönlichen Entwicklung zu fördern und gleichzeitig deren Lernerträge zu verbessern. Das Buch möchte Mut machen, an der Förderung der Stärken von Schülerinnen und Schülern, anzusetzen und von dort aus den Lernprozess bzw. den Unterricht zu denken. Die Ideen und Konzepte dieses Buches wurden in bayerischen Realschulen von Praktikern in einem Modellversuch entwickelt.

Selten war Bildung für den Erfolg im Beruf und im persönlichen Lebensvollzug so wichtig wie heute. Entsprechend wachsen die *Erwartungen* an die Schule:

- *Eltern* wünschen sich eine bestmögliche Ausbildung durch die Schule. Manche erwarten eine Unterstützung in der Erziehung ihrer Kinder.
- *Arbeitgeber* und *Betriebe* wünschen sich kompetente Absolventen, die selbstständig handeln und entscheiden können, wissen, wie man beständig weiterlernt und verantwortungsbewusst mit Mitmenschen, Material und Maschinen umgeht.
- Und nicht zuletzt erwarten *Schülerinnen* und *Schüler* eine sinnerfüllte Gegenwart, d. h. eine Schulzeit, die Freude macht, Orientierung stiftet und neue Erfahrungen ermöglicht. Sie erwarten eine Vorbereitung auf das Leben nach der Schule, die dazu beiträgt, das Leben in einer pluralen, globalisierten Gesellschaft im Privat- wie im Arbeitsleben zu meistern.

In diesem Buch geht es darum, wie es gelingen kann, Schülerinnen und Schüler zu stärken und zu fördern, sodass

- sie sich den auf sie zukommenden Anforderungen selbstbewusst, aber auch realitätsbezogen stellen,
- sie Verantwortung gegenüber sich selbst und anderen übernehmen,
- sie möglichst hoch qualifiziert sind,
- sie auf den Anspruch lebenslangen Lernens vorbereitet sind und
- sie damit insgesamt auf ein Leben nach der Schule bestmöglichst vorbereitet sind.

Kurzum: Wir versuchen nichts Geringeres, als Bildung unter den heutigen Bedingungen durchzubuchstabieren, die die Individualität der Schülerinnen und Schüler achtet, diese fördert und anerkennt und gleichzeitig die nötigen Qualifikationen in den Blick nimmt. Dieses Buch handelt davon, dass sich hohe Leistungsanforderungen und Freude an der Schule nicht ausschließen, sondern im

Gegenteil sich gegenseitig beflügeln können. Dazu werden einerseits theoretische Grundlagen erläutert und andererseits viele praktische Tipps gegeben.

Dieses Buch wurde von Lehrerkollegien aus zwölf bayerischen Realschulen erarbeitet, die sich gemeinsam – unterstützt durch die Stiftung Bildungspakt Bayern und die Sparda-Bank Oberbayern – auf den Weg gemacht haben, ihre Unterrichtskultur so zu verändern, dass die Förderung der Stärken der Schülerinnen und Schüler in den Mittelpunkt gestellt wird. Es geht um eine Förderung der Stärkenorientierung an Schulen, um ein gutes Lernklima und die konsequente Orientierung des Unterrichts am Lernfortschritt der Schülerinnen und Schüler. Der Modellversuch trägt den Namen KOMPASS – Kompetenz aus Stärke und Selbstbewusstsein. Mittelpunkt ist ein allgemeinpädagogisches, sich auf alle Unterrichtsfächer beziehendes Konzept der Förderung (vgl. zu ähnlichen Zielen aus fachdidaktischer Perspektive SINUS [Bayerisches Staatsministerium für Unterricht und Kultus, 2007] oder KIDS [Stiftung Bildungspakt Bayern, 2007]). Der Modellversuch KOMPASS fand von 2007 bis 2011 statt.

Das Buch gliedert sich in fünf große Kapitel. Im ersten Kapitel wird das Anliegen einer an den Stärken der Schülerinnen und Schüler orientierten Pädagogik dargestellt und begründet. Im zweiten Kapitel werden Zugänge zu einer stärkenorientierten Pädagogik umrissen. Im dritten Kapitel – vom Inhalt und Umfang her das Kernstück des Bandes – werden die Maßnahmen dargestellt, die von zahlreichen engagierten Lehrerinnen und Lehrern gemeinsam entwickelt wurden. Die Frage, wie die Stärkenorientierung über das Engagement Einzelner hinaus in einer Schule verankert werden kann, wird im vierten Kapitel beantwortet. Im fünften Kapitel werden die empirischen Befunde zur Wirksamkeit einer solchen Pädagogik dargestellt. Literaturhinweise im letzten Kapitel sollen zum Weiterlesen animieren.

Wir wünschen viel Freude beim Lesen, Stöbern, Nachdenken und vor allem beim Nachmachen!

An diesem Buch haben viele Personen mitgearbeitet. Alle Textteile, die nicht namentlich benannt sind, wurden durch Annette Scheunpflug, Ulrike Stadler-Altmann und Horst Zeinz verfasst.

Die Arbeit an diesem Buch und an der Evaluation des Modellversuchs wurde von Alexandra Burger, Petra Hiltl, Irena Hyblova, Marco Klotz, Sven Melnic, Isabel Müller, Anna Praetorius, Carolin Schloz, Julia Schram, Eva Siebert und Mark Wenz unterstützt. Ihnen danken wir herzlich! Die Evaluation des Modellversuchs wurde verantwortlich durchgeführt von Valérie D. Berner, Prof. Dr. Ulrike Stadler-Altmann, Dr. Horst Zeinz sowie Prof. Dr. Markus Dresel und Prof. Dr. Annette Scheunpflug (Projektleitung).

Folgende Schulen haben sich an diesem Modellversuch beteiligt:

- Staatliche Realschule Bruckmühl,
- Staatliche Realschule für Knaben Freilassing,
- Staatliche Realschule Kösching,
- Mädchenrealschule St. Ursula - Schloss Hohenburg, Realschule in katholischer Trägerschaft Lenggries,
- Orlando-di-Lasso-Realschule, Staatliche Realschule Maisach,
- Realschule am Keltenwall, Staatliche Realschule Manching,
- Theresia-Gerhardinger-Mädchenrealschule, Realschule in katholischer Trägerschaft München,
- Georg-Hipp-Realschule, Staatliche Realschule Pfaffenhofen a. d. Ilm,
- Staatliche Realschule Taufkirchen (Vils),
- Walter-Mohr-Realschule, Staatliche Realschule Traunreut,
- Ferdinand-Porsche-Schule, Staatliche Realschule Waldkraiburg,
- Anton-Heilingbrunner-Realschule, Staatliche Realschule Wasserburg/Inn.

An diesem Buch haben folgende Lehrerinnen und Lehrer der Modellschulen mitgearbeitet: Barbara Antholzer, Konrad Bachmaier, Doris Bauer, Ute Bauer, Stephanie Bauer, Dorothea Beck, Sandra Benker, Dr. Ursula Bleyenberg, Judith Braun, Manfred Brodschelm, Elisabeth Brönner, Bernhard Buchhorn, Clementine Burzler, Christian Daxl, Katrin Decke-Reindl, Barbara Dedekind, Angela Demattio, Marcus Detsch, Monika Dirschl, Katharina Dworschak, Ulli Eberhardt, Karin Eichinger, Susanne Erber, Martina Falkner, Carina Finsterer, Gabriele Fischbeck, Dr. Barbara Fischer, Ernst Fischer, Dieter Flory, Wolfgang Forstner, Heinz Gascha, Katja Georgi, Josef Grundner, Doris Gründl, Elli Haehnel, Angela Hager-Krug, Helga Hainzinger, Josef Hanslmaier, Hans Hautz, Hubert Heigermoser, Katharina Heimhilger, Stephan Heinl, Markus Herrler, Helmuth Hoch, Claudia Hoffmann, Frank Höhne, Markus Hösl-Liebig, Bernhard Illenseher, Katrin Ilsanker, Alexander Kaufl, Thomas Kaspar, Gertraud Korn, Wolfgang Kolb, Andreas Körner, Anita Kreiner, Peter Kühn, Roland Lansky, Susanne Lebert, Karin Lehermeier, Andreas Meier, Stefanie Meindl, Wolfgang Melchior, Maria Menth, Marion Moller, Susanne Müller, Stephan Müller, Karin Netsch-Lamm, Andreas Noll, Christine Obermaier, Erika Ohland, Muriel Plaschke, Jürgen Ratzke, Petra Reil, Stefan Riedl, Ulrich Rummel, Stefanie Scheja, Peter Schinwald, Alois Schmaußer, Andrea Schmid, Irmengard Schmidtner, Martha Schmitt, Andrea Schriefer, Sabine Schwärzer, Ursula Sichert, Ursula Stahnke-Schebelle, Juliane Stregol, Heidemarie Tatler, Daniel Thiel, Annerose Thiermann, Monika Tluczykont, Johannes Vesper, Brigitte Vollenbröker, Ruth Wallner, Marianne Weindl, Silke Wimmer, Kerstin Wittmann, Christiane Wolf, Miriam Wolter.

Viele der von den Lehrkräften entwickelten Ideen sind entstanden infolge des Kompaktkurses LernCoaching, verantwortet von Michael Fritz, Transferzentrum der Universität Ulm, und Dr. Carina Fuchs, Learning Factory, sowie durch Anregungen aus Lehrerfortbildungen von Andreas Müller und dem Besuch von Lehrkräften im Institut Beatenberg, Schweiz (siehe auch Kapitel 4.1).

Ihnen allen sei herzlich gedankt!

Nürnberg, im September 2011

Annette Scheunpflug
Ulrike Stadler-Altmann
Horst Zeinz

1 Die Veränderung der schulischen Lern- und Unterrichtskultur: Anerkennung

Die Anforderungen der Wissensgesellschaft, der Umgang mit Vielfalt und die Notwendigkeit der Selbstzuordnung in unsere Gesellschaft sind Rahmenbedingungen für ein erfolgreiches Leben, mit denen Schülerinnen und Schüler umzugehen lernen müssen. Stärkenorientierung, Eigenverantwortung und individuelle Förderung als Merkmale schulischer Pädagogik – oder zusammenfassend: eine auf Anerkennung basierende Pädagogik – können die dafür nötigen Kompetenzen anbahnen. Damit einher geht eine Veränderung des Selbstverständnisses und der Rolle von Lehrerinnen und Lehrern.

1.1 Warum Stärkenorientierung, Eigenverantwortung und individuelle Förderung?

Es ist auffallend, dass in den letzten Jahren die Stärkung der Eigenverantwortung von Schülerinnen und Schülern, die Bedeutung der individuellen Förderung, die Förderung des Selbstwertgefühls sowie der Kompetenzerwerb als Anforderungen an schulische Bildung stärker in den Blick kommen. Internationale Vergleichsuntersuchungen wie PISA haben deutlich gemacht, dass der schulische Lernertrag ein wichtiges Qualitätsmerkmal schulischer Bildung ist. Gleichzeitig haben diese Untersuchungen aber auch den Blick darauf gelenkt, dass es nicht um das bloße Anhäufen von Wissen geht, sondern um einen Erwerb von Kompetenzen, d. h. die Fähigkeit, das Gelernte in unterschiedlichen Situationen anwenden und selbstständig erweitern zu können. Aufgrund der stetig steigenden Anforderungen im Berufsleben (u. a. infolge der internationalen Konkurrenz) und der hohen Technisierung unserer alltäglichen Lebenswelt müssen auch Jugendliche sich hoch entwickelte Fähigkeiten aneignen – nicht nur um auf dem Arbeitsmarkt eine Chance zu haben, sondern auch, um sich in der Welt für ihr privates Leben (z. B. im Internet) orientieren zu können. In diesem Zusammenhang wird oft davon gesprochen, dass wir in einer Wissensgesellschaft leben. Mit dem Begriff der *Wissensgesellschaft* verbindet sich die Einsicht, dass angesichts der Bedeutung und des Anwachsens von Wissen der selbstständige Umgang mit Wissensbeständen von besonderer Bedeutung ist.

Umgang mit Vielfalt

Eigenverantwortung, Selbstwertgefühl und Betonung der eigenen Talente sind aber auch deshalb wichtig, da Menschen sich heute in pluralen Situationen wiederfinden (Wissenschaftler sprechen von „Superdiversity"), mit denen man sich aktiv auseinandersetzen muss. Jeder Mensch muss lernen, aus der Vielfalt der Angebote und Möglichkeiten das auszusuchen, was für seine eigene Lebenssituation angemessen ist. Junge Menschen müssen deshalb frühzeitig lernen, sich auf das zu konzentrieren, was sie gerade machen, auch wenn die Ablenkung von außen groß ist. Heranwachsende sollten sich Werkzeuge und Fähigkeiten aneignen, mit deren Hilfe sie erkennen, für was sie selber verantwortlich sind. Und sie sollten die Möglichkeit haben und die Erfahrung machen, eigenverantwortlich zu handeln.

Komplexität in der Weltgesellschaft

Anders formuliert: Menschen müssen heute lernen, im Hinblick auf sich selbst und andere komplex zu handeln, um die auf sie einströmenden bzw. sie erwartenden gesellschaftlichen Anforderungen angemessen zu bewältigen. Soziologen wie Niklas Luhmann oder Ulrich Beck beschreiben die Weltgesellschaft heute als eine sich ausdifferenzierende Gesellschaft, die durch Technik, Mobilität und vielfältige Kommunikationsmöglichkeiten immer komplexer wird (vgl. Beck 1986 und Luhmann 1986).

Die heutige Wissensgesellschaft kann man sich wie einen großen Strom an Kommunikation vorstellen. Im Gegensatz zu früheren Gesellschaftsformen, etwa dem Leben in einem ländlichen Dorf, ist man heute nicht mehr mit der Geburt automatisch Teil dieser Sozialität. In modernen Gesellschaften muss man sich selber zuordnen. Aus modernen Gesellschaften kann man dann, wenn man diese Zuordnungsleistung nicht erbringt, herausfallen (ohne, wie früher aus dem Dorf, aktiv verstoßen zu werden). Die *Selbstzuordnung* zu einer Gesellschaft oder einer gesellschaftlichen Gruppe erfolgt zum Beispiel über Arbeit, Ehrenamt, die Beteiligung an Wahlen oder die Teilhabe an Kultur. Diese aktive Zuordnung setzt also Selbsttätigkeit voraus.

Der schnelle gesellschaftliche Wandel

Unsere Gesellschaft verändert sich ständig. Folgende Veränderungen stellen für die schulische und unterrichtliche Arbeit eine besondere Herausforderung dar (vgl. auch Müller 2008):

- Die *Vielfalt der Kulturen*: Die Begegnung und der Umgang mit Fremd- und Andersartigem im Sinne eines bereichernden Miteinanders ist anzubahnen und einzuüben.
- Eine *ständig wachsende Informationsmenge*: Der Umgang mit den neuen Medien, Recherchetechniken und der Umgang mit großen Informationsmengen werden für das schulische Lernen zunehmend wichtig.
- Orientierung an *Werten*: Angesichts der Vielfalt von gesellschaftlich akzeptierten Werten wird es für Schülerinnen und Schüler immer schwieriger, sich an Werten zu orientieren. Hier nimmt die Schule in der Akzentuierung und Priorisierung von Werten eine immer wichtiger werdende Funktion ein. Zudem nimmt die Bedeutung des sozio-emotionalen Lernens in der Schule zu.
- Angebote zur *Bewegung und Gesundheitsvorsorge*: Kinder und Jugendliche leiden häufig unter Bewegungsmangel und lernen oft nicht mehr in der Familie, auf ihre Gesundheit zu achten. Hier kommt der Schule durch anregende Angebote eine wichtige Aufgabe zu.

Diese Zuordnungsanforderungen werden angesichts der gesellschaftlichen Komplexität manchmal als Überforderungsstruktur erlebt. Um in einem Strom mittreiben zu können, muss man über Wasser bleiben bzw. darf zumindest nicht untergehen. Schülerinnen und Schüler benötigen deshalb *Kompetenzen*, die als Voraussetzung von selbstständigem Wissenserwerb gelten. Neben Lesen, Schreiben, Rechnen und der Kommunikationsfähigkeit in einer Fremdsprache müssen sie auch mit dem Internet umgehen und so Informationen sammeln können. Während früher Wissen alleine ausreichend war, muss heute die Fähigkeit, selbstständig weiteres Wissen zu erwerben, hinzukommen. Schülerinnen und Schüler brauchen *Zutrauen* in die eigenen Entscheidungen. Dies macht gesellschaftliche Komplexität individuell handhabbar. Selbstwirksamkeitserfahrungen sind deshalb eine wichtige Basis für das Handeln in einer komplexen Welt. Während früher der Ort der Selbstwirksamkeitserfahrung für viele Schüler die außerschulische Lebenssituation war, muss heute die Schule als weiterer Ort hinzukommen. Nicht zuletzt müssen Schüler auch gelernt haben, *eigenständig* und *selbstverantwortlich* zu handeln, d h., im Hinblick auf individuelle Ziele bewusste Entscheidungen zu fällen. Während es früher für Schülerinnen und Schüler nur wenige eigene Entscheidungskorridore gab, ist es heute notwendig, den Umgang mit der Vielfalt von Möglichkeiten zu erlernen.

Zusammenfassend lässt sich sagen: Schule sollte Wissen und Kompetenzen vermitteln. Sie muss aber mehr denn je auch Schülerinnen und Schüler zu einem angemessenen Selbstwertgefühl verhelfen, das diese handlungsfähig sein lässt und vor allzu schnellen Frustrationen schützt. Das Lehren und Lernen in der Schule muss zur Eigenständigkeit der Schülerinnen und Schüler beitragen, indem Eigenständigkeit und Selbsttätigkeit gefördert werden und Schülerinnen und Schüler lernen, für sich selbst Verantwortung zu übernehmen.

1.2 Ein positives Menschenbild

Ausdruck dessen, die Stärken von Schülerinnen und Schülern zu schätzen, ist deren Anerkennung. Das Selbstwertgefühl einer Person hängt unmittelbar mit deren Anerkennung durch andere zusammen. Stärkenförderung geht von der Anerkennung des Gegenübers aus.

Selbstwert und innere Rückkopplung

Dies ist deshalb der Fall, da Menschen *soziale Wesen* sind und ihr Selbstbild in einem sozialen Kontext bilden. Menschen lernen über sich selbst, wenn sie die Reaktionen anderer beobachten und wahrnehmen. Entwicklung und Veränderung des Selbstbilds findet durch die Beachtung des Fremdbilds als Form der inneren Rückkopplung statt. Deshalb ist die Kultur der Rückmeldung ein wichtiger Bestandteil einer stärkenfördernden Pädagogik (vgl. Kapitel 2.2):

- Zum einen lernen Schülerinnen und Schüler eine Menge über sich selbst, ihre Kompetenzen und Fähigkeiten, wenn sie im Unterricht die *Reaktionen der Lehrkräfte* erfahren. Deshalb ist es wichtig, dass Lehrkräfte diesen Effekt ihrer unterrichtlichen Tätigkeit kennen und selber beobachten. Dazu haben deshalb einige Projektschulen Maßnahmen erprobt (vgl. Kap. 3).
- Zum Zweiten wird die innere Rückkopplung wirksam, wenn Schülerinnen und Schüler interagieren. Das Bild, das Mitschülerinnen und Mitschüler vermitteln, ist gerade in der Adoleszenz oft wichtiger als das der Lehrkräfte. Auch hier beeinflusst die Wahrnehmung der anderen die Entwicklung des eigenen Selbst. Deshalb ist es in der Schule wichtig, soziale Kontakte und Interaktionsmöglichkeiten zu schaffen und anzuleiten, um die Persönlichkeitsentwicklung der Schülerinnen und Schüler zu unterstützen. Auch dazu werden in Kap. 3 Maßnahmen beschrieben.
- Zum Dritten erhalten Schülerinnen und Schüler tagtäglich über Noten eine Rückmeldung, die häufig nicht als selbstwertsteigernd erlebt wird. Die Frage, wie Leistungsrückmeldungen klar und ehrlich, aber dennoch die Person anerkennend aussehen können, ist deshalb ein weiterer Aspekt stärkenfördernder Pädagogik, der im späteren Verlauf des Buches weiter aufgegriffen wird (Kap. 1.3, Kap. 2.2, Kap. 3).

Selbstwertgefühl als generelles Konzept aus Teilbereichen

Das *Selbstwertgefühl* von Schülerinnen und Schülern setzt sich aus verschiedenen Teilbereichen zusammen. Shavelson u. a. (1979) unterscheidet das soziale, das emotionale, das körperliche und das schulische Selbstkonzept, die gemeinsam das generelle Selbstkonzept bedingen (vgl. Abb. 1) und dann als »Selbstwertgefühl« bezeichnet werden können.

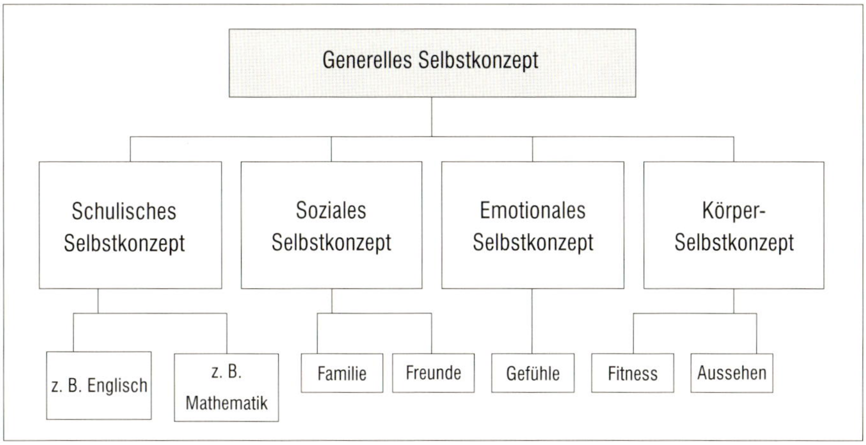

Abb. 1: Das hierarchische Selbstkonzeptmodell | Quelle: Shavelson u. a. 1979

Unter dem schulischen Selbstkonzept werden alle kognitiven Überzeugungen eines Schülers hinsichtlich seiner schulischen Fähigkeiten in spezifischen Domänen verstanden (vgl. Moschner 2001). Erfahrungen in der Schule betreffen aber nicht nur das schulische Selbstkonzept, sondern haben Auswirkungen auf das soziale, das emotionale und das körperbezogene Selbstkonzept, die wiederum das allgemeine Selbstkonzept und Selbstwertgefühl beeinflussen. Im Klassenzimmer begegnen sich Menschen, die in ihrer ganzen Persönlichkeit wahrgenommen werden möchten. Dann, wenn ausschließlich auf schulische Leistung geblickt wird, geraten andere Aspekte, das Sozialverhalten, die Gefühle oder der Körper, leicht aus dem Blick. So wird z. B. durch eine schlechte schulische Leistung leicht auch (ungewollt) auf andere Bereiche des Selbstwertgefühls negativ Einfluss genommen. Umgekehrt kann ein positives schulisches Selbstkonzept wiederum positive Auswirkungen auf das generelle Selbstkonzept und einzelne Teilbereiche haben. Personen mit einem starken Glauben an die eigene Kompetenz und Effizienz zeigen bei der Bewältigung von Aufgaben eine größere Ausdauer, eine niedrigere Anfälligkeit für Angststörungen und Depressionen und größere Erfolge im Berufsleben. Zudem ist das Ausmaß der Selbstwirksamkeitserwartung ein guter Prädiktor für die Arbeitsleistung.

Anerkennung als Reflexion des Selbstwerts des Gegenübers

Das Selbstwertgefühl des Anderen zu stärken, ist eine wichtige Form der Anerkennung. Das Handeln eines erwachsenen Vorbilds wirkt auf das Selbstbild von Heranwachsenden in einem deutlich stärkeren Maße als umgekehrt. Deshalb ist es für Lehrkräfte eine wichtige Aufgabe, das Selbstwertgefühl von Schülerinnen und Schülern zu reflektieren und aufzubauen, wo es nur geht. Gerade ein übersteigertes und unrealistisches Selbstwertgefühl kann auch als ein Hinweis auf Schutz vor Selbstwertverletzungen gesehen werden. Die Korrektur eines solchen Selbstbildes gelingt nicht durch Abwertung von außen, sondern durch wohlwollende, aber auch in der Sache klare Anerkennung, die eine Selbstkorrektur ermöglicht.

Anerkennung durch Achtsamkeit

Jemanden anzuerkennen äußert sich in einem achtsamen Umgang miteinander, der durch aktives Zuhören und gegenseitiges Aussprechenlassen, durch Offenheit für Ideen und Bedürfnisse anderer, durch das Sichhineinversetzen in die Gedanken- und Gefühlswelt anderer, durch Geduld und Zuversicht darauf, dass man andere mit der Zeit und mit einem Mehr an Informationen besser verstehen lernt, und das Vertrauen, dass man sich erklären kann, wenn man sich selbst falsch verstanden fühlt, geprägt ist. Der Schulpädagoge Joachim Kahlert führt dazu aus:

> *„Anerkennung lässt sich nicht als ein Katalog starrer Verhaltensanforderungen operationalisieren. Entscheidend ist die Haltung, dem anderen im Umgang miteinander Rechte und Bedürf-*

nisse respektvoll einzuräumen. [...] Wenn Anerkennung das Recht ist, das jeder für sich in Anspruch nehmen kann, dann ist Achtsamkeit gegenüber dem anderen die damit korrespondierende Pflicht, mit der das Recht für alle möglichst weitgehend gesichert werden kann." (Kahlert 2010, S. 9)

Anerkennung ist auch durch das Menschenbild geprägt, das im Alltag im Gesamt der Interaktionen einer Person immer wieder sichtbar wird. Allgemein gesprochen sollte die Grundlage jeder Interaktion zwischen Lehrkräften und Schülern die gegenseitige Anerkennung der Würde eines jeden Einzelnen sein. Darüber hinaus ist eine zentrale Kategorie der Anerkennung der Heranwachsende als Lernender. Jeder junge Mensch möchte im Grunde lernen. Auch wenn dies im Alltagsvollzug durch Heranwachsende nicht immer angemessen zum Ausdruck kommen sollte, ist es doch eine Frage der gegenseitigen Anerkennung und Achtung, dass Lehrkräfte davon ausgehen. Die Anerkennung des anderen als Lernenden bestimmt das pädagogische Verhältnis und den pädagogischen Takt.

Anerkennung als Kritik und Auseinandersetzung

Anerkennung bedeutet aber im Gegenzug nicht, dass das, was andere tun, auch unbedingt akzeptiert werden muss:

„Wer eine Haltung der Anerkennung einnimmt, muss deshalb nicht alle sozialen Zumutungen im Verhalten eines anderen akzeptieren. So wie die Freiheit des einen dort endet, wo die Freiheit des anderen ungerechtfertigt eingeschränkt wird, so stößt auch die Verwirklichung des Rechts auf Anerkennung für jeden Einzelnen an eine Grenze, wenn sie das Recht anderer auf Anerkennung unverhältnismäßig beeinträchtigt." (Kahlert 2010, S. 9)

Gerade in der Auseinandersetzung über Sozialverhalten und in der Rückmeldung zu unangemessenem Sozialverhalten zeigt sich Anerkennung des Gegenübers. Schließlich gibt es keine höhere Form der Anerkennung von Menschen, als dass sich andere mit ihnen auseinandersetzen.

Anerkennung als Grundlage für das Leben in einer Gesellschaft

Dass Anerkennung eine wichtige Grundlage für das Leben in einer Gesellschaft ist, ist in den letzten Jahren zunehmend in den Blick der Soziologie gekommen. Wissenschaftler wie etwa Axel Honneth machen deutlich, dass Anerkennung die Basis eines wertorientierten zwischenmenschlichen Umgangs darstellt. Anerkennung wird verstanden als Haltung des Respekts vor anderen als Personen mit Bedürfnissen, Meinungen und Interessen, und das unabhängig von Leistungen oder der Funktion des anderen für einen selbst.

Lesetipp:

- Axel Honneth (1994): Kampf um Anerkennung. Frankfurt/Main.

Für die Pädagogik wurde dies beispielsweise fruchtbar gemacht bei

- Heinz Rosenbusch (2005): Organisationspädagogik der Schule. Grundlagen pädagogischen Führungshandelns. Neuwied.
  In diesem Buch wird das schulleitende Handeln auf Basis von Anerkennung reflektiert und praxisbezogen dargestellt.
- Joachim Kahlert u. Richard Sigel (2002): Achtsamkeit und Anerkennung. Sozialverhalten in der Grundschule. Herausgegeben von der Bundeszentrale für gesundheitliche Aufklärung, Bonn.
  In diesem Band wird das Konzept der Achtsamkeit für die Sozialerziehung im Kindesalter beschrieben – auch für die Sekundarstufe anregend!

Deutlich werden bereits an dieser Stelle Anschlussmöglichkeiten für die schulische Praxis. Schließlich leuchtet aus einer solchen Perspektive unmittelbar ein, dass es bedeutsam ist, Schülerinnen und Schüler in allen Facetten ihrer Person in der Schule wahrzunehmen. Wissen die Mathematiklehrkräfte über die sportliche Kompetenz eines Schülers im Sportverein Bescheid? Macht es nicht das Lernen im Fach Mathematik leichter, sich im sportlichen Bereich durch den Lehrer anerkannt zu fühlen? Deutlich wird vor diesem Hintergrund auch die Bedeutung der Kooperation der Schule mit der Familie und dem schulischen Umfeld in Vereinen, Kirchen, Musikschulen etc. Wie eine schulische Anerkennungskultur in diesen Dimensionen aussehen könnte, wird in Kapitel 3 genauer skizziert.

Fazit

Für eine stärkenorientierte Pädagogik stellt das Konzept der Anerkennung eine wichtige Grundlage dar. Da Menschen soziale Wesen sind, resultiert ihr Selbstwertgefühl aus der inneren Verrechnung ihrer Anerkennung in unterschiedlichen Bereichen. Zentrale Kategorie pädagogischen Handelns ist die Anerkennung des Schülers in seiner Würde und in seinem Lernwillen. Dies schließt das Aufzeigen von Grenzen des Verhaltens nicht aus, sondern explizit als Form von Anerkennung ein.

1.3 Zum Zusammenhang von Selbstbewusstsein, Lernen und Leistung

Wie aber gelingt es, Schülerinnen und Schüler nachhaltig zu motivieren, zum Auf- und Ausbau eigener Interessen und Stärken anzuregen sowie ihr Selbstwertgefühl und ihre Leistungen zu fördern?

Die Bedeutung von Gefühlen für das Lernen

Für das Lernen sind Gefühle eine wichtige Stellschraube. Das hängt mit der besonderen Bedeutung von Gefühlen für die Kognition zusammen (vgl. ausführlich Damasio 1994; Roth 2001; für die Schule Scheunpflug 2001; Scheunpflug 2006). Viele Gefühle (vor allem starke Emotionen) sind bewährte Reaktionsmuster, die direkte, angeborene physiologische Konsequenzen nach sich ziehen (vgl. Roth 2001, S. 258). Auch wenn die Bedeutung von Gefühlen sich in der Entwicklungsgeschichte des Menschen herausgebildet hat und Gefühle auf bei allen Menschen gleichen physiologischen Grundlagen basieren: Es ist jeweils individuell verschieden, welcher Außenreiz mit welchem Gefühl verknüpft wird. Dieses hängt von den individuellen Vorerfahrungen und der Lebenssituation ab.

Für das Lernen sind dabei zwei Aspekte besonders wichtig: *Misserfolg* und *Erfolg*. Das Gehirn verfügt über ein eigenes internes Belohnungssystem (im Einzelnen bei Roth 2001, S. 297 ff.), das vor allem dann anspringt, wenn etwas besser als erwartet ausfällt. Die körpereigene Belohnung ist also weniger von der externen Zuschreibung des Erfolges abhängig, sondern vor allem von der subjektiv individuell vorgenommenen Bewertung über die eigene Leistungserwartung. Dieses körpereigene Belohnungssystem kann schulisches Lernen dann unterstützen, wenn die Erwartungen der Schule ein wenig über dem Leistungsniveau liegen, das von einem Schüler ohne Anstrengung erreicht werden kann. Die jeweiligen Anforderungen sollten also so gesetzt werden, dass sie durch leichte Anstrengung auch faktisch erreicht werden können. Bei undurchschaubaren Bedingungen oder nicht erreichbaren Anforderungen wird dieses Belohnungssystem allerdings zum Problem: Hier kann ein Teufelskreis des Misserfolgs in Gang kommen, in dessen Verlauf die hormonelle Reaktion es für den Schüler nahelegt, auf die Anstrengung zu verzichten. Dabei handelt es sich um ein internes, durch die eigenen Erwartungen gesteuertes Belohnungssystem, das nicht immer mit der Außenperspektive von Erfolg und Nichterfolg korreliert. Das Belohnungssystem des Gehirns ist nicht direkt zugänglich, sondern wird durch die Verrechnungen des individuellen Gehirns erst produziert. Gleichwohl werden Erwartungen registriert und regen die interne Bewertung an.

Nicht Gleichgültigkeit oder die Abwesenheit von Leistungserwartungen induziert also positive Gefühle, sondern eine Erwartung, die gemeistert werden kann. Ein positives Anregungsmilieu führt am ehesten zu jener internen Bewertung, die Interesse und Lust am Lernen produziert.

Die Bedeutung des Flow

Dieser Sachverhalt ist durch die Forschungen von Mihály Csíkszentmihályi seit Mitte der 1970er Jahre besonders gut dargestellt worden (vgl. Csíkszentmihályi 2000). Er beschreibt den (auch in der Reformpädagogik z. B. bei Kurt Hahn als „schöpferische Leidenschaft" oder bei Maria Montessori als „Polarisation der Aufmerksamkeit" bekannten) Mechanismus, dass es dann besonders leicht und befriedigend ist, sich auf das eigene Tun zu konzentrieren, wenn das durch eine Aufgabe geforderte Anstrengungsniveau so in Bezug zur eigenen Fähigkeit steht, dass weder Langeweile noch Überforderung entstehen und durch die notwendige Anstrengung das Gefühl eigener Selbstwirksamkeit ermöglicht wird. Dazu sind Rückmeldungen zur Lösung der Aufgabe unabdingbar. Das sich dann einstellende Gefühl, die Zeit beim Arbeiten zu vergessen, konzentriert bei sich zu sein und durch die dabei freigesetzte Energie sich scheinbar mühelos einer Aufgabe hingeben zu können, wird als »Flow« (»Fließeffekt«) bezeichnet.

Vor diesem Hintergrund lassen sich die *Entstehungsbedingungen* für ein lernförderliches Flow-Erlebnis folgendermaßen beschreiben:

- Die Anforderungen von außen und die eigenen Fähigkeiten sollten in einer Balance zueinander stehen, die durch eine erkennbare, aber zu bewältigende Herausforderung gekennzeichnet ist.
- Die Ziele der Aufgabe sollten klar und eindeutig formuliert sein.
- Es sollte ein unmittelbares Feedback erfolgen.
- Die Aufgabe sollte, wo möglich, durch das eigene Handeln des Schülers beeinflussbar sein (z. B. durch die Wahl eines Schwierigkeitsgrades oder noch besser durch die Aufgabenstellung insgesamt).

Die Bedeutung des Vergleichs

Um ein Gefühl für die eigene Stärke – sei es im Bereich der kognitiven Leistungen, des Sozialverhaltens oder des allgemeinen Selbstwertgefühls – zu haben, vergleichen sich Menschen untereinander. Dieser *Vergleich* passiert ganz automatisch; in der Schule wird er allerdings auch über die Notengebung und die Beobachtung von Lob und Tadel ermöglicht. Dieser Vergleich kann grundsätzlich auf drei unterschiedliche Weisen erfolgen:

- Mit Hilfe der »individuellen Bezugsnorm« wird die individuelle aktuelle Leistung mit den eigenen Leistungen von früher verglichen. Damit wird der eigene Leistungszuwachs betrachtet.
- Vermittels der »sozialen Bezugsnorm« wird die eigene Leistung mit der von anderen Menschen verglichen. Damit wird die eigene Leistungsstärke in eine Rangliste eingereiht.
- Mit Hilfe der »kriterialen Bezugsnorm« werden die eigenen Leistungen mit den zu erreichenden Zielen verglichen. So wird ersichtlich, was bereits erreicht wurde und was nicht.

Ein wichtiger Schritt zur Stärkung des Selbstwertgefühles ist es, reflexiv und bewusst mit allen drei Bezugsnormen im Unterricht umzugehen. Schülerinnen und Schüler sollten wissen, was gekonnt werden muss, damit eine Leistung gut ist. Sie sollten die Kriterien dazu kennen und ihre eigene Leistung dazu in Relation setzen können. Zudem sollte der individuelle Bezug immer deutlich werden. In Kapitel 2 und 3 wird dieses für die unterrichtliche Praxis näher dargestellt.

Selbstwertgefühl und Schulleistung

Der enge Zusammenhang von schulischer Leistungsentwicklung und schulischem Selbstvertrauen konnte in einer Reihe von Studien belegt werden (vgl. zusammenfassend Zeinz 2006). Dabei stärkt sowohl das Selbstvertrauen die Leistung als auch die Leistung das Selbstvertrauen. Selbstkonzept und schulische Leistung beeinflussen sich also wechselseitig (vgl. Moschner 2001, S. 632; Krupitschka 1990). Dieses Verhältnis wiederum prägt die Zuversicht des Lernenden in sein eigenes Können und lässt die Erfolgserwartung steigen bzw. sinken. Dementsprechend werden sich auch das Anspruchsniveau und die Zielsetzung verändern. Außerdem wird so entschieden, wie viel Anstrengung, Ehrgeiz und Ausdauer in der Folgezeit in die schulischen Aufgaben investiert wird. Hattie (1992) konnte – entsprechend der Entstehung des Selbstwertgefühls aus unterschiedlichen Teilbereichen – zeigen, dass nicht nur das schulische Selbstkonzept hier relevant ist, sondern auch das soziale, emotionale und körperliche Selbstkonzept eine wichtige Rolle spielt. Helmke (1992) konnte deutlich machen, dass in der Anfangsphase einer Leistungsanforderung vor allem die Stärkung des Selbstwertgefühls die Leistung beeinflusst und in der Konsolidierung des Gelernten durch Routine die Leistung das Selbstwertgefühl beeinflusst. Eine eher negative Selbsteinschätzung zieht oft Anstrengungsvermeidung bei mangelnder Erfolgszuversicht nach sich und kann damit zu einem negativen Aufschaukelungsprozess zwischen Selbstkonzept und Leistung führen. Eine optimistische Selbsteinschätzung dagegen kann als eine Art ‚Zusatzmotor' (Helmke 1992) wirken und zukünftige Leistungen indirekt steigern helfen (Martschinke u. Frank 2002, S. 192). Dieses Sowohl-als-auch zeigt, dass in der schulischen Praxis die Rückkopplungsprozesse zwischen der Schulleistung und dem Selbstkonzept in beide Richtungen verlaufen und sich wechselseitig beeinflussen.

Neben diesen allgemeinen Befunden ist es aber auch entscheidend, danach zu fragen, wie die *Gestaltung des Unterrichts* eine Bedeutung für das Entstehen eines positiven Selbstkonzeptes haben kann. Bedeutsam sind offensichtlich die *Freiheitsspielräume*, die Schülerinnen und Schülern im Unterricht eingeräumt werden. Hier zeigte sich, dass bei Schülerinnen und Schülern, die eigenverantwortlich lernen konnten, das Selbstwertgefühl insgesamt positiver wurde und die negative Kopplung zwischen mangelndem Selbstwertgefühl und Leistung sich aufzulösen begann. Bestätigt wurde auch der Einfluss der *Bezugsnormorientierung der Lehrkraft*: In Klassen, in denen sich vermehrt nach der individuellen Bezugsnorm orientiert wird, verringert sich die Bedeutung eines negativen Selbstwertkonzeptes (vgl. Kammermeyer u. Martschinke 2003).

Umgang mit Erfolg bzw. Misserfolg

Einer der Aspekte, der für das Lernen und das Selbstwertgefühl von Bedeutung ist, ist die Frage, wie sich Lernende ihren Erfolg oder Misserfolg selbst erklären. Insgesamt lassen sich zwei Gruppen unterscheiden: Personen, die eher erfolgszuversichtlich und solche, die eher misserfolgsmeidend sind. Erfolgszuversichtliche schreiben Erfolge eher internalen Faktoren und Misserfolge eher zeitvariablen Faktoren zu. Dementsprechend werden bei Erfolgserlebnissen positive Selbstbewertungsaffekte erlebt, wogegen im Fall eines Misserfolgs zwar negative Emotionen aufkommen können, jedoch die Aussicht auf Erfolg beim nächsten Versuch wegen der angenommenen Zeitvariabilität erhalten bleibt. Misserfolgsmeidende hingegen schreiben Erfolge oft externalen Faktoren und Misserfolge häufig zeitstabilen Faktoren zu, besonders der mangelnden eigenen Fähigkeit. Daraus ergibt sich, dass Leistungssituationen selbst im Erfolgsfall einen geringen Belohnungswert darstellen, wogegen im Misserfolgsfall oft eine starke Betroffenheit zu verzeichnen ist und die Hoffnung auf ein besseres Abschneiden beim nächsten Versuch abnimmt. Erschwerend kommt noch die Tatsache hinzu, dass sich Erfolgszuversichtliche eher realistische Ziele setzen und sich Aufgaben mit einem mittleren Anforderungsniveau aussuchen, wohingegen Misserfolgsmeidende dazu neigen, sich entweder zu leichte oder zu schwierige Aufgaben zu stellen und sich unrealistische Ziele zu setzen.

Ein günstiger, selbstwertförderlicher Umgang mit Erfolg und Misserfolg kann geübt werden. Wie bereits ausgeführt ist es besonders für leistungsschwächere Schülerinnen und Schüler von großer Bedeutung, dass man ihnen die Perspektive und Überzeugung vermittelt, dass ihr Leistungsstand zum Besseren veränderbar ist. Dazu muss man von der Veränderbarkeit der Leistung und des Verhaltens überzeugt sein und dieses auch vermitteln. Dieses gelingt dann besonders gut, wenn man Schülerinnen und Schülern explizit erklärt, dass Leistungen und Verhalten veränderbar sind (vgl. Dresel u. Ziegler 2006). Bedeutsam ist zudem der unterrichtliche Umgang mit Fehlern: Kann man Fehler (etwa in Probearbeiten oder im Unterrichtsgespräch) auf der einen Seite als Mangel deuten, als noch nicht Gelerntes, so kann man sie auf der anderen Seite als Teil eines Lernprozesses begreifen, in dessen Verlauf Fehler eine wichtige Funktion erfüllen (können). Man kann zum einen aus Fehlern lernen, um es das nächste Mal anders/besser zu machen, zum anderen zeigen sie die Stellen auf, an denen eine gezielte Förderung einsetzen kann. Eine Herausforderung für die Schule besteht darin, die Diskrepanz aufzulösen, dass Fehler einerseits Ausgangspunkt für Hilfestellungen sein sollen und andererseits Grundlage für Leistungsfeststellungen und Benotung sein können (vgl. auch Kap. 2).

An Veränderungen glauben

Um sich als leistungsstark, zufrieden und selbstbewusst erleben zu können, müssen Schülerinnen und Schüler davon überzeugt sein, dass sie ihre Fähigkeiten steigern können. Diese „impliziten Fähigkeitstheorien" hängen mit dem Selbsterleben in der Schule eng zusammen. Wenn es gelingt, den Schülerinnen und Schülern zu vermitteln, dass sie ihre Leistungen *steigern können*, dann steigt auch die Wahrscheinlichkeit, dass sie intensiver arbeiten werden. Schüler zu stärken, indem ihr Erfolg gedacht wird, ist eine wichtige Aufgabe von Lehrerinnen und Lehrern.

Welche Bedeutung haben das Schul- und das Klassenklima?
Mit dem Begriff »Klima« sind Wahrnehmungen und die daraus resultierenden Überzeugungen über bedeutsame Merkmale von Schule gemeint, wie sie Schülerinnen und Schüler sowie Lehrkräfte berichten. Das *Schulklima* ist durch die Interaktionen und Beziehungen (z.B. den Umgangsformen, Mitbestimmungsmöglichkeiten, Formen der Konfliktaustragung oder die emotionale Qualität der Beziehungen) geprägt. Abstrakt kann man das Schulklima als „Kommunikationsbeziehungen, Rollenselbstverständnis und Befindlichkeit der an der Schule beteiligten Gruppen" bezeichnen (Eder 2006, S. 627). Die Forschung zum Schulklima konnte unter anderem zeigen: „Schüler mit positiven Klimaerfahrungen beteiligen sich mehr am Unterricht, stören weniger und schaffen sich damit bessere Lern- und Leistungsvoraussetzungen." (ebd., S. 626) Positive Klimaerfahrungen gehen nicht nur mit positiven sozialen Interaktionen einher, sondern sind häufig auch mit einem geringeren Ausmaß an schulischen Belastungen (Schulangst, Stress) und einem tendenziell positiven (Leistungs-) Selbstkonzept und Selbstwertgefühl verknüpft (vgl. ebd.). Positive Klimaerfahrungen können somit dazu beitragen, dass sich das Potenzial von Schülerinnen und Schülern entfaltet und deren individuelle Leistungsvoraussetzungen verstärkt in tatsächliche Leistungen umgesetzt werden.

Der »Lernmotor« – Grundlage einer stärkenorientierten Pädagogik
Die beschriebenen Aspekte münden im Hinblick auf die Organisation des Unterrichts in einen kognitiv aktivierenden und das problemlösende Denken fördernden Unterricht, der die Eigentätigkeit der Lernenden ermöglicht. Diese Zusammenhänge können in einem Modell dargestellt werden, das nach Helmke mit dem Begriff »Lernmotor« bezeichnet wird und in dem die wesentlichen, bereits erläuterten Aussagen zusammengefasst sind (vgl. Abb. 2).

Lernen als das grundlegende Ziel aller schulischen Bemühungen ist vom Zusammenspiel verschiedener Einflussgrößen abhängig: Gutes Schul- und Klassenklima, Glaube an die Veränderbarkeit eigener Kompetenzen und guter Unterricht sind für dieses Ziel förderlich, gerade auch durch die nützliche Wirkung auf das Selbstwertgefühl. Gefühle, die den Umgang mit Misserfolg, Erfolg und Neuigkeiten betreffen, können, ebenso wie die Vergleiche der eigenen Leistungen, positive wie auch negative Auswirkungen auf das Selbstwertgefühl haben. Während Erfolge und Neuigkeiten stets das Lernen fördern, sind Misserfolge lernhemmend. Individuelle und kriteriale Vergleiche wirken sich ebenso förderlich auf das Lernen aus, wohingegen soziale Vergleiche in der Regel ungünstig sind, da stets nur einer der (momentan) Beste sein kann und ein zweiter Platz manchmal schon als Niederlage angesehen wird. In einer Pädagogik, die erfolgreich stärkenorientiert arbeitet, wird die Komplexität dieser Einflussgrößen beachtet.

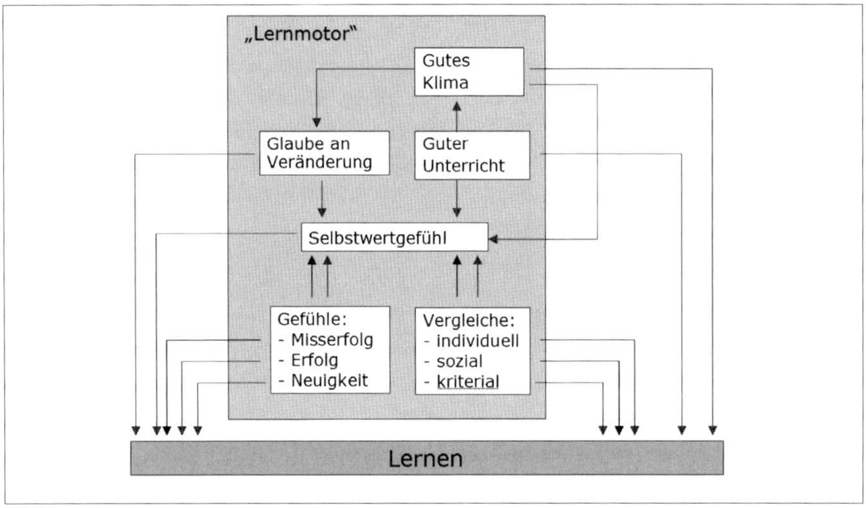

Abb. 2: »Lernmotor« als Grundlage einer stärkenorientierten Pädagogik

1.4 Kompetenzorientiertes Lernen

Die Perspektive auf das Selbstwertgefühl der Schülerinnen und Schüler im Kontext mit schulischem Lernen führt unmittelbar zu der Frage, welchen Beitrag das Lernen zur Erhöhung des Selbstwertgefühls leistet. Selbstwertgefühl resultiert auch aus der Anwendung von Gelerntem, aus dem Können.

Bereits in den ersten PISA-Untersuchungen war deutlich geworden, dass Schülerinnen und Schüler in Deutschland zwar viel Wissen anhäufen, dieses aber häufig nicht anzuwenden wissen. Um die Erwartung an die Anwendung von Wissen zu formulieren, hat sich der Begriff der Kompetenz eingebürgert. Seit den 1970er Jahren hatte der Schulpädagoge Wolfgang Klafki auf die Bedeutung der Anwendung im Wissenserwerb hingewiesen. Heute beziehen sich Kompetenzkonzepte überwiegend auf das von Weinert (2001) vorgelegte Verständnis. Danach verbinden sich mit dem Begriff der Kompetenz die Fähigkeiten für die Lösung von Problemen sowie auch die motivationalen Dispositionen, sich einer Herausforderung zu stellen: „Kompetenz ist nach diesem Verständnis eine Disposition, die Personen befähigt, bestimmte Arten von Problemen erfolgreich zu lösen, also konkrete Anforderungssituationen eines bestimmten Typs zu bewältigen" (Artelt u. Riecke-Baulecke 2004, S. 27; vgl. Klieme 2004) und Wissen in verschiedenen Situationen anwenden zu können. Es geht um die Fähigkeit, sich komplexen Herausforderungen in einer konkreten Situation zu stellen (Rychen u. Salganik 2003, S. 2).

Welche Kompetenzen heute als unabdingbar gelten, ist Gegenstand intensiver Debatten. Dabei lassen sich allgemeine Kompetenzen und fachbezogene, d.h. domänenspezifische Kompetenzen unterscheiden. Für die allgemeinen (fachübergreifenden) Kompetenzen hat die OECD 2003 mit der Studie von Rychen und Salganik einen weit beachteten, auf die Herausforderungen einer sich globalisierenden Welt bezogenen Vorschlag vorgelegt. Im Rahmen des als »DeSeCo« (Definition and Selection of Competencies) benannten Diskussions- und Forschungsprozesses ging es darum, einen theoretisch fundierten und übergreifenden konzeptionellen Rahmen für basale Kompetenzen in einer interdisziplinären und internationalen Wissensgesellschaft zu formulieren. Über das Lesen, Schreiben und Rechnen hinaus sollten weitere für das Leben in unserer Gesellschaft bedeutende Schlüsselkompetenzen benannt werden (Rychen u. Salganik 2003, S. 2). Dazu wurden zunächst Schlüssel- bzw. Kernkompetenzen für persönliches, soziales und ökonomisches Wohlergehen in modernen, komplexen Gesellschaften identifiziert. Drei miteinander verbundene Kompetenzbereiche wurden herausgearbeitet: (1) Interagieren in sozial heterogenen Gruppen, (2) selbstständiges, autonomes Handeln, (3) die interaktive Nutzung von Hilfsmitteln bzw. Instrumenten (vgl. Abb. 3). Bedeutsam ist, dass diese drei Kompetenzbereiche Wissen, kognitive und praktische Fähigkeiten sowie bestimmte Sozial- und Verhaltenskomponenten (wie z.B. Einstellungen, Gefühle, Werte und Motivationen) voraussetzen.

Der erste Kompetenzbereich (Interagieren in sozial heterogenen Gruppen) wird als besonders relevant für das Zusammenleben in pluralistischen und multikulturellen Gesellschaften beschrieben. Hier geht es um die Fähigkeiten, sich auf andere zu beziehen, auch über soziale Schranken bzw. soziale Disparitäten hinweg zu kooperieren und konstruktiv mit Konflikten umgehen und diese lösen zu können. Mit dem zweiten Bereich (selbstständiges, autonomes Handeln) wird die Fähigkeit benannt, das eigene Leben durch eine selbstbestimmte Überprüfung eigener Lebens- und Arbeitsbedingungen verantwortungsvoll und sinnvoll zu gestalten. Dabei geht es gleichermaßen um den individuellen Lebensvollzug (persönlich, in der Familie und am Arbeitsplatz) als auch um die Kompetenz, als Bürger am politischen Leben teilzuhaben. Es geht um die Fähigkeit, individuelle Lebenspläne und Projekte zu verwirklichen und dabei eigene Rechte, Interessen, Grenzen und Bedürfnisse zu verteidigen und die anderer gleichermaßen mit im Blick zu haben. Mit dem dritten Kompetenzbereich (Hilfsmittel und Instrumente interaktiv nutzen) werden Fähigkeiten angesprochen, die geeignet sind, auf die sozialen und beruflichen Herausforderungen einer globalen Ökonomie und modernen Informationsgesellschaft reagieren zu können.

Mit diesem Entwurf werden anwendungsbezogene Leistungen als Verbindung von kognitiven und praktischen Fähigkeiten beschrieben. Die beschriebenen Kompetenzen gehen weit über die reine Anwendung von Wissensbeständen hinaus. Damit wird ein Kompetenzbegriff entworfen, der auf eine komplexe, interdependente und konfliktbeladene Welt reagiert.

Herausforderung	Zusammenleben in pluralistischen, multikulturellen Gesellschaften	Sinn- und verantwortungsvolle Gestaltung des eigenen Lebens	Leben in einer globalen Ökonomie und modernen Informationsgesellschaft
Kompetenz	Interagieren in sozial heterogenen Gruppen	selbstständiges, autonomes Handeln	Interaktive Nutzung von vielfältigen Hilfsmitteln
Fähigkeiten	Gestalten von Beziehungen und Kooperation untereinander angesichts sozialer Disparitäten Bereitschaft und Fähigkeit, konstruktiv mit Konflikten umzugehen und diese zu lösen	Handeln im Kontext des persönlichen, familiären und arbeitsplatzbezogenen Lebens, als Bürger und in der Gestaltung des politischen Lebens; Verwirklichung individueller Lebenspläne und Projekte	Umgang mit sozialen und beruflichen Herausforderungen einer globalen Ökonomie und modernen Informationsgesellschaft

Abb. 3: DeSeCo-Kompetenzen im Überblick | Quelle: nach Rychen u. Salganik 2003

Domänenspezifische Kompetenzen wurden für die Schule ebenfalls in diesem Zeitraum mit den nationalen Bildungsstandards vorgelegt, die inzwischen in vielen Bundesländern für die einzelnen Schularten und Jahrgangsstufen konkretisiert wurden (vgl. Klieme 2003).

Der Blick auf die Vermittlung und den Erwerb von Kompetenzen ist aus mehreren Gründen bedeutsam:

- Mit der Betonung von Kompetenzen wird darauf hingewiesen, dass es beim schulischen Lernen nicht um die Wiedergabe abfragbaren Wissens geht, sondern um den Erwerb von Fähigkeiten, die *Relevanz* für die Lösung von Problemen haben.
- Da es um die Anwendbarkeit von Wissen geht, wird deutlich, dass dieses immer die *Eigentätigkeit* von Schülerinnen und Schülern voraussetzt, denn Probleme lösen kann man nur selber.
- Da Kompetenzen auf unterschiedlichen Niveaus beschrieben werden, lassen sich mit diesem Konzept Schülerinnen und Schüler individuell *fördern*.
- Der Kompetenzbegriff verweist auf ein Lernen, das über rein kognitive Aspekte hinausgeht – schließlich sind die *motivationalen* Aspekte, die Kompetenz *methodisch* auf Dinge zuzugehen und Probleme sozial gemeinsam zu lösen, ebenso wichtig.
- Mit dem Verweis auf Kompetenzen wird die *Selbstständigkeit* von Schülerinnen und Schülern betont.

Gleichzeitig bedeutet das aber auch,

- dass sich die *Aufgabenkultur* im Unterricht verändern muss, denn es geht damit weniger um Routineaufgaben, sondern um den Transfer von Gelerntem auf andere Bereiche und problemlösendes Denken in neuen Lernsituationen;

- dass Schülerinnen und Schüler selber *Agenten* ihres Lernens werden müssen und der Unterricht darauf umzustellen ist;
- dass die *individuelle Förderung* im Unterricht breiteren Platz einnimmt;
- dass sich die *Fehlerkultur* im Unterricht verändert und Fehler als etwas gesehen werden, was im Lernprozess natürlich ist und als Ausgangspunkt für weitere Lernschritte dienen kann.

Wie dieses konkret aussehen kann, wird in den Kapiteln 2 und 3 noch näher ausgeführt.

1.5 Die Veränderung der Lehrerrolle: Coaching und Individualisierung

Diese Überlegungen zum Unterricht berühren auch die Lehrerrolle: Das Verständnis von Lehrerinnen und Lehrern als reine „Wissensvermittler" oder „Belehrende" wird abgelöst von einem Bild der Lehrkraft, das eher mit Begriffen wie „Lernbegleiter" oder „Lerncoach" beschrieben werden kann. Der zentrale Gedanke lautet dabei, dass Lehrerinnen und Lehrer sich in ihrem Denken und Handeln nicht (mehr) als »Belehrende«, sondern eher als Lernbegleitung ihrer Schülerinnen und Schüler verstehen sollten. Schließlich können Menschen letztlich nicht belehrt werden – sondern nur selber lernen! Was bedeutet eine solche Erkenntnis für das Selbstverständnis einer Lehrerin oder eines Lehrers?

Von der Belehrung zur Begleitung

Lehrerinnen und Lehrer können die Stärken ihrer Schülerinnen und Schüler besser fördern, wenn sie sich weniger als Belehrende verstehen, sondern stärker als *professionelle Begleiter der Lernprozesse* von Schülerinnen und Schülern. Damit werden der Lerngegenstand und dessen Bewältigung in das Zentrum des Lernens gestellt (vgl. Kap. 2) sowie die Beziehungen, die der lernende Schüler dazu hat oder entwickelt. Die Interessen der Lehrkraft und deren Beziehung zu einem Gegenstand interessieren hingegen weniger. Damit kommen auch die zu erreichenden Lernziele klar in den Fokus. Die Lehrkraft unterstützt Schüler dabei, diese Lernziele zu erreichen.

Auf diese Weise wird es die vornehmste Aufgabe der Lehrkraft, die anspruchsvolle kognitive *Auseinandersetzung* mit dem Lerngegenstand in den Mittelpunkt des Geschehens zu setzen. Dies geschieht für jeden Schüler gleichermaßen, aber nicht für alle Schüler in der gleichen Art und Weise. Für Schülerinnen und Schüler steht damit die individuelle Aneignung im Mittelpunkt – beim kompetenzorientierten Unterricht sollen die Dinge so angeeignet werden, dass sie zu etwas Eigenem werden und nicht mehr fremd sind. Das Vorwissen wird bewusst aktiviert und als Ressource des Lernprozesses verwendet. Wer viel Vorwissen hat, beginnt an anderen Stellen als derjenige, der nur über wenig verfügt.

Ein solcher Unterricht arbeitet mit transparenten und sehr klaren Leistungsanforderungen, z. B. über Kompetenzraster, Checklisten, persönliche Zielkataloge oder Standortbestimmungen zum persönlichen Stärkenprofil (vgl. Kap. 2 und Kap. 3). Damit wird Transparenz erzeugt in Bezug auf das, was erreicht werden soll. Solche Instrumente dienen als eine Art »inhaltliche Landkarte«, anhand derer Lernende Erwartungen bzw. Referenzwerte abstecken und so ein Bewusstsein bekommen, wo sie stehen und wohin sie wollen. Damit stärkt die Lehrkraft die individuelle Bezugsnorm im Umgang mit Leistungen. Neben dem Bezug zu den durch Kompetenzraster transparent gemachten Anforderungen (als kriterialer Bezug) wird der individuelle Leistungsvergleich bedeutsam: Hat der Lernende sich im Vergleich zu früheren Leistungen steigern können bzw. schon vorhandene gute Leistungen beibehalten können? (vgl. Kap. 2)

Ein Lernbegleiter ist besonders dort gefragt, wo sich Widerstände und Schwierigkeiten zeigen. Schließlich beginnt gerade dort Lernen, wo Erwartungen auf Widerstand stoßen. Lehrkräfte als Professionelle für das Lernen werden dann bessere Lernbegleiter, wenn sie selber Erfahrungen im Umgang mit schwierig zu lernenden Sachverhalten haben. Sie können zeigen, wie man solche Schwierigkeiten bearbeitet, sie können motivieren und die Arbeit ggf. methodisch strukturieren. Lernende müssen lernen, wenn nicht gar Freude, so doch wenigstens Zähigkeit im Umgang mit Widerständen und Schwierigkeiten zu entwickeln. Die Lernbegleitung macht die Lernfortschritte sichtbar und ermöglicht so Erfolgserfahrungen.

Lehren und Selbstwirksamkeitserfahrung

Vor diesem Hintergrund soll nochmals auf die schon in den vorhergegangenen Kapiteln dargestellte Bedeutung der Selbstwirksamkeitserfahrung hingewiesen werden. Der amerikanische Psychologe Bandura (1997) nennt verschiedene Quellen, die Selbstwirksamkeit prägen können (dargestellt nach Fuchs 2005, 2006):

1. Meisterung von schwierigen Situationen

Erfolg bei der Bewältigung einer schwierigen Situation stärkt den Glauben an die eigenen Fähigkeiten – man traut sich auch in Zukunft solche Situationen zu –, während Misserfolg am eigenen Können zweifeln und in Zukunft schwierige Situationen eher meiden lässt. Rückschläge sind für Menschen mit einer hohen Selbstwirksamkeitserwartung kein Grund, die Bemühungen einzustellen.

2. Beobachtung von Modellen

Bewältigen Menschen mit Fähigkeiten und Kompetenzen, die den eigenen gleichen, eine Aufgabe, so traut man sich selbst diese auch eher zu. Wird jedoch ein Misserfolg beobachtet, so demotiviert dieser aber auch. Je größer die wahrgenommene Ähnlichkeit zu beobachteten Personen, desto stärker lässt man sich durch das Modell beeinflussen.

3. Soziale Unterstützung
Menschen, denen gut zugeredet und zugetraut wird, eine bestimmte Situation zu bewältigen, strengen sich eher an. Sie glauben in solchen Situationen mehr an sich, als dann, wenn andere an ihren Fähigkeiten zweifeln. Zugleich ist es wichtig, nicht unrealistisch gefordert zu werden, denn das würde bei Misserfolg eher demotivieren.

4. Reduzierung von Stressreaktionen
Viele Menschen empfinden bei hohen Anforderungen Stress, Anspannung, Müdigkeit oder Angst. Solche negativen Emotionen lassen sich leicht als Schwäche interpretieren und Selbstzweifel aufkommen. Ein Abbau von Stressreaktionen, z. B. durch Bewegung oder Entspannungsübungen, kann helfen, entspannter an Herausforderungen heranzugehen und sie so zu meistern.

5. Erfolgserfahrungen reflektieren
Wenn Menschen ihren persönlichen Beitrag zum Erfolg erkennen und ihn benennen können, wird damit ein positives Gefühl gestärkt, das die Motivation für weitere Erfolgserlebnisse steigert. Zu wissen, weshalb man etwas erreicht hat, erweitert zudem das Strategiewissen.

In allen Bereichen ist die Lehrkraft dabei als Lernbegleitung von entscheidender Bedeutung:

- Sie organisiert den Lernprozess so, dass er für jeden Schüler eine Herausforderung darstellt, aber für jeden diese Herausforderung individuell angepasst ist.
- Sie ist selber Modell und ermöglicht durch die individuelle Betreuung Schülern, unter ihren Mitschülern Vorbilder zu finden.
- Sie unterstützt Schüler sozial und organisiert deren Unterstützung durch Mitschüler.
- Sie organisiert die Lernprozesse so, dass ein stressfreies und konzentriertes Lernen möglich wird.
- Sie unterstützt die Reflexion von Erfolgserfahrungen von Schülerinnen und Schülern.

Von der Unterrichtsperformance zur Lernumgebung

Lehrkräfte wurden früher in der Regel so ausgebildet, dass sie „perfekte Stunden" abzuliefern hatten. Zum Teil ist dies auch heute noch so. Dabei steht häufig die Beziehung der Lehrkraft zum Lehrstoff im Mittelpunkt, nicht aber die der Schülerinnen und Schüler zum Zu-Erlernendem. Unterricht sollte so gestaltet sein, dass er bestmöglich Lernanregungen für Schülerinnen und Schüler bietet und diese zum Selber-Lernen anregt. Das kann selbstverständlich auch eine thematische Einführung durch einen guten Lehrervortrag, ein Experiment oder einen Filmbeitrag bedeuten.

Damit wird der *Lernort* von Bedeutung. Der Lernort ist in seinem Potenzial häufig ungenutzt. In Kapitel 3 werden konkrete Hinweise gegeben, wie er für das Lernen fruchtbar gemacht werden kann. Lernräume bieten die Möglichkeit, Materialien für selbstorganisiertes Lernen bereitzuhalten. Dabei können ästhetische Formen in besonderer Form zum Tragen kommen.

Das Angebot einer Vielfalt von Möglichkeiten und Methoden, sich mit Themen und Inhalten auseinanderzusetzen und sich diese anzueignen, ist hilfreich, um individuelle Lernwege zu finden und zu beschreiten. Lernräume bieten die Möglichkeit, eine Vielfalt an Materialien bereitzuhalten. Offene Arbeitsformen geben die Möglichkeit, individuelles Lernen umzusetzen und führen zu einer Verlagerung des Aktivitätsschwerpunkts auf Selbstorganisation.

Wichtig wird für eine veränderte Lehrerrolle mit Lernumgebung die veränderte Form der *Interaktion*. Das Lernen in und mit der Peer-Group erhält einen stärkeren Stellenwert, beispielsweise durch die Einführung von Tutoren-Systemen, in denen sich Schülerinnen und Schüler gegenseitig helfen. Dies kommt nicht nur den schwächeren Schülerinnen und Schülern zu Gute, sondern auch Leistungsstarken, die durch das Verbalisieren von Lerninhalten das Gelernte auch für sich selbst festigen und vertiefen. Damit verändert sich die Interaktion weg von der Thematisierung von »Problemen« und »Vergangenheit« im Sinne eines ziel- und lösungsorientierten Ansatzes zu »Lösung« und »Zukunft«. In einer lösungsorientierten Gesprächsführung ist der Fokus nach vorne auf die Ziele und die Mittel zur Erreichung dieser Ziele gerichtet – und nicht auf die Behandlung von Problemen und Ursachenforschung.

Von der Prüfung zur Lernstandsdiagnostik

Die Veränderung der Lehrerrolle hin zur Ermöglichung der Arbeit in Lernumgebungen und die Arbeit in offenen Lernumgebungen bedeutet gleichzeitig eine Veränderung der Prüfungssituation. Hier verändert sich die Lehrerrolle hin zu einem Experten der Lernstandsdiagnostik, der Schülerinnen und Schüler individuell betreut. Diese Veränderung ist nicht gleichbedeutend mit einem Laissez-faire-Erziehungsstil. Im Gegenteil: Das klare Einfordern von Verbindlichkeiten (Stichwort »Einforderungskultur«), bedürfnisgerechte und klare Strukturen sowie kooperativen Lernformen sind und bleiben eine unabdingbare Voraussetzung.

Lernstandsdiagnostik bedeutet die konsequente Evaluation und Überprüfung der Leistungen zum Zwecke der Förderung der Schülerinnen und Schüler. Wenn eine Evaluation am Ende eines Lernprozesses steht, so dient sie der Überprüfung, ob und inwieweit das Lernziel erreicht wurde, womit häufig auch eine Bewertung der Leistung verknüpft ist. Für die Lernstandsdiagnostik ist die Stimulation zur Anstrengung seitens der Lehrkraft von besonderer Bedeutung. Nur Herausforderungen bringen Schülerinnen und Schüler zum Wachsen! Eine Unterforderung stellt ebenso wenig einen Lernanreiz dar wie eine Überforderung.

Fazit

Um Heranwachsende in ihren Stärken optimal fördern zu können und die Entwicklung ihrer Kompetenzen konstruktiv zu unterstützen, ist ein Rollenverständnis als Lehrkraft erforderlich, das sich am Verständnis des Trainers und des Begleiters orientiert. Damit verändert sich die Arbeit als Lehrkraft: Sie lässt im Unterricht die Schüler mehr machen und verlagert die Arbeit in die Begleitung, Diagnose und Vorbereitung von Lernmaterialien. Diese Veränderung des Rollenverständnisses bedeutet zunächst für Lehrerinnen und Lehrer zusätzlich Arbeit, wirkt aber dann entlastend, da der Unterricht ruhiger und konzentrierter wird.

Warum der Glaube Berge versetzt – Der Pygmalion-Effekt (auch: Rosenthal-Effekt oder „self-fulfilling prophecy")

Das Bild, das Lehrerinnen und Lehrer von einem Schüler haben, prägt dessen Performanz. Das Rollenverständnis von Lehrkräften ist über die hier genannten Aspekte hinaus auch zentral durch das Menschenbild und das Vorverständnis von Leistungen (sei es aus Noten oder Erfahrungen) geprägt. Menschen neigen dazu, andere Menschen entsprechend bestimmter Vorinformationen, die sie über diese erhalten haben, wahrzunehmen und zu behandeln. Sie neigen zudem dazu, solche Rollenzuweisungen von anderen anzunehmen und sich in der Folge entsprechend erwartungskonform zu verhalten. Diese Zusammenhänge erforschten die US-Amerikaner Robert Rosenthal und Leonore Jacobson (1966) bereits in den 1960er Jahren. Sie entdeckten, dass Lehrkräfte sich in ihrem Verhalten gegenüber Schülerinnen und Schülern änderten, wenn sie davon ausgingen, dass sie es mit Hochbegabten zu tun hätten (obwohl es sich bei der Zufallsauswahl um durchschnittliche Schülerinnen und Schüler handelte). Konkret bedeutet dies:

- Veränderung in der Interaktion: Lehrkräfte zeigten sich freundlicher, herzlicher und legten insgesamt höhere soziale Anerkennung und Akzeptanz der Schülerinnen und Schüler an den Tag.
- Veränderung im Herausforderungsgrad: Lehrer stellten höhere Anforderungen an die Qualität sowie den Schwierigkeitsgrad der Lerninhalte.
- Veränderung im Feedback: Lehrer gaben öfters und unmittelbarer Feedback.
- Veränderung in der Stärkenfokussierung: Lehrer gaben mehr Gelegenheiten zum Kompetenznachweis (z. B. zur Präsentation gelungener Arbeiten) und häufiger positive Verstärkung für Erfolg.

Hier zeigt sich, dass Zutrauen ein wichtiger Faktor der Förderung ist, um Leistungen signifikant zu steigern.
Diese Überlegungen zur Veränderung der Rolle von Lehrerinnen und Lehrern für einen stärkenorientierten Unterricht werden in einem Kompetenzraster zusammengefasst (vgl. Abb. 4).

Kompetenzraster für ein Rollenverständnis als Lernbegleitung

Lernort **aktiv zur Verfügung stellen**
Ich kann meine Arbeitsräume so gestalten, dass sie zum Lernen einladen. Für meine Unterrichtseinheiten kann ich den Lernenden Anschauungsmaterial, Nachschlagewerke und andere Informationsquellen/ Medien zur Verfügung stellen.
Ich kann die schulische Arbeitsumgebung so gestalten, dass ein Grundstock von Nachschlagewerken, Anschauungs- und Arbeitsmaterialien sowie Lernmedien zur Benützung einladen. Die Raumorganisation kann ich themen- und zielspezifisch anpassen, zum Beispiel für Gruppenarbeiten oder Präsentationen. Ich achte auf Details von unvollständigen und/oder defekten Mobiliarteilen und kann die Dinge in Ordnung bringen. Regelmäßig überprüfe ich die Materialien auf ihren Gesamteindruck.
Ich kann den Lernenden strukturiertes und fächerübergreifendes Arbeitsmaterial zur Verfügung stellen und ich kann dafür sorgen, dass diese Materialien ergänzt und aktualisiert werden. Ich kann bei Bedarf andere Lernorte einbeziehen und aus einem Klassenzimmer einen anregenden Lernraum gestalten, beispielsweise durch die Präsentation von erkenntnisfördernden Arbeiten der Lernenden. Situationsbezogen kann ich eine digitale Lernumgebung nutzen lassen. Ich kann Lernorte außerhalb des Klassenraumes nutzen und damit die Attraktivität der Lernumgebung steigern.
Ich kann Lernorte so gestalten, dass sie vielfältige Inspirationsquellen sind: Über die eigentlichen Arbeiträume hinaus beziehe ich dabei das ganze Haus, seine Umgebung, externe Lernorte und virtuelle Welten situationsadäquat mit ein. Mit einer bedürfnisgerechten Raumorganisation kann ich die Aktivitätsschwerpunkte zu den Lernenden hin verlegen und die Kooperation unter ihnen über alle Alters- und Leistungsgrenzen hinweg selbstverständlich machen. Ich kann dafür sorgen, dass Arbeitsräume sich auszeichnen durch Ordnung und Funktionalität ebenso wie durch Ästhetik und Wärme. Ich kann als „Gastgeber" ein Klima schaffen, das einen respektvollen Umgang mit Einrichtungen fördert. Außerschulische Partner und Umgebungen kann ich systematisch mit einbinden.

Abb. 4a: Kompetenzraster

Lernarrangements individualisieren
Ich kann für ein Kollektiv die Lernziele formulieren, basierend auf Erfahrungswissen und/oder dem Lehrplan. Ich kann den Unterricht so gestalten, dass die Lernenden diese Lernziele erreichen.
Ich kann Lernziele in abgestuftem Anspruchsniveau formulieren. Damit kann ich den einzelnen Lernenden die Möglichkeit bieten, sich die Arbeit ihren Ressourcen entsprechend zu gestalten. Ich kann mich bezüglich der inhaltlichen und methodischen Programmgestaltung an den lernbiografischen Voraussetzungen und Bedürfnissen der Lernenden orientieren (Anschlussfähigkeit). Ich kann den Fokus auf die individuellen Erfolge richten. Und angemessene Methoden der Lerndiagnose kann ich erfolgsstützend einsetzen.
Ich kann die Lernenden befähigen, sich in einem definierten Rahmen angemessene Ziele zu setzen (z.B. mit Kompetenzrastern). Ich kann mit ihnen entsprechende Vereinbarungen treffen und ich kann die Verbindlichkeiten einfordern. Zu diesem Zwecke kann ich zusammen mit den Lernenden Standortbestimmungen vornehmen und die Anschlussfähigkeit in schulischer und persönlicher Hinsicht zum handlungsleitenden Thema machen. Ich kann damit erreichen, dass die Lernenden das Lernen zu ihrer eigenen Sache machen (einen Sense of Ownership entwickeln).
Ich kann individuelle, zielorientierte Verbindlichkeiten mit den Lernenden eingehen, die das Lernen zu einer persönlich relevanten Angelegenheit machen: Die Lernenden orientieren sich an angemessen hohen Zielen und setzen sie in Bedeutungszusammenhänge; sie schätzen die Wirkung ihres Verhaltens ab und treffen entsprechende Vorbereitungen. Ich kann die individuellen Ressourcen zum Ausgangspunkt nehmen, Erfolge initiieren und sichtbar machen und entsprechend das Vertrauen in die eigenen Fähigkeiten stärken. Die inhaltlichen und zeitlichen Settings kann ich so gestalten, dass ein interdisziplinäres Denken und Arbeiten die Norm ist.

Abb. 4b: Kompetenzraster

Interaktion lösungsorientiert gestalten
Ich kann meine Lehrvorträge, Präsentationen oder Inputs so gestalten, dass die Lernenden zu eigenständigem Denken und Handeln angeregt werden. Ich kann besondere Lernsituationen und -schwierigkeiten wahrnehmen und im Bedarfsfall (zum Beispiel bei Problemen) mit den Betroffenen Einzel- oder Gruppengespräche führen, um Schwierigkeiten konstruktiv zu lösen.
Ich kann Inputs so arrangieren, dass eigenständiges Weiterlernen selbstverständlich ist. Durch regelmäßige Einzel- und Gruppengespräche kann ich mit den Lernenden eine partnerschaftliche Beziehung aufbauen. Auf dieser Basis ist es mir möglich, situations- und bedürfnisgerechte Lösungen zu initiieren. Ich kann die Zusammenarbeit unter den Lernenden fördern und so zu einem Klima des Voneinander-Lernens beitragen. Über den Unterricht hinaus kann ich mit Kollegen oder Dritten Kooperationen eingehen, um Anregungen auszutauschen und gemeinsame Pläne umzusetzen.
Ich kann verschiedene kommunikative Formen zielführend und situationsadäquat variieren. Beispielsweise kann ich Inputs gezielt einsetzen und auf diese Weise individuelle und/oder kollektive Impulse geben. Auch kann ich durch regelmäßige und lösungsorientierte Gespräche die Fach-, Sozial- und Selbstkompetenz der Lernenden fördern. Ich kann im Bedarfsfall Instrumente einsetzen, um Transparenz zu schaffen in die Selbst- und Fremdwahrnehmung. Ich kann ein Klima gestalten, in dem es selbstverständlich ist, miteinander und voneinander zu lernen. Diese Kultur des Unterstützens und Austauschens kann ich auch im Kollegium aktiv mitgestalten. Damit leiste ich einen Beitrag zur Nutzung von Synergien.
Ich kann die Situation der Lernenden differenziert wahrnehmen, mit ihnen – einzeln und in Gruppen – entsprechende Perspektiven entwickeln, Guidelines vereinbaren, (Lern-)Prozesse initiieren. Durch eine klare Zielorientierung kann ich den Lernenden Sicherheit geben. Dabei kann ich über ein methodisches Repertoire verfügen, das mich in die Lage versetzt, den Lernenden die nötige Hilfe zur Selbsthilfe zukommen zu lassen: transfer- und lösungsorientierte Kommunikation ergänzt durch fördernde und fordernde Impulse zum Weiterlernen, durch professionelle Feedbacks und durch systematische Conferencings. Ich kann eine entspannte, konstruktive Lernatmosphäre schaffen, in der die Zusammenarbeit geprägt ist von gegenseitigem Respekt. Die Kommunikation mit anderen LernCoaches und mit anderen Beteiligten kann ich als konstruktiven Auseinandersetzungsprozess aktiv mitgestalten.

Abb. 4c: Kompetenzraster

Auseinandersetzung/Verstehen evozieren
Ich kann Aufgaben schriftlich und mündlich so formulieren, dass die Lernenden zu eigenem Denken angeregt werden. Aufgaben und Aufträge (was?) kann ich ergänzen durch methodische Hinweise (wie?).
Ich kann durch den regelmäßigen und gezielten Einsatz von Lernaufgaben und LernJobs die Arbeit mit den Lernenden differenzieren und gleichzeitig die Qualität der Auseinandersetzung mit den Inhalten fördern. Diesen Prozess des Sich-Auseinandersetzens kann ich verstärken durch die Organisation zielorientierter Arbeit in Lernpartnerschaften. Ich kann die Aufträge an die Lernenden inhaltlich und methodisch anreichern durch ergänzende Materialien von hoher Anregungsqualität.
Ich kann die schulische Arbeit so gestalten, dass ein Lernen mit dem Ziel des Verstehens die Regel ist. Ich kann zu diesem Zwecke themenübergreifende Lernanlässe organisieren, herausfordernde Aufgaben stellen (oder zusammen mit den Lernenden erarbeiten) und die entsprechenden Auseinandersetzungsprozesse initiieren. Ich kann erreichen, dass sich die Lernenden (zumindest in speziellen Arrangements) in Themen vertiefen und sich darüber kompetent austauschen.
Ich kann die Lernanlässe und Settings so gestalten, dass die Lernenden sich in verschiedenen Sozialformen vertieft und beharrlich (time on task) mit relevanten Themen auseinandersetzen. Ich kann (unter anderem durch adäquate Tools) Transformationsprozesse initiieren und aufrechterhalten und den Transfer von Wissen, Können und Wollen in praktisches Handeln und in sinnlich wahrnehmbare Lern- und Verstehensnachweise sicherstellen. Ich kann ein Herausforderungsklima schaffen, in dem es selbstverständlich ist, neugierig zu sein, mehrere Lösungen zu suchen und verstehen zu wollen.

Abb. 4d: Kompetenzraster

Orientierung bieten
Ich kann den Lernenden Vergleichsmöglichkeiten zur Verfügung stellen, die eine individuelle Standortbestimmung ermöglichen (z.B. in Form von Tests). Mit einem Lerntagebuch kann ich ihnen helfen, ihre Arbeit zu organisieren und über ihr eigenes Lernen zu reflektieren.
Ich kann den Lernenden mittels Kompetenzrastern helfen zu sehen, was sie können könnten. Mit ihnen zusammen kann ich wichtige Arbeiten mit diesen Referenzwerten in Beziehung bringen (referenzieren). Auf diese Weise kann ich den Lernenden die Möglichkeit geben, ziel- und ressourcenorientiert an ihrem persönlichen Leistungsprofil zu arbeiten.
Mittels transparenter Kompetenzbeschreibungen (z.B. Kompetenzraster) und entsprechenden Assessments kann ich gemeinsam mit den einzelnen Lernenden differenzierte Standortbestimmungen vornehmen. Ich kann weitere Beteiligte (z.B. Eltern) miteinbeziehen. Auf dieser Basis kann ich selbstwirksames Lernen fördern, indem Situationen transparent gemacht und relevante Ziele gemeinsam formuliert und vereinbart werden. Das heißt: Die Beteiligten wissen, wo die Lernenden im Vergleich zu ihren Zielen stehen und was zu tun ist.
Ich kann die Selbstgestaltungsfähigkeit der Lernenden so fördern, dass sie in der Lage sind, selbst- und fremdgesetzte Ziele zu formulieren und sie zu erreichen. Zu diesem Zwecke kann ich Referenzwerte (Kompetenzraster, Checklisten, Vergleichsarbeiten) zur Verfügung stellen und Feedbacks geben, die es den Lernenden ermöglichen, sich in differenzierter Weise zu positionieren, ihre Situation und ihr Handeln zu reflektieren und daraus Verhaltensweisen abzuleiten. Über den engeren schulischen Bereich hinaus kann ich mittels differenzierter Beschreibungen von sozialen und personalen Kompetenzen den Lernenden aufzeigen, welche Haltungen, Erwartungen und Voraussetzungen für den Erfolg notwendig sind.

Abb. 4e: Kompetenzraster

Evaluation **wertschätzend und klärend arrangieren**
Ich kann die Arbeiten der Lernenden so bewerten, dass sie Hinweise für das weitere Vorgehen erhalten. Ich kann anhand von exemplarischen Beispielen Brücken schlagen von Fehlern zu Lösungen.
Ich kann die Leistungen der Lernenden wertschätzend beurteilen und konsequent auf gelungene Aspekte hinweisen. Durch konkrete Impulse kann ich erreichen, dass bewertete Arbeiten zum Weiterlernen anregen. Ich kann Lernzielkontrollen und Prüfungen so gestalten, dass auch individuelle Fortschritte erkennbar werden.
Ich kann die Evaluation von Ergebnissen und Prozessen zu einer partnerschaftlichen Angelegenheit machen. Ich kann Resultate mit den Zielen in Beziehung setzen und allfällige Differenzen aufzeigen. Durch lösungs- und entwicklungsorientierte Feedbacks kann ich den Lernenden helfen, Schlüsse zu ziehen und die nächsten Schritte einzuleiten. Ich kann damit ein hohes Maß an Selbstführung und Selbstreflexion gewährleisten.
Ich kann Lernerlebnisse und Leistungsergebnisse so transparent machen (z.B. Portfolio), dass Lernende daraus wirkungsvolle Erfolgsstrategien entwickeln können. Ich kann ausgehend von den Gelingenserfahrungen den Glauben an die eigenen Fähigkeiten der Lernenden fördern. Ich kann Verbindlichkeiten einfordern und die Lernenden angemessen in die Verantwortung einbinden. Ich kann Settings gestalten, die den Lernenden die Möglichkeiten geben, ihre Leistungen darzustellen (Wichtigkeit, „Ernstfall“). Ich kann Leistungsvergleiche so arrangieren, dass Produkte und Ergebnisse als Ausgangspunkte für den weiteren Prozess des Erkenntnisgewinns betrachtet werden (Fehler als Nützling).

Abb. 4f: Kompetenzraster | Quelle: Institut Beatenberg

2 Unterrichten positiv denken: Stärken fördern und Schüler zum Erfolg führen

© contrastwerkstatt – Fotolia.com

Die Förderung der individuellen Stärken von Schülerinnen und Schülern ist eine zentrale Herausforderung für die Gestaltung des Unterrichtsprozesses. Dies kann gelingen, wenn das Lernen im Mittelpunkt jeden Unterrichts steht, auf angemessene Rückmeldungen geachtet wird, die Lernzeit in der Schule erhöht wird und auch die räumliche Gestaltung zum eigenverantwortlichen Lernen einlädt.

2.1 Lernprozesse in den Mittelpunkt stellen

Das zentrale Anliegen der Schule ist das Lernen. Das mag trivial klingen. Aber im schulischen Alltag steht nicht immer der Prozess des Lernens im Mittelpunkt, sondern häufig wird »vom Können« der Jugendlichen ausgegangen. Oft verstehen Schülerinnen und Schüler nicht, was von ihnen erwartet wird. In einem Unterricht, in dem das Lernen im Mittelpunkt steht, geht es hingegen um folgende Dinge:

(1) Um eine *klare Struktur*, an der Schülerinnen und Schüler sich orientieren können. Dafür ist zunächst einmal die sachliche Durchdringung und Klarheit des Lehrstoffs seitens der Lehrkraft von zentraler Bedeutung. Anschließend ist der Lehrstoff mit den Schülerinnen und Schülern zu klären. Denn um selbstständig mitlernen zu können, müssen Schüler verstehen können, um was es geht und was sie in welcher Struktur zu tun haben.

Aufgabenorientierte Didaktik

In den letzten Jahren wurden zahlreiche Projekte ins Leben gerufen, die Lehrkräfte dabei unterstützen sollen, die sachliche Klärung im Unterricht voranzutreiben. Besonders bekannt geworden ist der Modellversuch „Steigerung der Effizienz des mathematisch-naturwissenschaftlichen Unterrichts" (SINUS). Ebenfalls Anregungen zu einer aufgabenorientierten Didaktik finden sich in vielen Arbeiten des Instituts zur Qualitätsentwicklung im Bildungswesen (IQB) sowie z. B. bei Blum u. a. 2006.

Lesetipp:

- Prenzel, M. u.a. (2009). Von SINUS lernen. Wie Unterrichtsentwicklung gelingt. (siehe auch http://www.sinus-transfer.de/)
- Blum, W., Drüke-Noe, C., Hartung, R. & Köller, O. (Hg.) (2006): Bildungsstandards Mathematik: Konkret - Aufgabenbeispiele, Unterrichtsanregungen, Fortbildungsideen. Berlin. (siehe auch http://www.iqb.hu-berlin.de/bista/aufbsp)

Dies kann z. B. dadurch geschehen, dass »Landkarten des Lernens« erstellt werden, so z.B. eine im Unterricht an die Tafel geschriebene Struktur der Stunde, eine klare, schriftlich gegebene Zielvorstellung oder die Arbeit mit Kompetenzrastern, Checklisten und Smarties.

Landkarten des Lernens: Möglichkeiten der Orientierung und der Versprachlichung von Lernanforderungen

Lernen ist ein individueller Konstruktionsprozess, der über Zielvorstellungen beeinflusst wird. Dabei ist es von Bedeutung, um wessen Ziele es sich handelt – sind es die Ziele von Lehrkräften oder Eltern, an die sich ein Schüler in Abhängigkeit anpasst, oder entwickelt er eigene Ziele? Lernen soll von der Abhängigkeit in die Unabhängigkeit führen. Lernende müssen folglich lernen, eigene (schulische) Ziele zu entwickeln. Sie müssen lernen, ihre Ziele und Vorstellungen zu verbalisieren. Mit der Versprachlichung entwickeln sie ein inneres Bild dessen, was entstehen soll. Für solche inneren Landkarten hat Andreas Müller (2008; 2007, siehe auch Kap. 6.1) Vorschläge entwickelt, die im Folgenden im Überblick dargestellt werden und in Kapitel 3 für unterschiedliche schulische Bereiche konkretisiert werden.

Kompetenzraster

Mit Kompetenzrastern werden Bildungsanforderungen in eine synoptische Übersicht gebracht. Sie sind in Tabellenform angeordnet: In der Vertikalen werden jene Kriterien aufgeführt, die ein Fach- oder Kompetenzgebiet inhaltlich bestimmen (*Was*?). In der Horizontalen werden zu jedem dieser Kriterien vier bis sechs Niveaustufen mit aufsteigender und aufbauender Komplexität definiert (*Wie gut?*). Mit Kompetenzrastern wird ein möglicher Entwicklungshorizont aufgezeigt. Mit ihnen wird das eigene Können in differenzierter Weise beschrieben und damit den Lernenden die Möglichkeit gegeben, sich seiner eigenen Kompetenzen bewusst zu werden und sich zu positionieren. Da die Schülerinnen und Schüler in ihrer je individuellen Ausgangslage beginnen, gibt dieses auch die Möglichkeit, individuell angemessene Ziele zu bestimmen. Dabei orientieren sich die Kompetenzraster an Standards, wie sie zum Beispiel in Bildungsplänen festgeschrieben sind.

Checklisten

Während Kompetenzraster in summarischer Art Anforderungen zusammenfassen, wird mit Checklisten die differenzierte tägliche Arbeit strukturiert. Checklisten geben detailliert darüber Auskunft, was unter den Kompetenzbeschreibungen im Einzelnen zu verstehen ist. Durch die gezielte Auswahl haben sie die Funktion eines persönlichen Lern- und Entwicklungsplans.

Smarties

Checklisten werden als Smarties geschrieben, da Ziele »smart« formuliert sein sollten. Smarties beschreiben das erwünschte Ergebnis, und zwar möglichst so, wie es sich sinnlich wahrnehmbar manifestieren wird.

S *Spezifisch*. Um was genau geht es (Präzise Beschreibung des Themas)?

M *Messbar*. Woran wird das Ergebnis zu erkennen sein (Referenzwert)?

A *Aktivität*. Was kann ich damit? Welche Lernnachweise sind damit verbunden?

R *Relevant*. In welchem Bezug steht das Ziel zu meinem Alltagshandeln?

T *Terminiert*. Bis wann soll was vorhanden sein?

(2) Um klare Erwartungen, dass die *Schüler selber lernen* müssen: Durch die Struktur wird die Verantwortung für den Unterricht geteilt – dadurch, dass die Jugendlichen wissen können, was sie wissen sollen, werden sie auch dafür verantwortlich. Die Rolle der Lehrkraft ist es dann, dabei zu unterstützen (vgl. Kap. 1.5).

PRAXIS-TIPP
Leistungsfeedback

Der nachfolgende Arbeitsbogen zeigt eine Möglichkeit für eine differenzierte Selbsteinschätzung des eigenen Lernens:

Leistungseinstufung

Name: .

Datum:

Merkmale der Selbstkompetenz	*Stimmt!*	*Stimmt noch nicht!*
Ich arbeite auch ohne Aufsicht an meinen Aufträgen, selbst wenn diese mir nicht so Spass machen.		
Ich fühle mich wohl, wenn ich selbstständig arbeite.		
Ich benötige selten Druck von aussen, um zu arbeiten und diese abzuschliessen (Lernnachweise zu gestalten).		
Ich kann mich selber für eine Arbeit motivieren, auch ohne ständigen Antrieb von jemandem zu benötigen.		
Auch wenn ich einen Lerninhalt langweilig und uninteressant finde, arbeite ich ihn gewissenhaft/intensiv durch.		
Ich arbeite hart, um gute Leistungen zu erzielen, selbst wenn mir die Arbeit bzw. das Fach nicht gefällt.		
Ich fühle mich wohl, wenn ich für mein Lernen Verantwortung übernehmen kann.		
Wenn ich mit einer Arbeit fertig bin, denke ich darüber nach, was ich als nächstes machen könnte.		
Auch bei länger dauernden Arbeiten kann ich mich konzentrieren.		
Ich lasse mich nicht so schnell von meiner Arbeit ablenken.		

Merkmale der Fachkompetenz	*DEUTSCH*		
Ich arbeite auf folgendem fachlichen Niveau:	*tief*	*mittel*	*hoch*
Ich habe klare fachliche Ziele.	*stimmt!*	*stimmt noch nicht!*	

Merkmale der Fachkompetenz	*MATHE*		
Ich arbeite auf folgendem fachlichen Niveau:	*tief*	*mittel*	*hoch*
Ich habe klare fachliche Ziele.	*stimmt!*	*stimmt noch nicht!*	

Merkmale der Fachkompetenz	*ENGLISCH*		
Ich arbeite auf folgendem fachlichen Niveau:	*tief*	*mittel*	*hoch*
Ich habe klare fachliche Ziele.	*stimmt!*	*stimmt noch nicht!*	

Merkmale der Fachkompetenz	________		
Ich arbeite auf folgendem fachlichen Niveau:	*tief*	*mittel*	*hoch*
Ich habe klare fachliche Ziele.	*stimmt!*	*stimmt noch nicht!*	

Abb. 5: Leistungseinstufungsbogen | Quelle: Institut Beatenberg

(3) Um *individuelles Fördern*: Damit sollte der Unterricht so organisiert werden, dass möglichst große Zeitblöcke für das Lernen und Arbeiten reserviert sind und Schülerinnen und Schüler sehr individuell an den Themen des Unterrichts arbeiten können.

(4) Um *kognitiv anspruchsvolle Aufgaben*, die ein Thema aus sehr unterschiedlichen Perspektiven bearbeiten: Befunde der Unterrichtsforschung zeigen, dass das Anspruchsniveau im Unterricht häufig zu niedrig oder zu hoch ist, da es sich an einem imaginären mittleren Niveau orientiert. Der Unterricht sollte so organi-

PRAXIS-TIPP
Überlegungen zur Förderung

Förderung wahl-differenzierten Lernens	Förderung der Schülerkoopera-tion	Förderung vielseitiger Lerntätigkeiten	Förderung basaler Lernkompetenzen
Freiarbeit Wochenplanarbeit Lernzirkelarbeit Projektarbeit Portfolioarbeit etc.	Partnerpuzzle Partnerinterview Lerntempoduett Gruppenrallye Gruppenanalyse etc.	Produktives Tun Kommunizieren Recherchieren Konstruieren Strukturieren Präsentieren etc.	Lerntagebuch Methodentraining Kompetenzchecks Fremdbeurteilung Lernvorträge Förderpläne etc.
⬇	⬇	⬇	⬇
Individualisierung und Differenzierung im Unterricht	Ausbau des kooperativen Arbeitens und Lernens	Systematisches Lernen im Rahmen von „Lernspiralen“	Entwicklung von Methodenkompetenz und -bewusstsein

Abb. 6: Vier Möglichkeiten der Lernförderung | Quelle: Klippert 2009b

Lernförderung und Schülerintegration sind, wie es im Folgenden von Klippert 2009b beschrieben wird, auf verschiedenen Wegen möglich:

- Ein Ansatzpunkt ist das individualisierte Üben und Lernen mittels geeigneter Wahlaufgaben und -materialien. Das setzt voraus, dass Schülerinnen und Schülern entsprechende Arbeitsanlässe und Arbeitsmittel zur Wahl gestellt werden, die sie begabungs- und interessenabhängig zu nutzen haben. Methodisch reicht dieser Ansatz vom Freien Arbeiten über die Werkstatt-, Wochenplan-, Lernzirkel- und Projektarbeit bis hin zum Bearbeiten selbst gewählter Referatthemen oder zum Aufbau individueller Portfolios.
- Ein zweiter Ansatzpunkt betrifft die Förderung kooperativer Lernabläufe im Fachunterricht. Der Grundgedanke dabei: Wer die Schülerinnen und Schüler geschickt und konsequent dazu veranlasst, miteinander und voneinander zu lernen, der kann die bestehenden Begabungs- und Interessendifferenzen in den Klassen sehr viel besser überbrücken, als das im Rahmen des herkömmlichen lehrerzentrierten Unterrichts möglich ist. Die methodische Palette reicht von diversen Formen der Partnerarbeit bis hin zu Gruppenpuzzle, Gruppenrallye und Gruppenanalyse. Gemeinsam ist allen diesen Methoden, dass sie die Schülerinnen und Schüler ebenso gezielt wie verbindlich zum kooperativen Arbeiten und Lernen in Tandems und Gruppen veranlassen. Das stützt die schwächeren und stärkt die cleveren Lerner.
- Eine weitere Möglichkeit ist die vernetzte Lernarbeit im Rahmen sogenannter Lernspiralen. Die Grundüberlegung dabei: Je vielschichtiger und verbindlicher die Lerntätigkeiten der Schülerinnen und Schüler sind, desto größer ist die Chance, dass sich die einzelnen Klassenmitglieder irgendwo und irgendwie einklinken können. Die Lernspiralen bieten vielfältige Gelegenheiten dazu. Sie stellen sicher, dass unterschiedliche Begabungen, Neigungen und Interessen zum Zug kommen können. Gearbeitet wird in aller Regel am gleichen Thema und Leitmaterial, allerdings in durchaus differenzierter Weise mittels unterschiedlicher Tätigkeiten, Produkte, Aufgaben, Methoden, Lernpartner und Lernhilfen.
- Ein weiterer Ansatzpunkt zur Verbesserung der Arbeit in heterogenen Gruppen betrifft die Stärkung der individuellen Lernkompetenzen. Fakt ist nämlich, dass sich Schülerinnen und Schüler, die ihre Stärken und Schwächen kennen und über möglichst abgeklärte persönliche Lern- und Arbeitsmethodiken verfügen, beim Lernen wesentlich leichter tun, als diejenigen, die methodisch unsicher und unselbstständig sind. Je reflektierter und versierter die Schülerinnen und Schüler zu lernen und zu arbeiten verstehen, desto größer ist die Chance, dass sie zu wirksamer Selbstmotivation und Selbststeuerung gelangen. Von daher muss ein fördernder Unterricht immer auch auf konsequente Lernkompetenz-Erweiterung setzen (Quelle: Klippert 2009b).

PRAXIS-TIPP
Portfolio-Arbeit

Eine weitere Möglichkeit, das individuelle Lernen zu fördern, ist die Portfolio-Arbeit. Im Bildungsbereich ist der Begriff Portfolio zu Beginn der 1990er Jahre in den USA und England entwickelt worden: Ein Portfolio beschreibt demnach eine Sammlung von zielgerichteten Arbeiten eines Schülers, die die Anstrengungen, Fortschritte und Leistungen in einem oder mehreren Lernbereichen zeigt. Das Portfolio wird vom Lernenden oder unter seiner Beteiligung erstellt, indem dieser die Auswahl der Arbeiten bestimmt. Das Portfolio enthält auch Belege für die Selbstreflexion der Lernenden, ist also eine Dokumentation, die anhand von ausgewählten Arbeiten die Geschichte des Lernens erzählt oder mit der sich die Geschichte des Lernens erzählen lässt (vgl. Paulson u. a. 1991). Folgende Merkmale bezeichnen Paulson, Paulson und Meyer (1991) als charakteristisch für Portfolios:

- Portfolios ermöglichen den Lernenden Selbstreflexion über das eigene Lernen.
- Sie verlangen die Beteiligung der Lernenden bei der Auswahl von Unterlagen, denn es wird eine persönliche Geschichte erzählt.
- Sie geben Einsicht in die Arbeit der Lernenden und zeigen Entwicklungsschritte in der Schule aber auch außerhalb, wenn Beschäftigungen in der Freizeit dokumentiert werden.
- Portfolios enthalten Informationen, die zeigen, welche Fortschritte in Bezug auf die Ziele des Unterrichts gemacht wurden.
- Im Laufe des Jahres wechselt die Zusammenstellung des Portfolios. Während des Jahres sind auch unfertige, misslungene Arbeiten darin zu finden. Periodisch bestimmt der Lernende, was er öffentlich machen will.

siert sein, dass Lernende herausgefordert werden – aber dieses jeweils auf ihrem eigenen Level, zum Beispiel durch Lernspiralen.

Lernspiralen verbinden Lehrerlenkung und Schülerselbsttätigkeit, wechselseitige Hilfen und konsequente Selbst- und Fremdkontrollen der Lerner untereinander. Sie beschreiben gestufte Arbeitsprozesse und eröffnen den Schülerinnen und Schülern immer wieder passable Aktions- und Anschlussmöglichkeiten. Sie stellen auf unterschiedliche Anforderungen, Sozialformen und Lerntätigkeiten ab und bieten dadurch für alle etwas.

Lernspiralen stehen ganz grundsätzlich für vernetztes Lernen. Sie folgen klaren Regeln und gewährleisten variantenreiches und ermutigendes Lernen. Das beginnt mit dem konsequenten Wechsel zwischen Einzel-, Partner-, Gruppen- und Plenararbeit und reicht bis hin zu klar geregelten und systematisierten Arbeitsabläufen. Typisch ist, dass den Schülerinnen und Schülern die jeweilige Lernspirale zu Stundenbeginn konkret vorgestellt und erläutert wird. Das begünstigt ihre durchdachte Teilnahme an den anstehenden Arbeits- und Interaktionsprozessen.

Schülerinnen und Schüler werden mithin kleinschrittig gefordert und gefördert. Sie erfahren Beratung und Kontrolle, Druck und Ermutigung, Inspiration und Integration. Zuständig für all dieses sind in erster Linie die Mitschüler und weniger die Lehrkräfte.

Ein Beispiel: Begonnen wird mit einem gängigen Input in Gestalt einer CD, gefolgt von einem einfachen Hörverstehenstest sowie einer Kurzrecherche zu einer zugelosten Sehenswürdigkeit der Stadt London. Alle drei Schritte implizieren Einzelarbeit – allerdings mit der Maßgabe, dass die Schülerinnen und Schüler die vorliegenden Informationen in mehreren weiteren Schritten mit wechselnden Partnern zu besprechen und in produktiver Weise zu verarbeiten haben. Zufallsgruppen, Tandemvorträge und andere Formen des kooperativen Arbeitens stellen sicher, dass konstruktiv zusammengearbeitet werden muss. Unterschiedliche Lerntätigkeiten tun ein Übriges, damit die einzelnen Schülerinnen und Schüler Anschluss finden können. So gesehen verbindet die Lernspirale vernetztes und kooperatives Lernen (vgl. Klippert 2001, 2008 und 2009a).

Je breiter die Lernanforderungen und -verfahren im Zuge der Lernspiralen streuen, desto eher können sich die Schülerinnen und Schüler einklinken. Das beginnt bei der Bearbeitung unterschiedlicher Aufgabenstellungen und reicht über die Wahl verschiedener Lerntätigkeiten, Lernpartner und Lernprodukte bis hin zur differenzierten Methoden- und Lernmittelnutzung im Arbeitsprozess selbst. Lernspiralen sichern Differenzierung. Wer schwächer ist, konzentriert sich z. B. auf leichtere Aufgaben, wer leistungsstark ist, bearbeitet zusätzliche knifflige Aufgabenstellungen. Wer langsamer arbeitet, erledigt vielleicht nur zwei Teilaufgaben (Pflichtaufgaben), wer schneller ist, löst womöglich vier und mehr Aufgaben. Wer kreativ ist, kommt genauso zu seinem Recht wie derjenige, der seine Stärken eher im sprachlichen oder im interaktiven Bereich hat. So gesehen tragen die Lernspiralen den unterschiedlichen Leistungspotenzialen und Arbeitsgeschwindigkeiten der Schülerinnen und Schüler Rechnung.

Aufgaben-differenzierung	Tätigkeits-differenzierung	Produkt-differenzierung
Methodische Differenzierung	Soziale Differenzierung	Differenzierte Lernhilfen

Abb. 7: Formen der Differenzierung | Quelle: Klippert 2009b

2.2 Erfolg denken: Rückmeldungen geben

Mit einer neuen Aufgabenkultur verändern sich die Anforderungen an ein Feedback. Mit dem Wort »Feedback« wird eine Rückmeldung über ein gezeigtes Verhalten bzw. eine Leistung bezeichnet. „Menschen können nicht nicht-kommunizieren" schreibt Watzlawik. So gibt es letztlich keine Nicht-Rückmeldung auf ein Verhalten oder eine Leistung. Auch das Übersehen einer Leistung oder eines Verhaltens ist demnach eine Rückmeldung. Dennoch hat es sich eingebürgert, dass man mit dem Wort „Feedback" weniger die nicht-intentionale, sondern die intentionale Rückmeldung auf ein Verhalten beschreibt. Überwiegend werden mit diesem Begriff positive und ermutigende Rückmeldungen belegt. In Unterrichtssettings ist diese Rückmeldung traditionell der Lehrkraft vorbehalten. Mit Schülerfeedbacks wird Schülerinnen und Schülern zugetraut und zugemutet, sich zu Leistungen und Verhalten ihrer Mitschüler und der Lehrkraft zu äußern. Damit verändert sich die Kommunikationssituation des Unterrichts.

Ein Feedback ermöglicht eine *Einordnung* der eigenen Leistung bzw. des eigenen Verhaltens und damit eine Justierung der Anstrengung, der Konzentration auf bestimmte Inhalte und die Verbesserung von Fehlern. Diese Einordnung erfolgt dadurch, dass das Feedback einen Vergleich ermöglicht. Verglichen wird entweder die eigene Leistung mit der anderer (sozialer Vergleich), mit der eigenen vorhergehenden Leistung bzw. dem eigenen Leistungszuwachs (individueller Vergleich) oder mit den zu erreichenden Zielen (kriterialer Vergleich). Über einen solchen Vergleich ermöglicht ein Feedback eine *Anregung der eigenen Perspektive.* Das Feedback ist eine Form des Erlebens des anderen.

Rückmeldungen der Schüler

Das Feedback von *Schülerinnen und Schülern* im Unterricht einzufordern, verweist auf ein Verständnis von Unterricht, in dem Unterricht als ein gemeinsamer Arbeitsprozess zwischen Schülerinnen und Schülern und Lehrkräften verstanden wird. Jugendliche systematisch mit Feedbackmethoden vertraut zu machen, konkretisiert ein solches Unterrichtsverständnis. Sie erhalten – klar umrissene – Verantwortung für Teile des Unterrichtsprozesses und seine Ergebnisse. Damit wird Lernen als ein aktiver, selbstverantworteter Vorgang verstehbar gemacht. Die Eigenverantwortung von Heranwachsenden wird gestärkt, sie lernen zu lernen, indem der Ablauf von Arbeits- und Lernprozessen für sie zu durchschauen ist. Langfristig kann damit auch die Qualität des Unterrichts verbessert werden. Zudem erhalten Lehrkräfte eine Rückmeldung, die es ihnen ermöglicht, durch einen ernst gemeinten Dialog auf die Bedürfnisse der Schülerinnen und Schüler besser einzugehen. Auch damit wird zur Verbesserung der Qualität des Unterrichts substanziell beigetragen.

Die Bedeutung, die einem Feedback zukommt, lässt sich stichwortartig folgendermaßen zusammenfassen:

- Wer ein Feedback gibt, *identifiziert* sich mit dem Gegenstand des Feedbacks und der sozialen Situation.
- Damit wird der Gegenstand transparent, denn man muss sich reflexiv »darüber« stellen. Wer ein Verhalten kommentiert, muss eine *Position* zu Verhalten in ähnlichen Situationen haben. Wer eine Leistung kommentiert, muss eine *Ahnung* über eine gute, eine mittelmäßige und eine schlechte Leistung haben.
- Jedes Feedback sollte konstruktiv sein. Deshalb sollten *Ideen* über *Verbesserungsmöglichkeiten* gegeben sein.
- Darüber hinaus wird über Feedback auch die Richtung einer *Sozialbeziehung* angezeigt. Wenn Feedback einer Person vorbehalten ist, dann wird über die

Richtung der Kommunikation eine asymmetrische Beziehung konstruiert. Wechselseitiges Feedback überträgt die Verantwortung in einem sozialen Prozess auf mehrere Schultern.

Lehrkräfte wie Schüler profitieren vom *Schüler*feedback.
Lehrkräfte

- werden entlastet, wenn Lernende sich gegenseitig Rückmeldungen zum Unterricht, Lernprozess und Sozialverhalten geben;
- lernen ihre Schülerinnen und Schüler besser kennen und
- erfahren, wie ihr Verhalten und ihr Unterricht wahrgenommen werden;
- können in konfliktfreien Situationen über ihren Unterricht lernen und – zumindest häufig – positive Bestärkung erfahren.

Schülerinnen und Schüler

- lernen, ein verantwortliches und qualifiziertes Feedback zu geben;
- lernen, ihre Erwartungen und Wünsche differenziert zu äußern;
- erhalten Raum, sich über ihre Unterrichtserfahrungen zu äußern;
- lernen Verantwortung für Lernprozesse zu übernehmen.

Lernende setzen sich für Feedbacks intensiv mit der Qualität des Lernens auseinander. Der Vorteil eines durch den Unterricht induzierten Urteils liegt also auch darin, dass die Auseinandersetzung qualifiziert und häufig auch humanisiert wird. Beide, Lehrkräfte wie Schüler, profitieren von dem sich damit verändernden Verständnis von Unterricht.

Formen des Feedbacks

Es lassen sich folgende vier Formen des Feedbacks unterscheiden:

(1) *Gebundene schriftliche Feedbacks* werden in der Regel über Fragebögen abgegeben. Diese können sich auf die Schule, die Klasse oder einzelne Unterrichtsstunden beziehen. Für das Schülerfeedback auf Klassen- und Schulebene durch Fragebögen gibt es inzwischen sowohl fertige, erprobte Fragebögen wie auch Fragebatterien, die für die eigenen Bedürfnisse zusammengestellt werden können. Hier stehen z. B. Fragen im Vordergrund, die sich auf das Lehrer-Schüler-Verhältnis, die durchschnittliche Qualität und das Anforderungsniveau des Unterrichts und das Schulklima beziehen. Fragebögen, die sich auf eine konkrete Unterrichtsstunde beziehen, thematisieren z. B. das Verständnis des durchgenommenen Unterrichtsstoffes, das Interesse am Thema, das Anforderungsprofil oder die Lernfreude.

(2) *Offene schriftliche Feedbacks* eignen sich insbesondere für Klassen, die bereits über Erfahrungen mit einem konstruktiven Schülerfeedback haben. Hier gibt es Formen, die als Übungen zur Verbesserung des Klassenklimas dezidiert nur positive Äußerungen zulassen. So kann z. B. jedes Klassenmitglied einem an-

deren kleine Nettigkeiten mitteilen oder einen Sticker mit positiven Adjektiven zur Person produzieren. Es können aber auch Briefe an die Lehrkraft geschrieben werden, in denen die Schüler schreiben, was ihnen im Unterricht gefällt oder nicht gefällt bzw. was sie sich für die Zukunft wünschen.

(3) *Gebundene mündliche Feedbacks* nehmen ihren Ausgangspunkt in systematischen Fragen. Diese werden entweder von der Lehrkraft vorgegeben oder von der Lerngruppe gemeinsam erarbeitet. Sie können sich beziehen auf einen Inhalt (Was muss man über die Französische Revolution wissen?), auf Verhalten (Wie sieht ein klassendienliches Sozialverhalten aus? Welches Verhalten erwarte ich von der Lehrkraft?), auf den Unterricht (Wie ist es mir im Unterricht heute ergangen?) oder auf Zeiten der Gruppenarbeit (Was hat meine Mitarbeit gefördert oder behindert?). Sinnvoll ist es, Feedback-Regeln zu erarbeiten, die deutlich sichtbar in der Klasse aushängen (vgl. Klippert 2009a).

(4) Das *ungebundene mündliche Feedback* setzt einerseits ein vertrauensvolles Klima in der Klasse voraus sowie andererseits entsprechende Erfahrungen im Hinblick auf ein konstruktives Feedback. Je offener und unstrukturierter ein Feedback vorgegeben wird, desto deutlicher werden die Rückmeldungen von den subjektiven Vorstellungen der Schülerinnen und Schüler geprägt sein. Dieses ist sinnvoll, wenn Schülerinnen und Schüler mit Feedbackstrukturen hinreichend Erfahrungen haben und Lehrkräfte gewillt sind, sich auf die Vorstellungen der Schülerinnen und Schüler auch wirklich einzulassen.

PRAXIS-TIPP
Mögliche Regeln für das Feedback im Unterricht

- Persönlich formulieren: „Ich-Botschaften" äußern.
- Beschreiben, nicht bewerten: Weniger „Du hast das schlecht gemacht.", sondern: „Dein Text ist für mich an dieser Stelle nicht verständlich".
- Das Feedback argumentativ begründen: Ich sehe das so, weil …
- Positive Rückmeldungen zuerst geben.
- Möglichst konkret formulieren.
- Konsequenzen klären: Präzise Offenlegung der Erwartung an weitere Arbeit formulieren.
- Ggf. unmittelbar im Anschluss oder zu einem späteren Zeitpunkt: Diskussion der möglichen Handlungsoptionen (Wer trägt was zu einem Erfolg bei?).

Noten als Feedback

Eine häufige Form der Rückmeldung sind Noten. Aus empirischen Untersuchungen ist bekannt, dass in den Fächern Deutsch, Mathematik und in der ersten Fremdsprache gut 40 Prozent der Schülerinnen und Schüler mit der Bewertung ihrer schulischen Leistungen unzufrieden sind (vgl. Stadler-Altmann 2010). Ursache dafür ist, dass die Lernenden in der Regel die gängige Bewertungspraxis nicht nachvollziehen können. Oft bleibt für sie unklar, was eine gute Leistung substanziell ausmacht. Zum Beispiel werden gute Noten bei stark negativ ausgeprägtem Selbstwertgefühl häufig als Zufallsergebnis gewertet. Bei einem stark positiv ausgeprägten Selbstwertgefühl wird eine schlechte Note eher als Ausrutscher wahrgenommen, auch wenn sich in dieser gravierende fachliche Mängel zeigen. Beide Haltungen können konsequentes Lernen behindern. Deshalb ist eine transparente Notengebung mit einem klaren Feedback wichtig, um die hinter beiden Haltungen von Schülerinnen und Schülern liegenden Missverständnisse auszuräumen.

PRAXIS-TIPP
Transparente Notengebung

- Schülerinnen und Schüler sollten eine klare *Vorstellung über die von ihnen erwarteten Leistungen* haben. Dazu dienen z. B. Kompetenzraster, Checklisten und Smarties.
- Rückmeldungen sollten *individuell auf die Ergebnisse* eingehen, z. B. durch das Aufzeigen und Würdigen verschiedener Lösungsmöglichkeiten bei ein und derselben Mathematikaufgabe.
- Die *Notengebung* muss sich alleine an *Kriterien des Sachzusammenhanges* (d. h. an kriterialen Bezügen) orientieren. Es sollte aber auch die individuelle Bezugsnorm deutlich gemacht werden, wenn sich eine Verbesserung (noch) nicht in der Note zeigt.

2.3 Zeit geben: Lernzeiten erhöhen

Ein zentrales Prinzip stärkenorientierten Lernens ist es, die Zeit in der Schule für dieses Ziel optimal zu nutzen. Empirische Befunde zeigen, dass Lehrkräfte sehr unterschiedlich mit der Unterrichtszeit umgehen. Manche nutzen jede Minute, fangen pünktlich an, beschäftigen sich im Unterricht kaum mit organisatorischen Fragen und geben selbst in den Pausen positive und das Lernen fördernde Rückmeldungen. Andere dehnen die Pausen über den Gong hinaus aus oder kommen regelmäßig zu spät.

Das Pareto-Prinzip auch im Unterricht?

Das Pareto-Prinzip ist nach dem gleichnamigen italienischen Wirtschaftswissenschaftler und Soziologen Vilfredo Pareto benannt, der unter anderem beschrieb, dass häufig 80 Prozent der Erträge von Projekten in 20 Prozent der dafür aufgewandten Zeit erreicht werden. Das bedeutet im Umkehrschluss, dass ohne weiteres Investment von außen eine erhebliche Effizienzsteigerung erfahren werden kann, wenn dieses Verhältnis verändert wird und der Anteil der effektiven Arbeits- bzw. Lernzeit erhöht wird. Auf den Unterricht bezogen heißt das beispielsweise, dass eine Optimierung echter Lernzeit erfolgt, wenn sich Aneignungsphasen mit Übungsphasen abwechseln. Lehrkräfte sollten sich die Frage stellen, mit welchem Aufwand welcher Ertrag erzielt werden kann. Und Schülerinnen und Schüler sollten ebenfalls für die effiziente Nutzung ihrer Lernzeit ein Gespür entwickeln.

Um einen bestmöglichen stärkenorientierten Unterricht anzubieten, empfiehlt es sich, die (eigene) Zeitverwendung zu überprüfen:

- Zunächst ist es das Einfachste, auf *Pünktlichkeit* im Unterrichtsbeginn zu achten und die Unterrichtszeit weitestmöglich für das Lernen zu reservieren. Das ist dann einfacher, wenn in Doppelstunden gearbeitet wird, in der Zeitgestaltung Übergänge zwischen den Stunden durch zusätzliche fünf Minuten eingeplant sind und das Kollegium sich gemeinsam um Pünktlichkeit bemüht.
- Darüber hinaus sollten die Jugendlichen im Unterricht möglichst viel *eigentätig* arbeiten. Lernen kann man nur selber! Deshalb ist die selbstständige kognitive Durchdringung so wichtig. Die Ausführungen zur Kompetenzorientierung, zur Lernspirale und zu unterrichtlichen Checklisten sollen dazu Anregung geben.
- Die Lernzeit wird aber auch erhöht, wenn *gründlich* gearbeitet wird. Lernen ist ein kumulativer Prozess, das heißt, es baut immer auf dem auf, was man schon weiß. Ist das, was die Schule anbietet, zu weit von dem entfernt, was ein Lernender sich schon an Wissen aufgebaut hat, dann wird es kaum eine Anschlussmöglichkeit geben. Dann wird Unterrichtszeit verschwendet, da man nicht mitkommt. Deshalb ist die *Individualisierung* des Unterrichts, die Möglichkeit, sich selber dem Unterrichtsgeschehen zuzuordnen, so wichtig.
- Eine effektive Nutzung der Lernzeit bedeutet auch, dass Schülerinnen und Schüler *emotional* in die Lage versetzt werden müssen zu lernen. Lernen in Anerkennung und in einem *positiven Selbstwertgefühl* ist deshalb genauso wichtig wie ein konstruktiver und offener Umgang mit *Misserfolg* und *Fehlern.*
- Auch *gemeinsames* Lernen erhöht die Lernzeit. Menschen sind soziale Wesen. Wenn das Klassenklima so gestaltet ist, dass man gerne miteinander kommuniziert und sich gegenseitig unterstützt, können Jugendliche viel miteinander und voneinander lernen. Es lernen gerade auch diejenigen, die anderen etwas erklären!
- Schließlich wird die Lernzeit auch erhöht, wenn es nicht nur einzelne Lehrkräfte sind, die sich an diesen Fragen orientieren, sondern möglichst viele in einer Schule im Hinblick auf diese *Werte* an einem Strang ziehen. Deshalb gehen wir in Kapitel 4 auf die Möglichkeiten ein, die Stärkenförderung in einem *Schulprofil* zu bündeln.

2.4 Orte schaffen: Raum für Lernen geben

Ähnlich wie die Zeit ist auch der Ort der Schule für das Lernen von zentraler Bedeutung. Im Rahmen der Arbeit an einer stärkenorientierten Pädagogik haben fast alle der beteiligten Schulen begonnen, an der Schulhausarchitektur zu arbeiten. Warum? Menschliches Verhalten ist immer durch die Umgebung geprägt bzw. passt sich an die Umgebung an. Das gilt auch für die Schule! Räume und das durch sie gestaltete Lernumfeld wirken sich unmittelbar auf das Lernverhalten aus. In einer sehr hallenden Umgebung wird sich der Lernpegel deutlich erhöhen, denn jeder Schüler wird sich laut verhalten, um überhaupt gehört zu werden, hingegen verleiten geräuschgedämpfte Umgebungen zu leisem und behutsamem Benehmen. Lange Gänge verleiten zum Toben, Sitzgruppen laden zum Verweilen und Lernen ein. Lernzimmer und Bibliotheken signalisieren, dass eigentätiges Arbeiten erwünscht ist. Schulische Räume senden im Hinblick auf die gewünschten Arbeitsformen Signale aus. Zudem wird über die anregende und schöne Gestaltung von Räumen eine Wertschätzung gegenüber Schülerinnen und Schülern wie auch den Lehrkräften zum Ausdruck gebracht. Wer erfolgreiches Lernen fördern will, schenkt deshalb der Umgebung die nötige Beachtung (und den nötigen Respekt). Nicht zuletzt durch die Umgebung wird Lernen sinnlich wahrnehmbar. Es erhält eine Gestalt.

Die vier Bereiche der Lernumgebung

Lernumgebungen lassen sich nach Andreas Müller in vier Bereiche gliedern:

Mikro-Umgebung

Die Mikro-Umgebung ist der eigentliche Arbeitsplatz eines Lernenden, seine ganz persönliche Umgebung. Der Ort, an dem das Bild des Lieblingsspielers hängt, das Andenken an die letzten Ferien, die Karte vom Freund. Dem persönlichen Arbeitsplatz kommt die Funktion einer Homebase zu: Hier fühle ich mich zu Hause. Arbeitsplätze können nach dem Prinzip der offenen Nischen gestaltet sein; Nischen deshalb, weil sie Rückzugsmöglichkeiten und Sicherheit bieten. Und offen, damit die Kommunikation in der Gruppe auf einfache Weise möglich ist. Arbeitsplätzen kommt aber auch eine funktionale Rolle zu. Entsprechend sind sie einzurichten. Es sollte alles da sein, was man braucht.

Meso-Umgebung

Damit ist der Raum gemeint, der die Arbeitsplätze beherbergt. Wann immer möglich werden verschiedenen Aktivitäten (Einzelarbeiten, Gruppen, Plenum) entsprechende Funktionszonen zur Verfügung gestellt. Beispiel: Die Lernenden begeben sich für einen Input an einen bestimmten Ort. Dann gehen sie wieder zurück an ihren Arbeitsplatz. Lernen braucht Bewegung außerhalb des Schulsports. Lernräume müssen durch die Organisation und durch verschiedene Höhen zur kleinen Bewegung einladen: Computer auf Stehtischen, offene Bodenflächen, wo sich auf dem Bauch liegend arbeiten lässt, Sitzecken zum Lesen, Stehtische für Besprechungen, Regale für Nachschlagewerke und Materialien, Tische für Schneid- und Klebearbeiten. Räume dienen aber nicht einfach Funktionen. Es kommt ihnen auch eine ästhetische und atmosphärische Bedeutung zu. Sie sind auch Inspirationsquellen: Bilder, Farben, Gerüche, Hintergrundmusik, Pflanzen. Und ganz speziell in dieser Beziehung steht nicht das Vorhandensein im Zentrum, sondern der Umgang damit. Die halb verdorrte Pflanze, das vergilbte Plakat, die Unordnung auf dem Regal – das sind Botschaften. Sie sind Ausdruck des Grades an Wertschätzung, die der Umgebung (und damit den Menschen) entgegengebracht wird.

Makro-Umgebung

Damit ist das Haus gemeint, in dem Lernen seinen Lebensraum hat. Lernhäuser sind gastliche und zum aktiven Handeln einladende Häuser. Sie sind deshalb im wahrsten Sinne des Wortes offen. Die Arbeitsräume ziehen sich ins Haus hinein und auf die Korridore hinaus. Wer lernt, vernetzt und verbindet Dinge miteinander. Diesem Prinzip folgen auch die Häuser, in denen Lernen stattfindet. Sie verbinden Räume und Menschen miteinander. Und sie wirken auch so nach außen. Wie Menschen so zeichnen sich auch einladende Schulen durch Gesten der Gastlichkeit aus durch abwechslungsreiche Räume, durch Farben, durch Pflanzen, durch liebevolle Dekorationen. Und wichtig: Man sieht den Schulen an, dass sich Menschen um sie kümmern, dass sie gepflegt (und nicht nur gereinigt) werden. Lehrpersonen übernehmen damit auch die Rolle von „Atmosphären-Didaktikern". Sie fühlen sich verantwortlich für das Erscheinungsbild ihrer Schule.

Mondo-Umgebung

Damit ist die Verbindung von Welt und Schule gemeint. Lernen kann man überall. Lernen ist nicht an Räume gebunden. Lebensorte sind oftmals idealere Lernorte. Der natürliche Bachlauf ist attraktiver und herausfordernder, um sich entdeckend mit der Welt auseinanderzusetzen, als das Wasser im Reagenzglas. Lernen basiert auf Erfahrung, nicht auf Belehrung. Erfahrung ist die Grundlage aller Erkenntnis. Ein Netzwerk von außerschulischen Partnern – Vereinen, Unternehmen, sozialen Einrichtungen, Eltern, Behörden – schafft Lebens- und Praxisnähe. Und die Verbindung zu Partnerinstitutionen über Sprach- und Landesgrenzen hinweg öffnet ein weiteres Fenster zur Welt. Eine Erweiterung des schulischen Aktivitätsraumes muss systematisch geschehen. Die Verbindung zur Welt außerhalb der Schule sollte Teil der Schulkultur sein.

Es gibt viele Möglichkeiten, einen Raum als Lernumgebung zu gestalten:

- die *Umgestaltung von Klassenzimmern* durch die Flexibilisierung der Tische (z. B. Trapeztische auf Rollen, die sich leicht in unterschiedliche Gruppenanordnungen verschieben lassen), durch unterschiedliche Tafeln und Pinnwände, mit Regalen, Aufbewahrungsmitteln, einem Sofa etc.;
- die Einrichtung einer *Lernwerkstatt* für das eigenverantwortliche Arbeiten;
- die Nutzung von bisher nicht für das Lernen verwendeten *Räumen*, z. B. kleine Dachkammern (z. B. als gemütliches Sprechzimmer oder als Gruppenraum) oder Fluren (in die Lerninseln eingebaut werden);
- die Einrichtung eines *schönen Lehrerzimmers* mit unterschiedlichen Zonen für Entspannung, Arbeit und Besprechung.

Fazit

Wie lassen sich nun die Überlegungen aus Kapitel 1 und 2 zusammenfassen? An welchen Merkmalen lässt sich eine stärkenorientierte Pädagogik festmachen?

Die nachfolgende Tabelle (Abb. 8) gibt einen Überblick:

Indikator	Beispiele möglicher Formen der Verwirklichung
▸ Der Unterricht wird *kompetenzorientiert* und die Stärken der Schülerinnen und Schüler fördernd gestaltet: Im Unterricht werden sichtbare Formen der Kompetenzförderung eingesetzt.	▸ Im Unterricht werden Kompetenzraster und Checklisten eingesetzt. ▸ Im Unterricht werden individualisierende Lernmaterialien eingesetzt. ▸ Im Unterricht wird systematisch Freiarbeit bzw. Wochenplanarbeit ermöglicht. ▸ Der Unterricht wird nicht immer im Klassenverband gegeben, sondern in größeren Gruppen die Möglichkeit der Differenzierung geboten. ▸ Schülerinnen und Schülern wird die Möglichkeit gegeben, durch Lehren zu Lernen (z. B. indem gegenseitig Zusammenhänge erklärt werden). ▸ Der Unterricht wird über Lerntagebücher individualisiert. ▸ Im Unterricht werden Möglichkeiten der Handlungs- und Produktionsorientierung eröffnet. ▸ Im Unterricht wird mit Portfolios gearbeitet. ▸ Im Unterricht werden Feedbackbögen eingesetzt. ▸ Die Eltern werden über das Unterrichtskonzept informiert und in dieses eingebunden. ▸ Es werden Tutorinnen und Tutoren ausgebildet und diese im Unterricht eingesetzt.
▸ Die *Zeitgestaltung* ist auf einen Kompetenzen und Stärken fördernden Unterricht ausgerichtet.	▸ Es wird in Doppelstunden gearbeitet. ▸ Freiarbeitsphasen sind systematisch geplant. ▸ Die Stundenplangestaltung ist zugunsten der Förderung von Schülerinnen und Schülern organisiert, z. B. durch doppelte Lehrerbesetzung. ▸ Es gibt Klassenstunden. ▸ Es gibt im Stundenplan festgelegte Förderstunden. ▸ Es gibt im Stundenplan festgelegte Freiarbeitsstunden. ▸ Es gibt festgelegte Zeiten für Feedbackgespräche und Schülersprechstunden. ▸ Es gibt gemeinsame Elternsprechtage. ▸ Es werden Projektwochen mit Auflösung des Klassenverbandes und freier Zeiteinteilung bei fixer Mindestzeit pro Tag durchgeführt. ▸ Es gibt Besinnungstage zur Reflexion. ▸ Es gibt Tage, um das Lernen zu lernen. ▸ Es gibt Orientierungstage für die Berufswahl.
▸ Die *Raumgestaltung* ist auf einen Kompetenzen und Stärken fördernden Unterricht ausgerichtet.	▸ Die Leistungen von Schülerinnen und Schülern werden im Schulhaus sichtbar gemacht, auch Leistungen aus dem Bereich. ▸ Die Klassenzimmer sind ansprechend und in unterschiedlichen Funktionszonen gestaltet. ▸ Die Klassenzimmer ermöglichen flexible Lernformen durch Pinnwände, Tafelsysteme, Materialwägen und Regale, Präsentationsmöglichkeiten. ▸ Es gibt einen Raum für das Selbstlernen bzw. die Freiarbeit. ▸ Es gibt Zonen der Erholung für Lehrer und Schüler (Ruheoasen).

▸

▸ Es werden *Inhalte* thematisiert, die das Selbstwertgefühl und die Selbstverantwortung von Schülerinnen und Schülern stärken.	▸ Es gibt Portfolios, in denen Schüler ihr Leistungsprofil sichtbar machen. ▸ Es gibt Feedback-Bögen und Selbsteinschätzungsbögen, die Lernsituationen klären. ▸ Es gibt Feedbackgespräche z. B. nach Leistungsmessungen. ▸ Schüler können einiges selber mitbestimmen, z. B. durch Klassenparlamente. ▸ Es werden Möglichkeiten der Sozialerfahrung angeboten, z. B. in Streitschlichterprogrammen oder außerschulischen Projekten und Sozialpraktika. ▸ Es gibt geschlechterdifferenzierende Angebote. ▸ Es gibt Wahlmöglichkeiten, mit denen Schülerinnen und Schüler ein eigenes Profil ausbilden. ▸ Es gibt leistungsdifferenzierende Angebote.
▸ Die *Gestaltung des Schuljahres* ist auf die Förderung der Stärken und Kompetenzen der Schülerinnen und Schüler ausgerichtet.	▸ Es gibt entsprechende Projekttage. ▸ Es gibt eine Schülerfirma. ▸ Es gibt Angebote der Berufsorientierung. ▸ Es gibt Stärkentage. ▸ Es gibt entsprechende Schulgottesdienste. ▸ Es gibt eine ganzjährige inhaltliche Planung des Unterrichts, die den Schülerinnen und Schülern z. B. durch Themenraster transparent gemacht wird.
▸ Die *Lehrerinnen und Lehrer* tauschen sich regelmäßig über die Stärken und Kompetenzen ihrer Schülerinnen und Schüler aus.	▸ Lehrkräfte kennen die außerschulischen Kompetenzen der Lernenden. ▸ Es gibt eine wöchentliche Teamstunde für alle in einer Klasse arbeitenden Lehrkräfte als „jour fixe". ▸ Es gibt Klassenkonferenzen. ▸ Es gibt thematisch einschlägige schulinterne Lehrerfortbildungen. ▸ Die Lehrerzusammenarbeit wird in der Stundenplangestaltung berücksichtigt und gefördert. ▸ Der gemeinsame Besuch von Fortbildungen wird gefördert.
▸ Die Schule macht *Angebote*, in denen Schülerinnen und Schüler die Möglichkeit haben, nicht-kognitive Stärken und Talente zu erfahren.	▸ Es gibt Wahlfachangebote, z. B. Theatergruppe, Schülerfirma, Bläserklassen, freies Schreiben, Instrumentalunterricht, Schulchor, Band, Schulsanitäter, Buslotsen. ▸ Es gibt Angebote zum Theaterbesuch. ▸ Es gibt Angebote im Sport. ▸ Es gibt eine ökologische und gesundheitsbewusste Pausengestaltung. ▸ Die Schule achtet auf angemessene Umgangsformen. ▸ Es gibt die Möglichkeit für Reisen und Schüleraustausch.

Abb. 8: Stärkenorientierte Pädagogik

3 Erprobtes zur Veränderung der Lernkultur

© pressmaster – Fotolia.com

Damit sich Schülerinnen und Schüler zu selbstbewussten, kreativen und verantwortungsbewussten Persönlichkeiten entwickeln können, muss Schule Rahmenbedingungen und Gelegenheiten schaffen, diese Entwicklung zu fördern. Sowohl die Schulorganisation im Alltag und die damit verbundene Veränderung der schulischen Lern- und Unterrichtskultur als auch der jeweilige Fachunterricht können hier wichtige Impulse setzen. Wie das gelingen kann, zeigen erprobte Maßnahmen aus dem Praxisfeld Schule, geordnet nach Themen bzw. Schulfächern.

Wenn Schülerinnen und Schüler aufgefordert werden, ihre Stärken zu benennen, spiegeln sich häufig Ratlosigkeit und Verwirrung auf ihren Gesichtern. Viele Schülerinnen und Schüler sind es schlichtweg nicht gewohnt, ihre Stärken in den Blick zu nehmen, sondern tendieren dazu, in erster Linie auf ihre Schwächen zu sehen. Andere überschätzen sich maßlos. Schülerinnen und Schüler benötigen also Anleitung, um sich ihrer Stärken in fachlicher, sozialer und personaler Hinsicht klarer zu werden. Die folgenden erprobten Maßnahmen bieten Anregungen, wie es gelingen kann, Schülerinnen und Schüler auf ihre Stärken aufmerksam zu machen. Von einer Position der eigenen Stärke aus wird es dann auch für viele Schülerinnen und Schüler einfacher, diese Stärken weiter auszubauen und ihre Schwächen anzugehen.

Schulischer Unterricht kann die Motivation, die eigenen Stärken zu entdecken und auszubauen, fördern. Dies setzt allerdings voraus, dass den Schülerinnen und Schülern Gelegenheit gegeben wird, sich selbst bestimmt und autonom zu fühlen sowie die eigene Stärke durch Erfolgserlebnisse und individuelle Rückmeldungen zu erfahren. Auch eine lernförderliche Umgebung sowie eine sozial unterstützende und freundliche Atmosphäre sind für eine Stärkenfokussierung bedeutsam.

Im Folgenden werden erprobte Vorschläge vorgestellt, um
- die Kompetenzen von Schülerinnen und Schüler im Unterricht zu stärken (Kap. 3.1) und
- die Selbstständigkeit von Schülerinnen und Schüler schulbezogen zu fördern (Kap. 3.2).

Einen Überblick über die verschiedenen Maßnahmen einer Stärkenförderung bietet das Register, das sich im Anhang dieses Buches befindet.

3.1 Kompetenzen im Unterricht stärken – Lernen verselbstständigen

Welche Kompetenzen sollen im Unterricht vermittelt werden und wie kann das möglich werden? Mit dieser Frage beschäftigten sich in theoretischer Perspektive die Kapitel 1 und 2 in diesem Handbuch. In schulpraktischer Hinsicht wird diese Frage im vorliegenden Abschnitt (Kap. 3.1) thematisiert; denn „Kompetenzen werden nicht unterrichtet, sie werden von den Schülern erworben" (Fahse 2004, S. 260). Lehrerinnen und Lehrer stehen vor der Herausforderung, den Kompetenzerwerb anzuregen und anzuleiten. Dafür stellt sich zunächst die Frage: Welche Kompetenzen sollen im schulischen Unterricht vermittelt werden? Es können hier, wie die folgende Abbildung zeigt, vier verschiedene Kompetenzbereiche unterschieden werden:

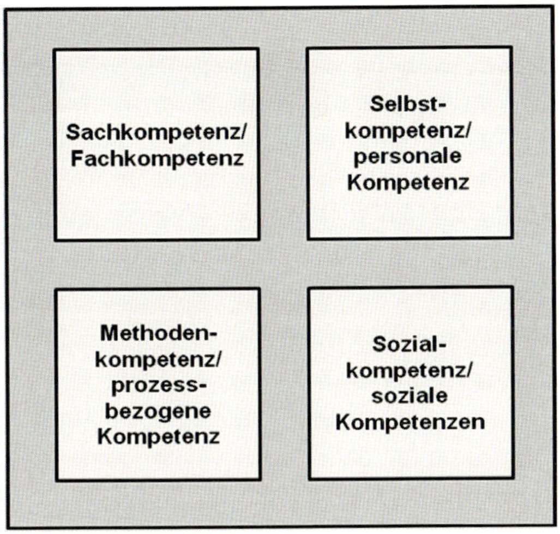

Abb. 9: Zu erwerbende Kompetenzen | Quelle: nach Bruder/Leuders/Büchter 2008, S. 13f.

Vom Inhalt des jeweiligen Faches abhängig ist die Sachkompetenz bzw. die Fachkompetenz. Hier stehen das Erfassen und Erkennen von Sachverhalten, Regeln und Begriffen, das Verstehen von Argumenten und Erklärungen, das korrekte Verwenden von Fachsprache und spezifischen Darstellungen, das Bewerten von Zusammenhängen, das Übertragen und Anwenden von Fakten, Regeln und Begriffen im Vordergrund (nach Roggartz 2009). Die fachbezogene Seite des Kompetenzquadrats wird durch die Methodenkompetenz vervollständigt. Die Methodenkompetenz bzw. prozessbezogene Kompetenz umfasst Fähigkeiten und Fertigkeiten, die für das Handeln im Fach und die Art zu denken wichtig sind und sich demnach von Unterrichtsfach zu Unterrichtsfach unterscheiden können. Das ist aber nur der eine, fachbezogene Aspekt der Methodenkompetenz. Der zweite, fachübergreifende Aspekt der Methodenkompetenz bezieht sich auf allgemeine Grundfertigkeiten und Verfahrensweisen. Unter diesem Gesichtspunkt geht es um „Methoden, die einem helfen, Informationen zu erfassen, zu strukturieren und zu behalten, […] wie Planungsmethoden, Problemlösestrategien und Präsentationsmethoden" (Roggartz 2009, S. 14). Die Sozialkompetenz bzw. soziale Kompetenz umfasst demgegenüber alle Fertigkeiten und Fähigkeiten, die fast schon selbstverständlich zu den Zielen von Schulen gehören, wie Gesprächsführung, Verantwortungsübernahme, konstruktive Teamarbeit oder Konfliktfähigkeit. Über die Selbstkompetenz wiederum schreibt Roggartz:

> „Im Gegensatz zur eher handwerklichen Ebene der Methodenkompetenz stehen Kenntnisse, Fähigkeiten und Fertigkeiten sowie Haltungen, die den Prozess des selbstständigen Lernens unterstützen, im Mittelpunkt. Um den eigenen Lernprozess zu planen, zu strukturieren, Zwischenergebnisse zu überprüfen und gegebenenfalls den Prozess zu verändern, werden metakognitive Kenntnisse und Fähigkeiten benötigt. Planungsinstrumente wie Wochenpläne und Logbücher, ein Transparentmachen der Ziele z. B. in Kompetenzrastern sowie Selbstkontrollen für die reflektierte Einschätzung der eigenen Leistung sind hierfür hilfreich. Auch das Vermögen, eine individuelle Beziehung zum Inhalt aufzubauen, die eigene Motivation aufrechtzuerhalten sowie mit Misserfolgen umzugehen, gehört zur Selbstkompetenz. Schülerinnen und Schüler hierbei zu unterstützen und zu stärken, so dass Lernen zunehmend zum selbstregulierten Lernen werden kann, ist eine große Herausforderung des kompetenzorientierten Unterrichts."
>
> (Roggartz 2009, S. 14)

Kompetenzorientierung setzt demnach eine andere Form der Zielorientierung im Unterricht voraus, sie richtet den Blick auf die Schülerinnen und Schüler und die Anwendung des Gelernten. Der an Kompetenzen orientierte Unterricht sollte schülerorientiert sein, aber auch ergebnisorientiert sowie gleichzeitig prozessorientiert (nach Poloczek 2007) und sollte dabei auf die Selbstständigkeit der Schülerinnen und Schüler abzielen.

Kompetenzen stellen die Verbindung zwischen Wissen und Können her und sind als Befähigung zur Bewältigung verschiedener (Unterrichts-)Situationen zu beschreiben (vgl. Klieme 2004, S. 13). Lernen in der Schule sollte also einen Kompetenzzuwachs in ganz unterschiedlichen Bereichen ermöglichen. Dieser Prozess benötigt Zeit, nicht nur Lebenszeit eines jeden Einzelnen, sondern besonders Zeit im Unterricht. Im folgenden Abschnitt werden Maßnahmen vorgestellt, die im regulären Unterricht die Stärkung der Schülerinnen und Schüler zum Ziel haben. Dabei handelt es sich um Maßnahmen auf der Unterrichtsebene, die nach einem methodischen Zugriff geordnet sind. Im Titel der jeweiligen Unterabschnitte wird gleichzeitig angezeigt, in welchen Unterrichtsfächern bzw. Fachgruppen die Methoden eingesetzt wurden und eingesetzt werden können.

3.1.1 Kompetenzraster (Deutsch, Englisch, Mathematik, Musik)

Für Schülerinnen und Schüler ist es wichtig, sich ihrer eigenen Fähigkeiten und Fertigkeiten bewusst zu werden. Zu diesem Prozess gehört es auch, sich über die eigene Kompetenzentwicklung Rechenschaft abzulegen. Zu oft wird im alltäglichen Unterricht nur das Endergebnis schulischen Lernens und Arbeitens in Form einer Note in den Blick genommen. Der Weg bis hin zu diesem Ergebnis wird häufig nicht beachtet und die Kompetenzerweiterung, der Anstieg der Fähigkeiten und Fertigkeiten der Schülerinnen und Schüler, kaum gewürdigt. Da es für Schülerinnen und Schüler, die sich in einer wesentlichen Phase ihrer Persönlichkeitsentwicklung befinden (vgl. Hurrelmann 2004), wichtig ist, sich über die eigenen Kompetenzen Klarheit zu verschaffen (vgl. Mummendey 2006), sollten der Stand und der Zuwachs der ganz unterschiedlich ausgeprägten (Fach-) Kompetenzen dokumentiert und den Lernern zugänglich gemacht werden. Die Arbeit mit Kompetenzrastern ist nicht nur für Kernfächer motivierend und zielführend, sondern eignet sich für das gesamte unterrichtliche Angebot. Schließlich kann auch hier das Sichtbarmachen der Kompetenzentwicklung zur Stärkung und Förderung der einzelnen Schülerinnen und Schülern beitragen.

Dazu wird der jeweilige Unterrichtsstoff verdichtet in Kompetenzraster eingepasst. Diese können mit Lernkarteien, die explizit das selbstständige und selbstregulierte Lernen der Schülerinnen und Schüler anregen, ergänzt werden. Im dritten vorgestellten Beispiel wurden typische, methodische Lernfelder identifiziert, die ausdrücklich die fachübergreifenden Methoden-, Selbst- und Sozialkompetenzen sichtbar und damit unterstützbar machen sollen.

Der Lernerfolg der Schülerinnen und Schüler besteht darüber hinaus nicht nur in der fachlichen Verbesserung ihrer Leistungen, sondern auch darin, dass sie sich ihren Stärken und Schwächen in den ausgewählten Fächern bzw. Lernfeldern stellen müssen. Schülerinnen und Schüler lernen so, größere Selbstverantwortung für ihr Lernen zu übernehmen.

Kompetenzraster bringen, wie in Kapitel 2 erläutert, Curricula in eine synoptische Übersicht. Sie sind als Matrix gestaltet (Kompetenzmatrix). In der Vertikalen werden jene Kriterien aufgeführt, die ein Fach- oder Kompetenzgebiet inhaltlich bestimmen (*Was?*). In der Horizontalen werden zu jedem dieser Kriterien vier bis sechs Niveaustufen mit aufsteigender und aufbauender Komplexität definiert (*Wie gut?*). Insgesamt stecken Kompetenzraster Entwicklungshorizonte ab, die durch die dokumentierte Form für Schülerinnen, Schüler und Lehrkräfte nachvollziehbar sind. Wie dies in der Praxis aussehen kann, macht nachfolgender Erfahrungsbericht der Anton-Heilingbrunner-Realschule (Wasserburg) deutlich:

Kompetenzraster - Deutsch

Die Schülerinnen und Schüler erhalten zu Beginn des Schuljahres zu den Bereichen Rechtschreibung und Grammatik jeweils ein Kompetenzraster, das den Unterrichtsstoff des Schuljahres beinhaltet und einen Überblick über die zu erreichenden inhaltlichen Kompetenzen liefert (Kompetenzraster Rechtschreibung und Grammatik für die 5. und 6. Jahrgangsstufe). In der linken Spalte befinden sich die Lernbereiche, die in drei aufeinander aufbauenden Stufen dargestellt werden (vgl. Abb. 10). Die Aufnahme von Beispielen soll den Wissensstoff konkretisieren und veranschaulichen. Die den Schülerinnen und Schülern ausgehändigten Materialien zu den einzelnen Lernbereichen werden mit Hilfe entsprechender Lösungsblätter selbstständig kontrolliert. Die Vergabe grüner (Stufe 1 und 2) und roter Punkte (Stufe 3) für erledigte Aufgaben auf die laminierten Raster erhöht die Motivation der Schülerinnen und Schüler. So dienen die Kompetenzraster zum einen zur Bestimmung der eigenen Stärken, zum anderen als Lernhilfe für die letzte Schulaufgabe, die durch zwei Tests im Bereich Rechtschreibung und zwei Tests im Bereich Grammatik ersetzt wird.

Deutsch Grammatik

Lernbereich	1. Stufe	2. Stufe	3. Stufe
Wortarten Ich kann	Nomen (a), bestimmte (b) und unbestimmte (c) Artikel, Verben (d) und Adjektive (e) im Satz erkennen. Beispiel: Der(b) Schüler(a) schreibt(d) eine(c) schwierige(e) Probe(a).	zusätzlich vier wichtige Pronomen: Personalpronomen (a), Relativpronomen (b), Demonstrativpronomen (c), Possessivpronomen (d) im Satz erkennen. Beispiel: Ich (a) gebe diesem/jenem (c) Schüler, der (b) meinen (d) Schlüssel fand, eine Belohnung.	zusätzlich Präpositionen (a), Numeralien (b), Konjunktionen (c) und Adverbien (d) im Satz unterscheiden. Beispiel: Ich hoffe, dass (c) meine zwei (b) Freundinnen pünktlich (d) in (a) die Schule kommen.
Zeiten Ich kann	die Personalform der Verben im Präsens bilden. Beispiel: ich gehe, du gehst, er/sie/es geht, wir gehen, ihr geht, sie gehen	Starke (a) und schwache(b) Verben unterscheiden. Beispiel: (a) ich schwimme - ich schwamm du läufst - du liefst (b) ich tauche - ich tauchte du sagst - du sagtest	die folgenden Zeiten bilden und anwenden: Präteritum (a), Perfekt (b), Plusquamperfekt (c), Futur I (d) (a) ich lief ich sang (b) ich bin gelaufen ich habe gesungen (c) ich war gelaufen ich hatte gesungen (d) ich werde laufen ich werde singen
Satzglieder Ich kann	mit Hilfe der Umstellprobe die zusammengehörenden Satzglieder ermitteln und dadurch meinen sprachlichen Ausdruck verbessern. Beispiel: Der Schüler schreibt heute einen schwierigen Test. Heute schreibt der Schüler einen schwierigen Test. Einen schwierigen Test schreibt der Schüler heute.	Subjekt, Prädikat und Genitivobjekt (a), Dativ-Objekt (b) oder Akkusativobjekt (c) im Satz erkennen. Beispiel: (a) Der Spieler bedient sich eines Tricks. Wessen? (b) Der Sohn schenkt seiner Mutter ein Buch. Wem? (c) Sie gewinnt einen Wettbewerb. Wen oder was?	zusätzlich Lokaladverbialien (a), Temporaladverbialien (b), Kausaladverbialien (c) oder Modaladverbialien (d) im Satz erkennen und durch deren Verwendung die Aussagekraft meiner Sätze verstärken. Beispiel: (a) dort, im Garten, ... (b) gestern, in der nächsten Woche, (c) aufgrund eines Gewitters, ... (d) lustig, mit großer Sorgfalt, ...
Satzbau Ich kann	vier Satzarten unterscheiden und bilden: Aussagesatz (a), Fragesatz (b), Aufforderungs-Satz (c) und Ausrufesatz (d) Beispiel: (a) Er besucht seine Oma. (b) Besucht er seine Oma? (c) Besuche heute bitte deine Oma! (d) Hurra, heute fahre ich zu meiner Oma!	Hauptsätze und Nebensätze anhand ihrer Merkmale erkennen und bilden. Beispiel: Er kam zu spät in die Schule, weil er den Bus verpasst hatte. Merkmale des Nebensatzes: 1. kann nicht alleine stehen 2. meist eingeleitet mit Konjunktion oder Relativpronomen 3. finite Form des Verbs steht an letzter Stelle	die Begriffe Satzreihe (a) und Satzgefüge (b) unterscheiden und diese beiden Satzkonstruktionen anwenden. Beispiel: (a) Susi spielt Tennis und Fritz liest ein Buch. Lea kommt nicht in die Schule, denn sie ist erkältet. (b) Nachdem ich gegessen hatte, ging ich ins Kino.

Abb. 10: Kompetenzraster Deutsch – Downloadmaterial 3.1.1 Anton-Heilingbrunner-Realschule

Für die Fächer Mathematik, Englisch und Musik berichtet die Anton-Heilingbrunner-Realschule Folgendes:

Kompetenzraster – Mathematik/Englisch

Am Anfang des Schuljahres wird den Schülern und Schülerinnen ein Kompetenzraster (Kompetenzraster Mathematik 5. Jahrgangsstufe/Kompetenzraster Englisch 6. Jahrgangsstufe) ausgeteilt bzw. ins Moodle – E-Learning – Portal gestellt. Durch das Kompetenzraster können sich die Schülerinnen und Schüler einen Überblick über die inhaltlichen Kompetenzen, die in der 5. bzw. 6. Jahrgangsstufe zu erreichen sind, verschaffen. Dabei ist das Kompetenzraster am Lehrplan orientiert, ersetzt ihn aber nicht. Vielmehr ist das Kompetenzraster eine Hilfestellung für die Schülerinnen und Schüler, um sich im Hinblick auf Schulaufgaben und weitere Anforderungen, die in den Fächern Mathematik und Englisch gestellt werden, hinsichtlich eigener Stärken und Schwächen einschätzen zu können.

Die Kompetenzraster in den Fächern Mathematik und Englisch sind in ihrer Struktur gleich aufgebaut: In der linken Spalte sind die inhaltsbezogenen Kompetenzen aufgelistet. Diese entsprechen den grundlegenden mathematischen/fremdsprachlichen Leitideen des jeweiligen Schuljahrs. Entsprechend dazu ist das Hauptlernziel, das in der jeweiligen Jahrgangsstufe bezogen auf eine Kompetenz erreicht werden soll, formuliert. Jedes Hauptlernziel ist in vier Kompetenzstufen (K 1 – K 4) unterteilt, die sachlogisch aufeinander aufbauen (vgl. Abb. 11):

K 1: einfache Routine- und Standardaufgaben
K 2: mehrschrittige Routine- und Standardaufgaben
K 3: eigene Überlegungen sind bei der Lösung erforderlich
K 4: Lösung durch Mathematisierung und/oder Reflexion

Kompetenzraster Mathematik 5.Jahrgangstufe

Kompetenzstufen / Inhaltsbezogene Kompetenzen	K1	K2	K3	K4
Zahlen Ich kenne mich mit dem Aufbau des Dezimalsystems und der natürlichen Zahlen aus.	Ich kann beliebig große Zahlen benennen, schreiben (auch in Worten), schätzen, nach ihrer Größe sortieren und runden. Die Verwendung der Zeichen < und > stellt für mich kein Problem dar.	Ich kenne mich mit Stellenwertsystemen aus. Im Dezimalsystem kann ich jede Zahl mit Hilfe von Zehnerpotenzen darstellen.	Ich kenne die Teilbarkeitsregeln für die Zahlen 2,3,4,5,9,10,25,100. Darüber hinaus kenne ich Primzahlen.	Ich kann die Teilbarkeitsregeln bei der Primfaktorzerlegung anwenden und so den ggT und das KgV bestimmen
Zahloperationen Ich beherrsche die Rechentechniken in den vier Grundrechenarten unter Berücksichtigung aller Rechengesetze.	Im uneingeschränkten Zahlenraum beherrsche ich die schriftlichen Verfahren Der Grundrechenarten. Auch das Kopfrechnen bei kleineren Zahlen stellt für mich kein Problem dar.	Ich kann mit den Grundbegriffen der Grundrechenarten (Summe, Differenz, etc.) umgehen und Überschlagsrechnungen anstellen.	Ich kann Produkte als Potenzen schreiben und den Potenzwert von Potenzen berechnen. Ich weiß, was die Basis und was der Exponent ist. Die Quadratzahlen von 1 bis 20 kenne ich.	Ich kann unter Verwendung der Rechenregel „Potenz vor Punkt vor Strich, Klammer zuerst" Rechnungen lösen. mit Hilfe der Rechengesetze kann ich dabei vorteilhaft rechnen.
Abhängigkeiten Ich kann mit Termen arbeiten. Die Lösungsmenge von (Un-)Gleichungen im Zahlenbereich der natürlichen Zahlen kann ich durch probieren lösen.	Ich bestimme Termwerte durch Einsetzen von Zahlen in Platzhalter bzw. Variablen.	Ich kann Terme beschreiben und aus Beschreibungen Terme ableiten.	Einfache Gleichungen und Ungleichungen löse ich durch probieren.	Ich kann mit Hilfe von Termen, sowie Gleichungen und Ungleichungen Sachaufgaben lösen.
Messen Ich kann mit gängigen Maßeinheiten und Größen sicher rechnen. Ich löse alltagsorientierte Sachaufgaben	Ich kenne die verschiedenen Maßeinheiten der Masse, der Länge, des Geldes und der Zeit. Ich kann eine Größe in die kleinere oder Größere Einheit umwandeln. Das Arbeiten Mit dem Maßstab stellt für mich kein Problem dar.	Ich kann mit Größenangaben in gemischter Schreibweise oder in Kommaschreibweisen rechnen. Auch Sachaufgaben Kann ich lösen. Der Dreisatz dient mir hierfür als Hilfsmittel.	Ich kann Flächen vergleichen, schätzen, messen und berechnen. Flächeneinheiten kann ich umrechnen. Auch die Oberfläche von Quader und Würfel kann ich bestimmen.	Ich kann Rauminhalte messen, vergleichen, schätzen und das Volumen von Würfle und Quader bestimmen. Raumeinheiten kann ich dabei umrechnen.
Ebene und Raum Ich kann sicher mit dem Zeichenwerkzeug grundlegende geometrische Figuren zeichnen.	Ich kann Längen unterscheiden, benennen und zeichnen. Das Zeichnen von senkrechten und parallelen Geraden stellt kein Problem für mich dar.	Ich kann ebene Figuren beschreiben, zeichnen und klassifizieren. Den Umfang von Rechteck und Quadrat kann ich bestimmen.	Ich kann räumliche Figuren beschreiben, zeichnen und klassifizieren. Die Darstellung von Würfeln und Quadern mit Hilfe von Netzen ist mir vertraut.	Ich kann mit Hilfe von Netzen geometrische Probleme lösen. Sachaufgaben zu Ebenen und räumlichen Figuren kann ich ebenfalls lösen.
Daten und Zufall Ich kann mit Tabellen und Diagrammen arbeiten. Ich kann einfache Zufallsexperimente durchführen und darstellen.	Ich kann die Ergebnisse aus Fragebögen erfassen und in Strichlisten, Tabellen und Diagrammen darstellen	Ich kann Tabellen und Diagramme lesen und die Daten auswerten. Die absolute Häufigkeit kann ich angeben.	Ich kann ein- und zweistufige Zufallszahlen (Laplace-Experimente) durchführen und auswerten.	Ich verstehe das Zählprinzip mit Hilfe von Baumdiagrammen und kann es selbst zur Auswertung und Begründung der Ergebnisse von Zufallsexperimenten einsetzen.

6. Jahrgangsstufe

Anton- Heilingbrunner Realschule
Landwehrstraße 18
Wasserburg a. Inn

Realschule Wasserburg
Anton-Heilingbrunner-Schule

Claudia Hoffmann
Monika Tluczykont

Abb. 11: Kompetenzraster Mathematik – Downloadmaterial 3.1.1 Anton-Heilingbrunner-Realschule

Kompetenzstufen und Notengebung in Englisch

Im Fach Englisch sind die inhaltsbezogenen Kompetenzen in folgende Kategorien eingeteilt: Sprechen, Wortschatz, Grammatik, Leseverstehen, Schreiben und interkulturelles Lernen. Für jede dieser Kategorien sind vier Kompetenzstufen (K 1 – K 4) formuliert und ausgearbeitet worden (vgl. Abb. 12).

Da der Lernstoff und damit die Übungsmaterialien sehr umfangreich sind, hat man sich auf eine veränderte Notengebung geeinigt. An der Stelle von vier Prüfungen werden acht angekündigte Tests geschrieben. Dabei entsprechen zwei Tests einer Prüfung (sowohl in ihrem Inhalt als auch in der Gewichtung der Bewertung). Zu den acht Tests kommen zwei nicht angekündigte kleine Abfragen und sechs mündliche Noten hinzu. Jede dieser Noten zählt einfach.

Kompetenzraster Englisch 6. Jahrgangsstufe / A2.1 (internationale Stufe)

Inhaltsbezogene Kompetenzen / Kompetenzstufen	K1	K2	K3	K4
Sprechen	Ich bin in der Lage. Wörter richtig auszusprechen und zu betonen und die Intonation des Satzes sinnvoll zu gestalten. Die internationale Lautschrift beherrsche ich rezeptiv.	Ich kann Wünsche und Vorschläge formulieren. Auf Vorschläge kann ich angemessen reagieren und mündlich zustimmen oder ablehnen.	Ich kann Fragen stellen und angemessen auf Fragen und Anweisungen reagieren.	Ich bin in der Lage, selbstständig einfache mündliche Beschreibungen und Erklärungen abzugeben und einfache Umschreibungen für bekannte Wörter abzugeben. Gelenkte bzw. kurze selbst geplante Gespräche kann ich in der Fremdsprache führen.
Leseverstehen	Beim stillen Lesen kann ich die wesentlichen Aspekte des Textes erfassen.	Ich verstehe einfache Texte und kann sie zur Sinnentnahme gliedern, indem ich z.B. Überschriften für Textabschnitte finde.	Ich kann Fragen zu zunehmend anspruchsvolleren Lesetexten beantworten und die Texte nachbearbeiten.	Ich verstehe zusammenhängende Geschichten. Ich kann Texten aus vertrauten Themenbereichen Informationen entnehmen, auch dann, wenn einige wenige unbekannte Wörter enthalten sind.
Schreiben	Ich kann kurze Notizen verfassen und Angaben zu meiner Person formulieren.	Ich bin in der Lage, unter Zuhilfenahme von Vorgaben persönliche Briefe zu verfassen und auf solche schriftlich zu antworten. In der Verwendung von Präpositionen bin ich zunehmend sicherer.	Unter Zuhilfenahme von „prompts" kann ich kurze Erzählungen verfassen. Bekannte Kollokationen kann ich richtig anwenden.	Ich kann über Selbsterlebtes schreiben. Dabei setzte ich Vermeidungsstrategien ein, um unbekannte Wörter zu umgehen.
Grammatik	Ich beherrsche die Vergleichsformen von Adjektiven. Die possessive pronouns kann ich sicher anwenden. Ich kann Aussagen mit „going to" oder „will" korrekt formulieren.	In der Bildung des simple past bin ich sicher, ebenso bei den unregelmäßigen Verbformen. Ich beherrsche die Bildung des present perfect und die entsprechenden unregelmäßigen Verbformen. Die Unterscheidung von some und any bereitet mir keine Probleme.	Ich beherrsche die Bildung des past progressive. Ich kann simple past und present perfect im Zusammenhang richtig anwenden, wenn Signalwörter gegeben sind. Ich kann Adjektive und Adverbien unterscheiden und situativ richtig anwenden.	Ich kann die erlernten grammatischen Strukturen situativ anwenden. Ich beherrsche die Unterscheidung der bisher bekannten Vergangenheitsformen .
Wortschatz	Ich kenne verschiedene Techniken zum Wortschatzerwerb und zur Festigung. Ich kann bekannten Wortschatz sinnvoll strukturieren.	Ich kenne die Bezeichnungen für die neu erlernten Zeitformen und kann sie umsetzen. Die unregelmäßigen Verbformen kann ich sicher anwenden.	In der Verwendung von Präpositionen und Kollokationen bin ich sicher. Ich kenne Unterschiede zwischen britischem und amerikanischem Englisch (Wortschatz, Aussprache, Schreibung).	Ich beherrsche den Wortschatz zu den Themen: Computer und Multimedia, Sehenswürdigkeiten, Feste und Gebräuche in Großbritannien und den USA.
Interkulturelles Lernen	Ich habe grundlegende Kenntnisse über bekannte Gegenden, Sehenswürdigkeiten, Feste und Gebräuche in Großbritannien und den USA und einen Einblick in das Alltagsleben in den USA.		Ich habe mir ein realistisches Bild des englischsprachigen Kulturkreises angeeignet und kann anderen Lebensweisen unvoreingenommen begegnen.	

7. Jahrgangsstufe

ANTON- HEILINGBRUNNER REALSCHULE
LANDWEHRSTRAßE 18
WASSERBURG A. INN

REALSCHULE WASSERBURG
Anton-Heilingbrunner-Schule

CLAUDIA HOFFMANN
MONIKA TLUCZYKONT

Abb. 12: Kompetenzraster Englisch – Downloadmaterial 3.1.1 Anton-Heilingbrunner-Realschule

Kompetenzraster in Musik

Am Anfang des Schuljahres bekommen die Schülerinnen und Schüler die Kompetenzraster ausgehändigt und kleben nach Selbsteinschätzung der Kompetenzen, die sie bereits zu können glauben, gelbe Punkte auf die Rasterfelder (vgl. Abb. 13). Die Lern- und Kompetenzbereiche (ganz links dargestellt) werden übers Jahr verteilt durch verschiedene Lernnachweise (Stegreifaufgaben, mündliches Abfragen, Präsentationen) abgesichert und von der Lehrkraft mit grünen Punkten bestätigt (eventuell auch mit der erhaltenen Note beschrieben).

Kompetenzraster Musik 5.Klasse

Name: Klasse:

Lernbereiche	Kompetenzen	K 1 ich kann…	K 2 ich kann K 1 und zusätzlich…	K 3 ich kann K 1+2 und zusätzlich…
Singen	Lieder	ein einstimmiges Lied singen.	im Kanon eine Folgestimme selbstständig singen	zu einer Melodie selbstständig eine 2. Stimme singen
	Tonleitern	eine Dur-Tonleiter aufwärts singen	eine Dur-Tonleiter aufwärts und abwärts singen (2)	eine Molltonleiter singen.
Musizieren	Rhythmen	einen gehörten Rhythmus nachklatschen	einen einfachen, notierten Rhythmus nachklatschen	einen komplizierten, notierten Rhythmus nachklatschen
	Liedbegleitung	auf einem Instrument eine Melodie spielen	eine Melodie mit Basstönen begleiten (3)	eine Melodie mit Akkorden begleiten
Hören	Instrumente	Saiten-von Blasinstrumenten unterscheiden	Streich-und Zupf sowie Holz-und Blechblasinstr. Unterscheiden	Saiten-und Blasinstr. sowie Perkussionsinstr. benennen.
	Intervalle	höhere von tieferen Tönen unterscheiden	den Verlauf einer Melodie beschreiben (1)	Intervalle bestimmen
Musikalische Grundlagen	Notenschrift	Stammtöne im Violinschlüssel bestimmen (2)	Noten mit Versetzungszeichen im Violinschlüssel bestimmen und Notenwerte unterscheiden	Noten mit Versetzungszeichen im Bassschlüssel bestimmen und Noten-+Pausenwerte unterscheiden
	Taktarten und Rhythmen	gerade und ungerade Taktarten nach Gehör unterscheiden	Taktarten bestimmen (4)	in unterschiedlichen Taktarten Rhythmen notieren und nachklatschen
	Epochen und Musiker	durch bewusstes Zuhören verschiedene Musikstile unterscheiden	Ich lerne das Leben und Wirken einiger Komponisten in Ihrer Zeit kennen	die Musik verschiedenen Epochen zuordnen.
Bewegen	Bewegung	mich zu Musik im Takt bewegen	mich zu Musik im Takt bewegen, mit Schrittwechseln	gleichzeitig mehrere Bewegungsabläufe zu Musik ausführen
	Tanz	Bewegungsmuster wiedergeben	Schrittkombinationen anwenden	einen Tanzablauf einprägen und ausführen

Abb. 13: Kompetenzraster Musik – Downloadmaterial 3.1.1 Anton-Heilingbrunner-Realschule

PRAXIS-TIPP
Die Arbeit mit Kompetenzrastern

Lehrkräfte, die mit diesen Maßnahmen Erfahrungen sammeln konnten, empfehlen:
- eine rechtzeitige Planung,
- Beginn mit nur einer Jahrgangsstufe und dann sukzessive Erweiterung auf weitere Klassen,
- pro Fach sollten mindestens zwei Lehrkräfte zum gegenseitigen Austausch zusammenarbeiten,
- rechtzeitige Information der Eltern.

Der Arbeitsaufwand sollte nicht unterschätzt werden – für die Ausarbeitung der Materialien wird mindestens ein Schuljahr benötigt.

In der Arbeitswelt, auf die die Schülerinnen und Schüler vorbereitet werden müssen, wird erwartet, dass die eigene fachliche Leistung und Leistungsfähigkeit eingeschätzt werden kann. Um die Kompetenz der Selbsteinschätzung einzuüben und für den jeweiligen schulischen Lernweg zu nutzen, eignen sich Kompetenzraster in mehrfacher Hinsicht: Der jeweilige fachliche Lernausgangspunkt wird deutlich und die Lernzuwächse werden anschaulich über die Spanne eines Schuljahres hinweg dokumentiert. Das motiviert Schülerinnen und Schüler auch im Rückblick, wenn sie sehen und damit leichter nachvollziehen können, was sie im Laufe eines Schuljahres in einem Fach geleistet haben. Diese dokumentierende Methode, das Lernen der Schülerinnen und Schüler zu begleiten und anzuregen, kann durch zusätzliche Lernhilfen unterstützt werden. Solche zusätzlichen Lernhilfen können beispielsweise Lernkarteien sein, die neben einer Kontrollfunktion („*Was kann ich schon alles?*") auch eine selbstständige Übungs- und Wiederholungsfunktion („*Was muss ich üben?*" bzw. „*Was sollte ich wiederholen?*") beinhalten. Mit dieser Kombination aus Kompetenzrastern und Lernkarteien wird das selbstständige und selbstregulierende Lernen der Schülerinnen und Schüler angeregt. Die Realschule Taufkirchen an der Vils gibt hierzu folgenden Erfahrungsbericht:

Kompetenzraster und Lernkartei

Mit Beginn des Schuljahres wurden für die 5. Jahrgangsstufe von der Fachschaft Deutsch Kompetenzraster und Lernkarteien für den Unterricht entwickelt. Im folgenden Schuljahr wurde auch die 6. Jahrgangsstufe in diese Maßnahme eingebunden. Mit Hilfe der Kompetenzraster und der Lernkarteien können die Schülerinnen und Schüler ihren Kenntnisstand im Laufe des Schuljahres in den Bereichen Rechtschreiben, Grammatik und Textverständnis überprüfen. Jede Schülerin bzw. jeder Schüler legt einen Ordner an, in dem er die jeweiligen Arbeitsblätter der Lernkarteien abheftet, und trägt den von ihm selbst beurteilten Leistungsstand in ein von der Fachschaft Deutsch erstelltes Kompetenzraster ein. Um etwaige Defizite zu beheben, wird den Schülerinnen und Schülern in jedem Klassenzimmer der 5. Jahrgangsstufe ein Ordner mit Zusatzaufgaben zu den Stoffgebieten Rechtschreiben und Grammatik zur Verfügung gestellt, die sie kopieren und zu Hause erledigen können. Auch diese zusätzlich geleistete Arbeit vermerken die Schülerinnen und Schüler auf ihren Kompetenzrastern. Der so entstehende Übungsordner wird drei- bis viermal pro Schuljahr in die Schule mitgenommen, wenn die jeweilige Deutschlehrkraft dies ankündigt (vgl. die Downloadmaterialien 3.1.1 – Deutsch, Lernkarte). Auch die Eltern sollen den Übungsordner in gewissen Abständen kontrollieren und dies durch ihre Unterschrift bestätigen.

PRAXIS-TIPP
Die Arbeit mit Lernkarteien

- Die Aufgaben sind kompatibel mit den jeweiligen Stoffplänen und lassen sich ohne zusätzlichen Zeitaufwand in den Unterricht integrieren.
- Die Evaluationsraster sind für die Schülerinnen und Schüler nachvollziehbar, sodass sie ohne Probleme ihren Leistungsstand in den jeweiligen Bereichen überprüfen können.
- Die meisten Schülerinnen und Schüler werden gerne mit dem Material arbeiten.
- Die Lösungen für die Lernkartei sollten nicht auf die Rückseite der Kärtchen kopiert werden, da dies die Schülerinnen und Schüler dazu verleitet, die Lösung nicht selbst zu finden.
- Häufig wird das zusätzlich angebotene Übungsmaterial nur von den Schülerinnen und Schülern genutzt, die gute Leistungen in Deutsch bringen. Schwächere Schülerinnen und Schüler benötigen Anleitung entweder durch Mitschüler oder die Lehrkraft.
- Gewünschte Änderungen im Lernverhalten müssen angeleitet werden, indem Schülerinnen und Schüler mit der neuen Lernstrategie vertraut gemacht werden.
- Der Vorbereitungsaufwand ist beträchtlich, wird aber durch einen entspannteren Schulalltag und bessere Lernergebnisse der Schülerinnen und Schüler mehr als belohnt.

Kompetenzraster für unterrichtliche Lernfelder

Nicht die fachspezifischen Sachkompetenzen, sondern die Methodenkompetenz bzw. prozessorientierte Kompetenz steht im Mittelpunkt, wenn unterrichtliche Lernfelder nach Arbeits- und Sozialformen sortiert werden. Manchmal scheint die mangelnde Beherrschung der im Unterricht geforderten Arbeitsformen dem Erfolg der Schülerinnen und Schüler im Weg zu stehen. So können Lehrkräfte z. B. immer wieder beobachten, dass ein Referat durch eine Schülerin/einen Schüler zwar inhaltlich brillant vorbereitet worden ist, jedoch die Präsentation und das Handout nicht den Erwartungen entsprechen. Ausgehend von der Feststellung, dass manche Arbeitsformen den Schülerinnen und Schülern Schwierigkeiten bereiten, hat je ein Team einer Schule methodische Lernfelder strukturiert, diese in Kompetenzstufen eingeteilt und durch Kompetenzraster dokumentiert. Gearbeitet wurde dabei nicht während der regulären Unterrichtszeit, sondern in sogenannten KOMPASS-Stunden. Das Konzept der KOMPASS-Stunden wird in Kapitel 3.2.2 erläutert, im nachfolgenden Erfahrungsbericht der Walter-Mohr-Realschule (Traunreut) stehen die methodenkompetenzorientierten Lernfelder im Mittelpunkt:

Kompetenzraster für unterrichtliche Lernfelder

In den fächerübergreifenden KOMPASS-Stunden entscheiden die Schülerinnen und Schüler selbst, auf welchem Lernfeld sie arbeiten möchten, welche Inhalte gewählt werden und in welchen Arbeitsgruppen bzw. in welcher Arbeitsform sie ihre Aufgaben bewältigen möchten. Dabei haben wir vier Lernfelder unterschieden (vgl. Abb. 14):

Stufe A: Arbeiten, die in unmittelbarem unterrichtlichem Zusammenhang stehen (Hausaufgaben, Referate, Wiederholung von Grundwissen, Arbeit mit dem Lernzielkatalog);

Stufe B: Arbeiten, die peripher den unmittelbaren Unterricht betreffen (erweiterte Referate, Präsentationen, Erstellen von nützlichen Begleitmaterialien zum Lernen);

Stufe C: Arbeiten, die den Projekt-, Wahlfach-, aber auch außerunterrichtlichen Bereich betreffen (musischer, kultureller und sportlicher Bereich);

Stufe D: Arbeiten, die über die Schule hinausgehen (Engagement für andere Schülerinnen und Schüler, andere Institutionen, Berufsvorbereitung, soziale Tätigkeiten, Wertearbeit).

Kompetenzstufe A	*Kompetenzstufe B*	*Kompetenzstufe C*	*Kompetenzstufe D*
- Hausaufgabe - Vorbereitung von Referaten für den Unterricht (Kurzreferate) - Basislernstoff x Wiederholung von Gelerntem x mündliche Vorbereitung - Lesen der Klassenlektüre	- Übungen zum Grundwissen x bereitgestelltes Lernmaterial - zusätzliche Lektüre (keine Klassenlektüre) - Problemlösung durch Erklären - Mithilfe bei der Unterrichtsvorbereitung (z.B. umfangreiche Referate) - Zeitungen - Nutzung von Material zur Allgemeinbildung - unterrichtsabhängige Projektarbeiten	- Arbeiten zu den Wahlfächern x Vorbereitungen x Nachbereitungen - Nachhilfe für Mitschüler - Tutorentätigkeiten	- außerunterrichtliche Tätigkeiten x Bühnenaufbau x Pausenverkauf x Säuberungsarbeiten - unterrichtsunabhängige Projektarbeiten

Abb. 14: Lernfelder – Downloadmaterial 3.1.1 Walter-Mohr-Realschule

3.1.2 Portfolio (Englisch, Französisch)

Die Arbeit mit Portfolios ist im schulischen Alltag eine wirkungsvolle Variante, bei der zum einen die Schülerinnen und Schüler Rückmeldung über ihren aktuellen Leistungsstand bekommen, zum anderen ihre Stärken hervorgehoben werden. Diese Kombination kann dazu beitragen, dass Schülerinnen und Schüler lernen, ihre persönliche Leistung einzuschätzen und sie nicht durch eine negative Bewertung, zum Beispiel durch die Lehrkraft oder ihre Mitschüler, beschämt werden. Portfolioarbeit kann zum einen als Lernumgebung (vgl. Paulson u. Paulson 1991, S. 7) bezeichnet werden, innerhalb derer sich Schülerinnen und Schüler kooperativ und selbstreflexiv mit den Ergebnissen ihres Lernens und ihren Lernprozessen auseinandersetzen. Das Portfolio selbst ist dabei eine zielgerichtete Sammlung von Arbeiten, welche die individuellen Bemühungen, Fortschritte und Leistungen der/des Lernenden auf einem oder mehreren Gebieten zeigt. Die Sammlung muss die Beteiligung der/des Lernenden an der Auswahl der Inhalte, der Kriterien für die Auswahl, der Festlegung der Beurteilungskriterien sowie Hinweise auf die Selbstreflexion der/des Lernenden einschließen. In dieser Variante wird die Arbeit mit Portfolios als ein partizipativer Prozess konzipiert, der notwendigerweise eine Kommunikation über Leistungen zwischen Lernenden und Lehrenden einschließt, was wiederum ein hohes Maß an Transparenz voraussetzt. Portfolioarbeit ist erklärtermaßen eine Lernumgebung zur Förderung von Selbststeuerung im Lernen (vgl. Paulson, Paulson u. Meyer 1991; Jones 1994). Insofern wird die Portfolioarbeit an diesem Punkt zu einer geschützten Leistungsumgebung, weil zum einen durch eine transparente Leistungserwartung seitens der Lehrkraft Sicherheit entsteht und zum anderen die Schülerinnen und Schüler selbst auswählen, welche Arbeitsprodukte in die Bewertung eingehen. Damit kann eine geschützte Lernumgebung entstehen, denn die Bewertung steht am Ende des Arbeitsprozesses und gleichzeitig werden die Lernzwischenschritte der Schülerinnen und Schüler gewürdigt.

In der Portfolio-Arbeit kann das schulische Prinzip der von der Lehrkraft verantworteten Leistungsfeststellung um das Prinzip einer mehr oder weniger selbstbestimmten Leistungsdarstellung erweitert werden (vgl. Häcker 2005a, S. 13; Häcker 2005b). Damit wird erstens vermieden, dass eine Beurteilung von Lernleistungen ausschließlich an fremdgesetzten Kriterien ohne die Integration von Kriterien des Leistungserbringers diesen Leistungen kaum gerecht werden kann. Zweitens dient das Portfolio dem Programm, die Selbstbeurteilung der Lernenden zu einem Bildungsziel eigener Dignität zu erheben (vgl. Winter 2004, S. 74). Das Prinzip der Leistungsdarstellung innerhalb der Portfolioarbeit kann die Grundlage und den Anknüpfungspunkt für ein stärkenorientiertes Lernen, Lehren und Beurteilen in der Schule bilden.

Portfolios können die Einschätzung von Lern-Lehr-Prozessen aus der Sicht der Schülerinnen und Schüler, aber auch aus der Sicht der Lehrkräfte fördern. Die Ergebnisse in einer Portfoliomappe erweitern damit den Blickwinkel von der rein operativen Seite des Lernens auf den gesamten Lernprozess. Da die Möglichkeit, sich selbst zu bestimmen, auf einer genauen Kenntnis der Lage basiert, in der ich mich befinde, schafft die gemeinsame Beachtung des individuellen Lern-, Lehr- und Arbeitsverhaltens sowie des Lehr-Lern-Arrangements und des institutionellen Kontextes erst die Voraussetzungen dafür, dass Lehrende und Lernende ihre Selbstbestimmungsmöglichkeiten realistisch einschätzen und punktuell nutzen können. Eine Lernprozesseinschätzung als individuelle und zugleich gemeinschaftliche Einschätzung von Lernprozessen und Lernresultaten durch alle am Lern-Lehr-Prozess Beteiligten kann zu einer kooperativen Weiterentwicklung der Lernbedingungen und damit des Unterrichts beitragen. Als Grundlage der Reflexion kann das Portfolio Entwicklungsprozesse auf verschiedenen Ebenen unterstützen. Als

Medium der kritischen Analyse von Lernsituationen kann ein Lernportfolio absichtsvoll und systematisch evaluativen Zwecken und damit der pädagogischen Qualitätsentwicklung und -sicherung von Unterricht dienen (vgl. Rihm 2004; Häcker 2005b). Damit erweitert sich die Perspektive der Stärkenorientierung nicht nur um den notwendigen subjektiven Lernsinn besonders für Schülerinnen und Schüler, sondern auch um die pädagogisch-didaktischen Stärken der Lehrkräfte.

Portfolios enthalten nicht nur diagnostisch bedeutsame Informationen über das individuelle Lern- und Arbeitsverhalten, die Interessen, Neigungen, Stärken und Schwächen der Schülerinnen und Schüler, sondern immer auch evaluative Informationen über Besonderheiten, d. h. Qualitäten, aber auch Mängel des Lernangebotes und der Lernumgebung. Im Folgenden berichtet die Realschule Taufkirchen (Vils) über ihre Erfahrungen:

Portfolio

Unter „Portfolio" versteht man einen Ordner, der die Lernentwicklung der einzelnen Schülerin bzw. des einzelnen Schülers dokumentiert und ihm dadurch immer wieder hilft, seine eigene Leistung zu bewerten, seine Stärken und seine Fortschritte zu erkennen und damit seine Selbstständigkeit und sein Selbstwertgefühl zu steigern. Auch Defizite, an deren Ausgleich er noch arbeiten muss, sollen ihm klar werden.

Im Idealfall sollte das Portfolio die Schüler durch ihre ganze Schulzeit hindurch begleiten.

Abb. 15: Englisch – Downloadmaterial 3.1.2 Realschule Taufkirchen

Ziele:
- Hilfe zur Bewertung der eigenen Leistungen
- Selbstständigkeit und Selbstwertgefühl steigern
- Stärken und Fortschritte erkennen

Die Fachschaften Englisch und Französisch haben die im Handel erhältlichen Werke (europäische Sprachenportfolios, z. B. Cornelsen und Klett-Verlag) gesichtet und daraus ein eigenes Portfolio erarbeitet, das auf die Bedürfnisse der Schülerinnen und Schüler abgestimmt wurde (vgl. das Titelblatt in Abb. 15).

In den Portfolio-Ordner trägt der Schüler in bestimmten Abständen seinen von ihm selbst beurteilten Leistungsstand ein. Durch das Portfolio entsteht keine zusätzliche Arbeit für die Lehrkraft, vielmehr soll es die ohnehin nötige Arbeit bewusster und erfolgreicher machen. Der Ordner muss nur von Zeit zu Zeit in den Unterricht mitgebracht werden, wenn die jeweilige Lehrkraft dies ankündigt. Außerdem werden in den Ordner auch Arbeiten, die dem Jugendlichen als besonders wichtig oder gelungen erscheinen, eingeheftet.

Da man oft die Leistungen anderer Schülerinnen und Schüler leichter bewerten kann als seine eigenen, hat jeder Schüler einen festen Lernpartner (learning buddy), der seine Eintragungen mit ihm bespricht und diese gegenseitige Beratung auch durch eine Unterschrift im Ordern bestätigt. Auch Lehrer und Eltern begutachten das Portfolio. Sollte die Schülerin bzw. der Schüler sich falsch einschätzen, kann der Lehrer mit ihm darüber sprechen bzw. geeignetes Übungsmaterial vorschlagen. Das Sprachen-Portfolio enthält verschiedene Übungen zu den vier Skills: reading, writing, listening und speaking.

PRAXIS-TIPP
Hinweise für ein Sprachen-Portfolio

- Das Unterrichtsmaterial sollte selbst erarbeitet werden; die üblichen Englisch- und Französisch-Schulbücher eignen sich nur bedingt.
- Wichtig ist eine regelmäßige Durchführung von Unterrichtseinheiten, bei denen alle vier Teilaspekte (Lesen, Hören, Sprechen, Schreiben) berücksichtigt werden.
- Das Lehrkräfteteam für diese Portfolioeinheit sollte konstant mindestens über ein Schuljahr zusammenarbeiten.
- Die Einarbeitung von neuen Kollegen sollte gleich zu Beginn eines neuen Schuljahrs erfolgen.

3.1.3 Checklisten (Deutsch, Englisch, Mathematik)

Die Arbeit mit Kompetenzrastern kann durch den Einsatz von Checklisten verfeinert werden (vgl. Kap. 2.1). Einzelne Kompetenzpunkte können dabei operational als Lernziele formuliert werden. So geben Checklisten idealerweise in detaillierter Form darüber Auskunft, was unter den Kompetenzbeschreibungen im Einzelnen zu verstehen ist. Zudem können die Checklisten durch die gezielte Auswahl einzelner Punkte die Funktion eines persönlichen Lern- und Entwicklungsplans haben und im Unterrichtsalltag zusätzlich eine Rückmeldefunktion übernehmen. Aus der durch den Einsatz der Checklisten gewonnenen Selbsteinschätzung können dann mit Unterstützung durch die Fachlehrkraft individuelle Übungsmöglichkeiten angeregt und angeboten werden, die dann einzeln oder mit einem Partner im Unterricht, zu Hause und über geschützte Internetportale zum Einsatz kommen. Die Realschule am Keltenwall (Manching) beschreibt ihre Erfahrungen mit Checklisten wie folgt:

Checklisten

An unserer Realschule nahmen zufällig ausgewählte Klassen aus den Jahrgangsstufen 5, 6 und 7 teil. Diese Maßnahme der individuellen Rückmeldung wurde in den Abschlussprüfungsfächern Deutsch, Englisch und Mathematik erprobt. Die individuelle Rückmeldung erfolgt in zwei Schritten, nämlich in Form von Checklisten und Rückmeldebögen. Die sogenannten Checklisten beinhalten eine übersichtliche Darstellung des behandelten Unterrichtsstoffes. Dazu werden alle Lerninhalte mit den dazugehörigen Aufgaben – im eingeführten Lehrwerk bzw. Arbeitsheft und auf geeigneten Arbeitsblättern – kleinschrittig aufgeführt. Die Checklisten werden zu Beginn des Schuljahres oder rechtzeitig vor einer Klassenarbeit erstellt und etwa eine Woche vor dem Prüfungstermin bzw. im Fach Deutsch vor dem Übungsaufsatz an die Schüler ausgegeben. Das zentrale Ziel der Checklisten ist, dass die Kinder ihren Leistungsstand im Vorfeld möglichst realistisch selbst einschätzen, indem sie ankreuzen, wie sicher sie sich in den einzelnen Themengebieten fühlen. Zudem wird sowohl Schülern als auch Eltern verdeutlicht, wie groß der abzuprüfende Stoffumfang ist.

Die Rückmeldebögen bekommen die Schüler nach einem großen Leistungsnachweis oder einem Übungsaufsatz zusammen mit der Arbeit zurück. Diese enthalten nur den Lernstoff, der wirklich abgeprüft wurde. Die Lehrkraft füllt die Bögen mit der zugrunde liegenden korrigierten Arbeit aus und gibt damit dem Schüler direkt die Rückmeldung, wie er in den einzelnen Themengebieten abgeschnitten hat. Nun kann der Schüler mit der Checkliste vergleichen, ob er seine Leistung in den verschiedenen Teilbereichen richtig eingeschätzt hat oder nicht. Auch die Eltern sehen, bei welchen Lerninhalten ihr Kind gute Leistungen erzielt hat bzw. in welchen noch Aufholbedarf besteht.

Nach mehreren, von der Lehrkraft ausgefüllten Rückmeldebögen sollen die Schüler in der Lage sein, diese gemeinsam beim Besprechen der Klassenarbeit während des Unterrichts selbst auszufüllen. Ältere Schüler können die Bögen auch zu Hause bearbeiten und dabei lernen, die behandelten Aufgaben den entsprechenden Themengebieten zuzuordnen, auch so werden sie an eigenverantwortliches und selbstständiges Arbeiten herangeführt. Allerdings erfahren die Schüler bei den ersten Versuchen im Umgang damit Hilfestellung im Unterricht. Dafür muss etwa eine Unterrichtsstunde eingeplant werden.

Für die einzelnen Unterrichtsfächer gilt es dabei Besonderheiten zu beachten, über die die Realschule am Keltenwall folgende Erfahrungen berichtet:

Deutsch

Der Zeitaufwand für die Checkliste beträgt pro Klassenarbeit etwa eine Viertelstunde. Die Erstellung von Rückmeldebögen erwies sich als nicht praktikabel, da diese Rückmeldung der Wortbemerkung einer Schulaufgabe entspricht und aufgrund der vielen Bereiche zu zeitaufwendig ist (Dreiviertelstunde pro Schüler) (vgl. Abb. 16). Es empfiehlt sich, den Rückmeldebogen als Ankreuzbogen nach einem Übungsaufsatz zu erstellen (Zeitaufwand: drei Minuten pro Schüler).

Checkliste zur 1. Deutschschulaufgabe (Erlebniserzählung) für

REALSCHULE AM KELTENWALL

	☺ Das kann ich gut	😐 Das könnte besser gehen	☹ Das sollte ich nochmals lernen	Tipps zum Überarbeiten
INHALT				
Die Einleitung führt zum Geschehen hin.				
Der Hauptteil besteht aus einem Spannungsbogen.				
Im Hauptteil gibt es einen klar erkennbaren Höhepunkt.				
Die Handlung ist für den Leser eindeutig nachvollziehbar.				
Der Schluss rundet die Erzählung kurz ab.				
SPRACHE				
Es finden sich im Aufsatz ausschmückende Adjektive.				
Es finden sich im Aufsatz treffende Verben.				
Es finden sich im Hauptteil passende und abwechslungsreiche wörtliche Reden.				
Es finden sich passende Überleitungen				
Wortwiederholungen werden vermieden.				
Der Satzbau ist abwechslungsreich gestaltet.				
RECHTSCHREIBUNG/ GRAMMATIK				
Im Aufsatz sind wenige Rechtschreib- bzw. Grammatikfehler zu finden.				

Abb. 16: Checkliste Deutsch – Downloadmaterial 3.1.3 Realschule am Keltenwall

Englisch

Das Schema für die Checklisten ist in etwa einer halben Stunde herstellbar. Wir unterteilen die Checklisten entsprechend dem Aufgabenstoff der Klassenarbeit, als geeignet erweist sich aber auch eine Aufteilung in Units, da die Schwerpunkte der Schulaufgaben immer neu gesetzt werden können. Der Rückmeldebogen nach einer Klassenarbeit entspricht der Checkliste und das Ausfüllen nimmt etwa zwei Minuten pro Schüler in Anspruch (vgl. Abb. 17).

E5 **Checkliste zur 1 . Englischschulaufgabe für REALSCHULE AM KELTENWALL**

Alle Seitenangaben beziehen sich auf das Buch Go Ahead 5 und das zugehörige Workbook. Alle Einträge im Grammarbook sind ebenfalls zu lernen.

	☺ Das kann ich gut	😐 Das kann ich manchmal	☹ Das kann ich noch nicht	Übungen im Buch und Workbook
Vokabeln Unit 0				Book p. 144-147, p7, AB
Vokabeln Unit 1 – p. 150 football				Book p. 147- p.151 (*-out of*) WB p.9, p.4
Jemanden auf Englisch begrüßen, sich vorstellen + über die Familie sprechen				Book p. 6 WB p.1, AB Book p.14/15; WB p.2
Sagen, was jemand besitzt „have got"				Book p.8,11
numbers 1-50 (auch schreiben!)				Book p.9, 10
The alphabet + spelling				Book p. 12, p.120
Classroom phrases				Book p.9
Apostrophe richtig setzen! - Wenn jemandem etwas gehört - Short forms (can't, isn't)				 Book p.7 /C. p.13 Book p.17/1+2+4; p.23/13, WB p.3
Die Personalpronomen				Book p.122; ABs
Forms of „**to be**" positive statements (+) negative statements (-) questions (?), Long + short answers				Book p.16/17 Book p.123/124 WB p.3-5 ABs
Sagen, was du magst/nicht magst				Book p.19
Die Wochentage und Monatsnamen				Book p.21
Die Uhrzeit richtig sagen und schreiben + „Daily routine"				Book p.21 Workbook p.6/7, ABs
Can : positive statements (+) negative statements (-) questions (?), Short answers				Book p.23/13 ABs
Einen Text verstehen + Fragen dazu beantworten				Book p. 14+15 Book p.18+p.19/5; WB p.4+5 AB zu S.22 Sit6

Den Rückmeldebogen zur 1. Schulaufgabe habe ich zur Kenntnis genommen

Unterschrift eines Erziehungsberechtigten

Abb. 17: Checkliste Englisch – Downloadmaterial 3.1.3 Realschule am Keltenwall

Mathematik

Die Erstellung der Checklisten ist im Vergleich zu den anderen Fächern relativ einfach, sie können auch im Voraus für das komplette Schuljahr erstellt werden (vgl. Abb. 18). Für die einzelnen Klassenarbeiten kann durch Löschen der Zeilen die Checkliste angepasst werden. Bei den Rückmeldebögen bietet es sich an, nur die abgeprüften Lerneinheiten anzugeben und die Reihenfolge an die der Aufgaben der Klassenarbeit anzugleichen, damit das Ausfüllen schneller erfolgen kann (Zeitaufwand: ca. ein bis zwei Minuten pro Schüler).

Sobald Checklisten und Rückmeldebögen für einen Jahrgang erstellt sind, tritt eine große Entlastung für die Lehrkraft ein. Beim erneuten Verwenden kann auf die Dateien zurückgegriffen werden, da sie nur geringfügig abgewandelt werden müssen. Hilfreich ist es auch, wenn den Schülerinnen und Schülern für die Arbeit mit Checklisten und Rückmeldebögen hinreichend differenziertes Arbeitsmaterial zur Verfügung gestellt wird.

Arbeitsmaterialien

Zusätzlich zu den Checklisten und Rückmeldebögen wurden Karteikästen angelegt. Für diese wurden Arbeitsblätter mit Lösungen für die jeweiligen Themenbereiche der einzelnen Fächer erstellt (vgl. Abb. 19). Mit den Aufgaben konnten die Schüler selbstständig individuelle Fehlerschwerpunkte sowie Lernfelder bearbeiten. Für die Erstellung des Arbeitsmaterials, das zur Haltbarmachung laminiert wurde, musste viel Zeit aufgewendet werden. Es bedarf der regel-

Checkliste zur 1. Schulaufgabe REALSCHULE AM KELTENWALL

	☺ Das kann ich gut	😐 Das kann ich manchmal	☹ Das kann ich noch nicht	Übungen im Buch	Übungen im Arbeitsheft
Aufbau des Dezimalsystems (M 5.1)					
Zahlenhalbgeraden (ZH) zeichnen				S.9/2,3	
Zahlen in ZH eintragen und ablesen				S.10/7	S.5/1
Geeignete Längeneinheiten für ZH wählen				S.9/2,3	
Zahlen der Größe nach ordnen mit <, >				S.9/2,3	S.5/2-4
Vorgänger und Nachfolger von Zahlen bestimmen				S.9/4	S.6/3
Zahlen in Stellenwerttafel darstellen				S.12/2,3	
Zahlen mit Hilfen von Zehnerpotenzen darstellen				S.15/2-4	S.6/1,2
Zahlen runden				S.21/2-6	S.7
Gerundete Zahlen in Diagrammen deuten				S.21/7	S.68
Häufigkeitstabelle erstellen				AB	S.69/1,2 S.70/1,2
Strichliste erstellen				AB	S.69/1,2
Säulen- und Balkendiagramm erstellen				AB	S.69/1,3 S.70/1,2
Addieren und Subtrahieren (M 5.2)					
Fachbegriffe (Summand, Minuend, Subtrahend,...)					
Strichrechenaufgaben in Pfeilbildern darstellen				S.24/2,3 S.25/2,3	
Klammern				S.29/2-5; S. 37/5,6	S.12/2,3
Assoziativgesetz, Kommutativgesetz				S.30/2-6	S.12/1
Schriftlich addieren				S.31/2	S.8/2,3

Die Checkliste zur 1. Schulaufgabe habe ich zur Kenntnis genommen

Unterschrift eines Erziehungsberechtigten

Abb. 18: Mathematik – Downloadmaterial 3.1.3 Realschule am Keltenwall

mäßigen Überarbeitung und Vervollständigung. Diese Aufgaben stehen aber nun allen Lehrern und Schülern zur Verfügung und bedeuten für die Folgejahre eine große Zeitersparnis. Die nach Fächern und Themen sortierten Hängemappenboxen mit Deckel haben sich auch deshalb sehr bewährt, weil sie leicht in die Klassenräume mitgenommen werden können.

Abb. 19: Karteikästen für die selbstständige Arbeit

Es ist sinnvoll, folgende Arbeitsschritte zu planen:
- Checklisten erstellen (Unterteilung des abzuprüfenden Stoffes mit Hilfe des an der Schule eingeführten Lehrwerks und der dazugehörigen Arbeitshefte),
- Arbeitsmaterial unter Zuhilfenahme zugelassener Lehrwerke, Sekundärliteratur und Internet erstellen,
- Checklisten mindestens eine Woche vor der Klassenarbeit austeilen,
- nach der Schulaufgabe Rückmeldebögen passend zum abgeprüften Lernstoff erstellen,
- ausfüllen der Rückmeldebögen: In den unteren Jahrgangsstufen durch die Schüler mit Unterstützung der Lehrkraft bzw. in den oberen Jahrgangsstufen die Schüler zunehmend selbstständig.

Die Schulen, die mit diesen Materialien arbeiteten, machten die Erfahrung, dass nach einiger Zeit die Schüler die Checklisten und Rückmeldebögen regelrecht einfordern. Allerdings ist es auch wichtig, den Schülern und Eltern von Beginn an zu verdeutlichen, dass Checklisten als Übersicht und Hilfestellung dienen und nicht eine verbindliche Einschränkung unterrichtlicher Themen darstellen, sondern alles bisher Behandelte als Grundwissen auch prüfbar sei. Den Schülern wurde dadurch klar, welchen Umfang der abgeprüfte Stoff hat und dass eine Aufteilung in Lerneinheiten notwendig ist. Auch auf Elternseite entstand eine Erhöhung der Transparenz des Lernumfangs und der Notenentstehung. Diejenigen, die bereits einmal die Checklisten erhalten haben, finden diese hilfreich und möchten sie in den Folgejahren wieder bekommen. Die Schulen bekamen für diese Arbeit durchwegs positive Rückmeldungen.

PRAXIS-TIPP
Die Arbeiten mit Checklisten

- Eine Ausweitung auf mehrere Parallelklassen ist sinnvoll, da damit die geleistete Arbeit effizienter gestaltet wird.
- Nach und nach kann diese Form der Arbeit dann auf höhere Jahrgangsstufen ausgeweitet werden, d. h. mit den Schülern mitwachsen.
- Grundsätzlich empfiehlt sich, Aufgaben und Lösungen auf jeweils unterschiedliches Farbpapier zu kopieren, damit die Lehrkraft sofort sehen kann, wann ein Schüler mit dem Lösungsblatt arbeitet.
- Hilfreich ist die Einrichtung eines Zusatzraums als Arbeitsraum, in dem das Arbeitsmaterial übersichtlich dargeboten wird.
- Es hat sich als praktisch erwiesen, Aufgaben und Lösungen auf unterschiedliche Farben zu kopieren, damit die Lehrkraft sofort sehen kann, wer mit dem Lösungsblatt arbeitet.
- Ebenso nützlich ist die Anschaffung von Hängemappenboxen bzw. Materialkästen, da die Materialien flexibel in verschiedenen Räumen eingesetzt werden können.
- Wichtig ist eine gute Beschriftung der Mappen, in denen das Arbeitsmaterial zur Verfügung gestellt wird: Wer hat das Material erstellt? Wie viele Exemplare sind davon vorhanden? So kann von Zeit zu Zeit der Bestand leicht ausgebessert werden.

Die Arbeit mit Checklisten führten immer auch zu einer Veränderung der Prüfungskultur. Wenn Schülerinnen und Schüler zunehmend selber ihr Lernen strukturieren lernen, dann werden sie auch kompetentere Partner in der Leistungsbeurteilung. Die Kolleginnen und Kollegen der Orlando-di-Lasso-Realschule Maisach berichten, dass sich ihre Prüfungskultur folgendermaßen verbessert hat:

Verbesserung der Prüfungskultur

Wir haben uns Angstminimierung durch angekündigte Leistungsnachweise und transparente Leistungsbewertung zum Ziel gesetzt. Dies beinhaltet den Ersatz von Stegreifaufgaben durch Kurzarbeiten sowie den Ersatz von Rechenschaftsablagen durch Präsentationsnoten. Die Pflichtklassenarbeiten bleiben jedoch nach wie vor bestehen, außer in Deutsch, wo eine Schulaufgabe durch ein Projekt zum Sturm und Drang ersetzt wurde.

Weg von der Fremdeinschätzung – hin zur Selbsteinschätzung: Unserer Meinung nach entwickeln die Schülerinnen und Schüler mehr Stärke und Selbstbewusstsein, indem sie lernen, sich selbst richtig einzuschätzen. Aus diesem Grund erhalten die Schülerinnen und Schüler nach jeder Schulaufgabe einen Selbsteinschätzungsbogen zum Ausfüllen, der nach Aufgaben gegliedert ist (vgl. Abb. 20). Nach der Korrektur der Schulaufgabe erhalten die Schülerinnen und Schüler diese zusammen mit einem Feedbackbogen des Lehrers zurück.

Wir führten auch Selbsteinschätzungen mit Feedback durch die Lehrkraft durch, die sich auf einen längeren Lernabschnitt bezogen. Diese wurde am Ende des Lernabschnittes von den Eltern gegengezeichnet. Dies hat den Vorteil, dass sie in kontinuierlichen Abständen Einblick und Rückmeldung über das Lern- und Arbeitsverhalten ihres Kindes bekamen.

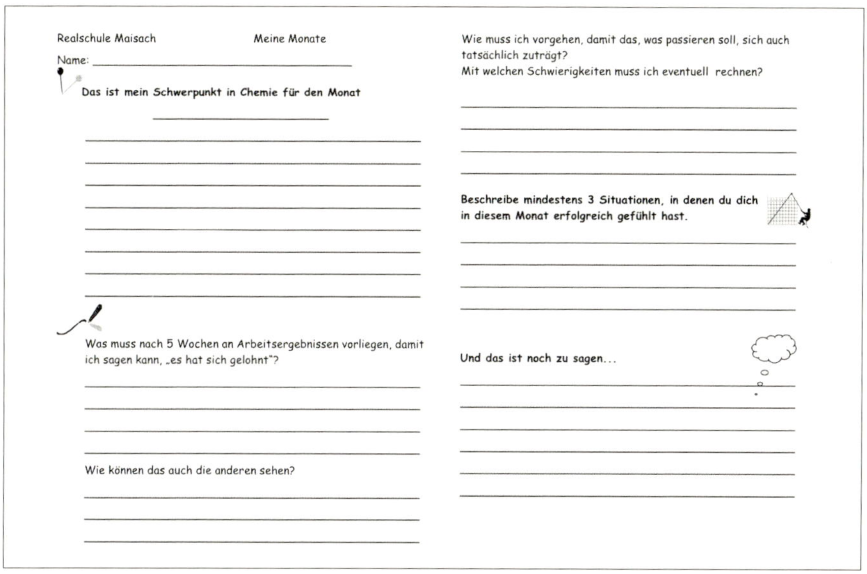

Realschule Maisach Meine Monate

Name: ______________

Das ist mein Schwerpunkt in Chemie für den Monat ______________

Was muss nach 5 Wochen an Arbeitsergebnissen vorliegen, damit ich sagen kann, „es hat sich gelohnt"?

Wie können das auch die anderen sehen?

Wie muss ich vorgehen, damit das, was passieren soll, sich auch tatsächlich zuträgt?
Mit welchen Schwierigkeiten muss ich eventuell rechnen?

Beschreibe mindestens 3 Situationen, in denen du dich in diesem Monat erfolgreich gefühlt hast.

Und das ist noch zu sagen...

Abb. 20: Selbsteinschätzungsbogen – Downloadmaterial 3.1.3 Orlando-di-Lasso-Realschule

3.1.4 Rückmeldegespräche (Feedbackgespräche, Coaching-Gespräche)

Schülerinnen und Schüler erhalten im Unterricht eine Vielzahl von Rückmeldungen, sei es durch eine knappe, oft wertende Antwort der Lehrkraft oder durch die Mitteilung einer Note. Dabei machen sich die bei dieser Rückmeldung Beteiligten häufig keine Gedanken darüber, wie und was da eigentlich zurückgemeldet wird. Vielfach ist die pädagogische Chance der Notengebung weder für Schülerinnen, Schüler und Eltern noch für Lehrkräfte wahrnehmbar. Dabei könnte gerade die Phase der Notengebung im Sinne einer pädagogischen Leistungsmessung (vgl. Sacher 2004) genutzt werden. Individuelle Stärkenförderung kann nur funktionieren, wenn sowohl Schülerinnen und Schüler als auch Lehrerinnen und Lehrer ihre Stärken kennen. Eine Feedbackkultur umfasst deshalb eine Vielfalt von Maßnahmen. Sie impliziert zunächst intensive Coachinggespräche mit den Schülerinnen und Schülern und im Lehrerteam gemeinsam geführte Elterngespräche. Dafür steht im normalen Schulalltag häufig zu wenig Zeit zur Verfügung. Deshalb ist es wichtig, Feedbackgespräche in den Unterrichtsalltag zu integrieren.

Eine wesentliche Erleichterung stellt die Zusammenarbeit in Lehrerteams (in der Regel bestehend aus Hauptfachlehrern Deutsch, Englisch und Mathematik) dar. Durch diesen Austausch ist es möglich, die Schülerinnen und Schüler individueller und differenzierter zu coachen. Durch die fächerübergreifende Freiarbeit wird Zeit und Raum geschaffen, einerseits das Gespräch mit Schülerinnen und Schülern zu suchen und andererseits den Schülerinnen und Schülern Gelegenheit zu geben, Kontakt zur Lehrkraft aufzunehmen. Insbesondere die Unterrichtsdifferenzierung im Fachunterricht, in denen die Klassen zur Intensivierung geteilt sind, eignet sich hierfür. Da der Gesprächsbedarf seitens der Schülerinnen und Schüler oftmals so hoch ist, dass die Unterrichtszeit allein nicht ausreicht, werden Feedbackgespräche teilweise auch in den Freistunden der beteiligten Lehrer geführt.

Feedbackgelegenheiten können aber auch ganz gezielt als Unterrichtsthemen angelegt werden, z. B. als Bewerbungstraining oder als Zertifikatsprüfung in der Fremdsprache..Unter dem Schlagwort »Fit in Sachen Bewerbung« führen Lehrkräfte an der Georg-Hipp-Realschule ein Bewerbungstraining mit den Schülern der neunten Jahrgangsstufe durch, in dessen Anschluss ein Gespräch über den Verlauf geführt wird, um die Schülerinnen und Schüler im Schonraum Schule praxisnah auf diese wichtige Bewährungsprobe vorzubereiten (vgl. Abb. 21). Eine andere Möglichkeit ist es, als Vorbereitung auf den Speaking-Text im Rahmen der Abschlussprüfung im Fach Englisch ein „mock exam", d. h. ein Probeexamen nach dem offiziellen Bewertungskatalog durchzuführen. Anschließend schätzen die Schüler ihre Leistung selbst ein und die beteiligte Lehrkraft gibt Feedback über die Stärken und Schwächen der einzelnen Schülerin bzw. des einzelnen Schülers.

Bewertung der Bewerbung von

____

Klasse ________

1. Bewerbungsmappe (21 Punkte)

Bewertungskriterien	Zu erreichende Punkte	Erreichte Punkte
Vollständigkeit (zweisprachiger Lebenslauf, Anschreiben, Deckblatt mit Bewerbungsfoto, Anlagenverzeichnis mit verfügbaren Anlagen, Bewerbungsmappe)	1	
Individualität	5	
Sprache (Wortwahl, Ausdrucksweise)	5	
Rechtschreibung	4	
Ordentlichkeit	2	
Einhalten formaler Kriterien	4	

2. Bewerbungsgespräch (24 x 2 Punkte)

Bewertungskriterien	Zu erreichende Punkte	Erreichte Punkte
Auftreten	5	
Fachwissen (über Beruf, Unternehmen)	5	
Allgemeinwissen	2	
Sprachlicher Ausdruck (3 Deutsch/ 3 Englisch)	6	
Eigeninitiative	3	
Einhalten formaler Kriterien (Kleidung…)	3	

Gesamtpunktzahl:	Note:

Punkteverteilung:

69-63 Punkte: Note 1	62-56 Punkte: Note 2	55-46 Punkte: Note 3
45-35 Punkte: Note 4	34-22 Punkte: Note 5	21-0 Punkte: Note 6

Abb. 21: Rückmeldung zum Bewerbungstraining – Downloadmaterial 3.1.4 Georg-Hipp-Realschule

Neben dem Bemühen, verstärkt mit den Schülerinnen und Schülern in Kontakt zu treten, ist es im Hinblick auf die Verbesserung der Feedbackkultur ein weiteres Anliegen, die Elternarbeit zu intensivieren. Elterngespräche werden teilweise im Lehrerteam geführt, um den Eltern ein differenzierteres Bild über den Leistungsstand und die Entwicklung ihres Kindes zu übermitteln. Dazu ist es nötig, dass dem Lehrerteam seitens der Schulleitung eine gemeinsame Sprechstunde zur Verfügung gestellt wird.

Auch am Elternsprechtag bieten Lehrerteams (nach einem gesonderten Plan) gemeinsame Gespräche für Eltern und eventuell Schülerinnen und Schüler an. Auf diese Weise erhalten diese – mit relativ geringem organisatorischem Aufwand – eine fundierte Auskunft.

Ein weiterer Baustein zur Verbesserung der Feedbackkultur ist die Verbesserung der schriftlichen Rückmeldungen auf den Leistungsnachweisen. Nach großen Leistungsnachweisen erhalten die Schülerinnen und Schüler einen Rückmeldebogen über ihre individuellen Stärken und Schwächen im gerade durchgeführten Test.

Für die Schülerinnen und Schüler dokumentieren die Rückmeldebögen ihren individuellen Leistungsstand. Dadurch werden positive Entwicklungen sichtbar, die sich unter Umständen noch nicht im Notenbild niederschlagen.

Für die Schülerinnen und Schüler sind positive Aspekte auf dem Rückmeldebogen ein Anreiz für den weiteren Lernprozess. Durch die Bereitstellung von zusätzlichem Material im Freiarbeitswagen erhalten die Schüler so die Möglichkeit, individuell auf ihre Stärken und Schwächen zu reagieren (vgl. Abb. 22).

Abb. 22: Freiarbeitswagen

Ein weiteres Ziel ist es, dass nicht nur Lehrer Schülerinnen und Schülern ein Feedback geben, sondern dass die Schülerinnen und Schüler selbst zur Reflexion angeregt werden:

- Die Schülerinnen und Schüler reflektieren wöchentlich, in bestimmten festgelegten Unterrichtsstunden, den Lernerfolg in ihrem *Yes-I-Can-Heft*. Alle Schülerinnen und Schüler besitzen ein „Yes, I can"-Heft, das nur für die Hand der Schüler bestimmt ist. In jeder Woche beantworten sie, möglichst am Freitag in der letzten Stunde, vier Fragen:
  - Was habe ich diese Woche Neues und Interessantes gelernt?
  - Was hat mir in dieser Woche in der Schule Freude bereitet?
  - Was ist mir in dieser Woche gut gelungen? (Oder: Wo hatte ich Erfolg?)
  - Was muss ich noch üben?
- Viele Diagnosematerialien, Ideen und Anregungen bietet der Sammelordner „Fordern und Fördern in der Sekundarstufe I, herausgegeben vom Raabe-Verlag. Hier findet sich viel Fächerübergreifendes, aber auch für die einzelnen Unterrichtsfächer gibt es viel Material, das von unterschiedlicher Qualität ist, aber mittels einer mitgelieferten CD dem jeweiligen Standard angepasst werden kann.
- Die Schülerinnen und Schüler schätzen nach Leistungserhebungen sowohl ihre eigene Leistung (= erwartete Note) als auch den Schwierigkeitsgrad der Leistungserhebung als Feedback für den Lehrer ein (+ / ⊠ / -). Auch werden die Schüler aufgefordert, zu markieren, welche Aufgaben für sie schwierig waren (vgl. Abb. 23).
- Da die Schule eine Lizenz für ein digitales Evaluationsprogramm (schulnetz24.de) erworben hat, können Evaluationsbögen ohne große Mühe von Lehrkräften entwickelt werden. Die Schülerinnen und Schüler (oder auch Eltern bzw. Kollegen) können diese Bögen online ausfüllen. Das Programm bietet anschließend unterschiedlich gestaltete Auswertungsergebnisse an.
- Zu bestimmten Messzeitpunkten (ca. 3x/Schuljahr) füllen die Schülerinnen und Schüler diesen Fragebogen aus und schätzen auf diese Art und Weise ihre Leistungen in bestimmten Fächern selbst ein (vgl. Abb. 24).

An der Georg-Hipp-Realschule (Pfaffenhofen) sind die Reaktionen aller Beteiligten überaus positiv gewesen:

- Die Eltern fühlen sich umfassend beraten und informiert. Sie erkennen, dass ihre Kinder durch diese eingesetzten Maßnahmen individuell wahrgenommen und gefördert werden.
- Die Schülerinnen und Schüler melden zurück, dass sie sich ernst genommen, wertgeschätzt und individuell gefördert und gefordert fühlen.
- Interessierte und engagierte Kollegen geben den beteiligten Lehrkräften positives Feedback und beteiligen sich selbst an den Maßnahmen. Allerdings ist ein erhöhtes Engagement der Lehrkräfte Voraussetzung.

INDIVIDUELLE RÜCKMELDUNG

für

....

	Reading	Vocabulary	Grammar	Listening	Writing	Mediation
SA 1	/20	/20	/20	/12	/....	/....
➔ LERNTIPP: Arbeite verstärkt in den Bereichen.. (Nutze dazu das Material im Freiarbeits-wagen.)	☹ X	☺	☹ X	☺	☺	☺
SA 2						
➔ LERNTIPP:						

Abb. 23: Individuelle Rückmeldung – Downloadmaterial 3.1.4 Georg-Hipp-Realschule

	Wie gut kennst Du Dich mit Präsentationstechniken (Power Point, Mind Mapping, Plakate, ...) aus?	***sehr gut***	***gut***	***ausreichend***	***mangelhaft***	***ungenügend***	keine Äußerung
2	***Wie gut kannst Du mit Anderen in Deiner Klasse zusammenarbeiten?***	***sehr gut***	***gut***	***ausreichend***	***mangelhaft***	***ungenügend***	keine Äußerung
3	***Wie gut kannst Du selbstständig arbeiten?***	***sehr gut***	***gut***	***ausreichend***	***mangelhaft***	***ungenügend***	keine Äußerung
4	***Wie gut kannst Du Deine eigenen Leistungen einschätzen?***	***sehr gut***	***gut***	***ausreichend***	***mangelhaft***	***ungenügend***	keine Äußerung
5	***Wie gut kannst Du präsentieren/ argumentieren/ diskutieren/ ...?***	***sehr gut***	***gut***	***ausreichend***	***mangelhaft***	***ungenügend***	keine Äußerung
6	***Ich kann in Englisch im Listening aus längeren, auch authentischen Hörtexten gezielt Infos entnehmen.***	***sehr gut***	***gut***	***ausreichend***	***mangelhaft***	***gar nicht***	keine Äußerung
7	***Ich kann in Englisch auf Sprachanlässe (z.B. in Diskussion, im Speaking Test, ...) reagieren.***	***sehr gut***	***gut***	***ausreichend***	***mangelhaft***	***gar nicht***	keine Äußerung
8	***Ich kann in Englisch komplexere Texte verstehen und wesentliche Aussagen von authentischen Texten entnehmen.***	***sehr gut***	***gut***	***ausreichend***	***mangelhaft***	***gar nicht***	keine Äußerung
9	***Ich kann in Englisch Schreiben mit unterschiedlichen Intentionen verfassen. (guided writing)***	***sehr gut***	***gut***	***ausreichend***	***mangelhaft***	***gar nicht***	keine Äußerung
10	***Wie schätzt Du Deine Leistung im Fach Englisch ein?***	***sehr gut***	***gut***	***ausreichend***	***mangelhaft***	***ungenügend***	keine Äußerung
11	***Ich kann entscheiden, welcher Beruf der richtige für mich ist.***	***sehr gut***	***gut***	***ausreichend***	***wenig***	***gar nicht***	keine Äußerung
12	***Ich bin informiert über die aktuelle Situation in der Berufswelt.***	***sehr gut***	***gut***	***ausreichend***	***wenig***	***gar nicht***	keine Äußerung
13	***Ich kann eine Bewerbungsmappe korrekt und vollständig erstellen.***	***sehr gut***	***gut***	***ausreichend***	***mangelhaft***	***gar nicht***	keine Äußerung
14	***Ich kann wirtschaftliche Probleme rechnerisch lösen oder korrekt verbuchen.***	***sehr gut***	***gut***	***ausreichend***	***mangelhaft***	***ungenügend***	keine Äußerung

Abb. 24: Fragebogenbeispiel – Downloadmaterial 3.1.4

PRAXIS-TIPP
Der Aufbau einer Feedbackkultur

Das Pflegen einer Feedbackkultur benötigt Engagement, Zeit und Raum. Deshalb sollte man sich nicht von ungünstigen Rahmenbedingungen abschrecken lassen, sondern diese versuchen aktiv umzugestalten:

- So sollte ein Freiraum für Coachinggespräche geschaffen werden (z. B. Unterrichtsdifferenzierung im Fachunterricht; Einrichtung einer Schülersprechstunde).
- Die Feedbackgespräche sollten als echtes Gespräch geführt werden, in dem Schülerinnen und Schüler die Möglichkeit erhalten, als Gesprächspartner ernst genommen zu werden.
- Die Feedbackkultur sollte ritualisiert eingeführt werden. Damit sollte man möglichst in der 5. Klasse beginnen und diese dann kontinuierlich fortführen.
- Das Kollegium sollte die Angst vor der Evaluation durch die Schülerinnen und Schüler abbauen und eine Evaluationskultur einführen. Dazu sollten Kolleginnen und Kollegen in Schulinternen Lehrerfortbildungen (SchiLF), Lehrerkonferenzen oder an einem pädagogischen Tag ausführlich informiert und beteiligt werden.

3.1.5 Förderangebote (Deutsch, Physik, Chemie, Mathematik)

Manchmal genügt es im schulischen und beruflichen Arbeitsalltag nicht, sich Rechenschaft darüber ablegen zu können, was man gut und was man weniger gut beherrscht. Vielmehr wird erwartet, dass Schülerinnen und Schüler individuell ihre Schwächen kompensieren und ihre Leistungsbereiche weiter ausbauen. Die herkömmlichen unterrichtlichen Methoden scheinen dazu nicht immer genügend Anregungen zu bieten.

Hier kann eine gezielte Förderung nach Kompetenzstufen innerhalb eines Unterrichtsfachs die individuellen (fachlichen) Schwächen gezielt aufdecken, fördern und genauso die schon vorhandenen (fachlichen) Stärken unterstützen. Durch die Erfahrung, dass andere Schülerinnen und Schüler ähnliche Schwächen haben, werden Schülerinnen und Schüler eher ermutigt, sich ihren (fachlichen) Schwächen zu stellen. Im Folgenden werden Erfahrungen vorgestellt, Unterricht in einem Fach als *Kompetenzunterricht* zu gestalten und durch Buddy-Stunden, in denen stärkere Schüler schwächere unterstützen, zu ergänzen. Dadurch soll der soziale Vergleich, den Schülerinnen und Schüler häufig in den Mittelpunkt ihrer eigenen Leistungsbeurteilung stellen, minimiert und ausgehend von den jeweiligen Stärken der Schülerinnen und Schülern ein motivierender und auch leistungssteigernder Unterricht möglich werden.

Förderung nach Kompetenzstufen (Deutsch)

„Literacy" wird als Kernkompetenz in jeder PISA-Runde untersucht. Der Umgang mit der Muttersprache hat vielfältige Facetten und muss eingeübt werden, um dann auch in anderen Fächern genutzt zu werden. Über ihre Erfahrungen im Fach Deutsch berichtet die Ferdinand-Porsche-Realschule (Waldkraiburg):

> **Arbeit in Leistungsgruppen**
>
> Unserer Erfahrung nach wird es zunehmend schwieriger, Schülerinnen und Schüler in einem heterogenen Klassenverband individuell zu fördern und zu fordern. Aus diesem Grund lösen wir den Regelunterricht im Fach Deutsch der 6. Jahrgangsstufe auf und unterrichten in differenzierten Lerngruppen. Das Fach Deutsch wurde nach eingehenden Überlegungen ausgewählt, weil uns dort die Umstrukturierung leichter erschien. Ziel war und ist es, die Schülerinnen und Schüler auf ihrem individuellen Ist-Stand abzuholen und sie fachlich zu stärken, wodurch auch das Selbstbewusstsein des einzelnen Kindes gesteigert wird.
>
> Mitte des vorhergehenden Schuljahres legten wir den Stundenplan sowie die vier beteiligten Modellklassen fest. Die Absprache mit der Schulleitung musste bereits zu diesem Zeitpunkt erfolgen, um zu gewährleisten, dass Deutsch in diesen Klassen zumindest an drei Wochenstunden zeitgleich unterrichtet werden konnte. Zusätzlich wurle das Projekt dem Elternbeirat vorgestellt. Bis Schuljahresende plante unser Team Unterrichtseinheiten, sammelte Unterrichtsmaterial und sichtete dieses unter dem Gesichtspunkt der Einsetzbarkeit für Schülerinnen und Schüler mit schwächerem, mittlerem und stärkerem Leistungsvermögen. Da wir nicht mit einer zusätzlichen Lehrkraft rechnen konnten, war ein gut differenziertes Unterrichtsmaterial Voraus-

setzung, denn die Klassenstärke (ca. 30 Schüler) blieb bestehen. Die Lerninhalte wurden in die Bereiche Ausdruck und Stil, Lese- und Vortragstechnik und Rechtschreiben und Grammatik unterteilt. Das Team erarbeitete einen verbindlichen Stoffverteilungsplan für alle Modellklassen (vgl. Abb. 25).

Anlage 1:

Stoffverteilungsplan **6. Klassen Deutsch Kompass**

Schuljahr 2010/2011 **I : 6 abc (GRI / OHL / RIE)**
II: 6 defg (KOL / SIR / KFL / SCW)

Stand: 10.01.11

KW	Datum	Kompetenz-bereich	Inhalte (1. – 3. Stunde in Kompetenzgruppen) Die / Do / Fr	Fachlehrer-unterricht im Klassenverband (4. – 5. Stunde)
38 + 39	20.09.- 01.10.	--	-- (u.a. Wiederholung Wortarten, Wiederholung Tempora außer Futur II) → letzte Stunde: Einteilung der Gruppen, Organisatorisches	1. – 6. Stunde: Vorbereitung auf den Jahrgangsstufen-test: *Termin*: 28.9.
40	04.10. – 08.10.	L	Fabeln (Merkmale) Inhaltliche Erarbeitung Kreativer Umgang / Szenisches Spiel	Bericht
41	11.10.- 15.10.	RS/G	1. Organisatorisches 2. - 3. Wiederholung RS Klasse 5: Dehnung und Doppelung	Bericht
42	18.10.- 22.-10.	A/S	1. Gesprächsregeln beim Telefonieren (Bezug zum Thema Bericht, z. B. Unfallbericht);	Bericht

Abb. 25: Stoffverteilungsplan Deutsch – Downloadmaterial 3.1.5 Ferdinand-Porsche-Realschule

Neben den drei Stunden in Lerngruppen sollten die Schülerinnen und Schüler beim jeweiligen Fachlehrer den herkömmlichen Aufsatzunterricht im Klassenverband erhalten. In Kooperation mit einem IT- Lehrer entstand auf Moodle (http://www.realschule-waldkraiburg.de/moodle) ein von uns entwickelter Test, der bei der Zuordnung der Schülerinnen und Schüler in differenzierte Lerngruppen helfen sollte. Weitere Kriterien für die Gruppenzusammensetzung waren das Ergebnis einer identisch abgehaltenen Grammatikklassenarbeit in der 5. Jahrgangsstufe sowie ein von uns erstellter Selbsteinschätzungsbogen, der ebenfalls unter der oben genannten Internetadresse eingesehen werden kann. Um eine Etikettierung der Schülerinnen und Schüler zu vermeiden, wurden die Schüler in farbig differenzierte Gruppen eingeteilt.
Eine Lehrkraft aus Waldkraiburg berichtet: „Der Unterricht macht Spaß und ist effektiv, weil sich die Kinder in den homogenen Leistungsgruppen wohlfühlen und dadurch motiviert am Unterrichtsgeschehen teilnehmen. Das bereits vorhandene Unterrichtsmaterial ermöglicht mir eine schnelle Wochenvorbereitung. Auch wenn ich nicht da bin, kann mein Deutschunterricht – notfalls auch fachfremd – von einer Kollegin oder einem Kollegen übernommen werden."
Die Lehrkräfte arbeiteten im Rotationsprinzip, sodass nie ein Lehrer in allen drei Bereichen nur eine der differenzierten Lerngruppen unterrichtete.
Zusätzlich ermöglichte es die Onlinediagnose des Westermann Verlags, dass im 2. Halbjahr individuelles Fördermaterial für jeden einzelnen Schüler erstellt und in Buddy-Stunden (stärkere

Anlage 3:

Mündliche Note **Name:**____________ **Klasse:**________

Datum:	Intensität der Mitarbeit	Qualität der mündlichen Beiträge	Hausaufgaben	Bearbeitung der Arbeitsblätter	Verhalten	Aufmerksamkeit	Anstrengungsbereitschaft	Verhalten im Team
Signum:	1 2 | 3 4 | 5 6	1 2 | 3 4 | 5 6	1 2 | 3 4 | 5 6	1 2 | 3 4 | 5 6	1 2 | 3 4 | 5 6	1 2 | 3 4 | 5 6	1 2 | 3 4 | 5 6	1 2 | 3 4 | 5 6
	☺ 😐 ☹	☺ 😐 ☹	☺ 😐 ☹	☺ 😐 ☹	☺ 😐 ☹	☺ 😐 ☹	☺ 😐 ☹	☺ 😐 ☹
Datum:	Intensität der Mitarbeit	Qualität der mündlichen Beiträge	Hausaufgaben	Bearbeitung der Arbeitsblätter	Verhalten	Aufmerksamkeit	Anstrengungsbereitschaft	Verhalten im Team
Signum:	1 2 | 3 4 | 5 6	1 2 | 3 4 | 5 6	1 2 | 3 4 | 5 6	1 2 | 3 4 | 5 6	1 2 | 3 4 | 5 6	1 2 | 3 4 | 5 6	1 2 | 3 4 | 5 6	1 2 | 3 4 | 5 6
	☺ 😐 ☹	☺ 😐 ☹	☺ 😐 ☹	☺ 😐 ☹	☺ 😐 ☹	☺ 😐 ☹	☺ 😐 ☹	☺ 😐 ☹
Datum:	Intensität der Mitarbeit	Qualität der mündlichen Beiträge	Hausaufgaben	Bearbeitung der Arbeitsblätter	Verhalten	Aufmerksamkeit	Anstrengungsbereitschaft	Verhalten im Team
Signum:	1 2 | 3 4 | 5 6	1 2 | 3 4 | 5 6	1 2 | 3 4 | 5 6	1 2 | 3 4 | 5 6	1 2 | 3 4 | 5 6	1 2 | 3 4 | 5 6	1 2 | 3 4 | 5 6	1 2 | 3 4 | 5 6
	☺ 😐 ☹	☺ 😐 ☹	☺ 😐 ☹	☺ 😐 ☹	☺ 😐 ☹	☺ 😐 ☹	☺ 😐 ☹	☺ 😐 ☹
Datum:	Intensität der Mitarbeit	Qualität der mündlichen Beiträge	Hausaufgaben	Bearbeitung der Arbeitsblätter	Verhalten	Aufmerksamkeit	Anstrengungsbereitschaft	Verhalten im Team
Signum:	1 2 | 3 4 | 5 6	1 2 | 3 4 | 5 6	1 2 | 3 4 | 5 6	1 2 | 3 4 | 5 6	1 2 | 3 4 | 5 6	1 2 | 3 4 | 5 6	1 2 | 3 4 | 5 6	1 2 | 3 4 | 5 6
	☺ 😐 ☹	☺ 😐 ☹	☺ 😐 ☹	☺ 😐 ☹	☺ 😐 ☹	☺ 😐 ☹	☺ 😐 ☹	☺ 😐 ☹
Datum:	Intensität der Mitarbeit	Qualität der mündlichen Beiträge	Hausaufgaben	Bearbeitung der Arbeitsblätter	Verhalten	Aufmerksamkeit	Anstrengungsbereitschaft	Verhalten im Team
Signum:	1 2 | 3 4 | 5 6	1 2 | 3 4 | 5 6	1 2 | 3 4 | 5 6	1 2 | 3 4 | 5 6	1 2 | 3 4 | 5 6	1 2 | 3 4 | 5 6	1 2 | 3 4 | 5 6	1 2 | 3 4 | 5 6
	☺ 😐 ☹	☺ 😐 ☹	☺ 😐 ☹	☺ 😐 ☹	☺ 😐 ☹	☺ 😐 ☹	☺ 😐 ☹	☺ 😐 ☹

Abb. 26: Beurteilungsbogen – Downloadmaterial 3.1.5 Ferdinand-Porsche-Realschule

Schülerinnen und Schüler unterstützen schwächere Schülerinnen und Schüler) bearbeitet werden konnte.
Sämtliche Lernzielkontrollen wurden durch das Lehrkräfteteam gemeinsam erarbeitet, sodass eine möglichst objektive Überprüfung der Lerninhalte erfolgte. Auch die mündliche Bewertung konnte durch die Verwendung eines Beurteilungsbogens transparenter gestaltet werden (vgl. Abb. 26). Als fester Besprechungstermin stand den Lehrkräften montags die 6. Stunde zur Verfügung.
Am Ende des Schuljahres baten wir die Eltern und Schüler mittels eines Fragebogens um ein Feedback. Als positiv wurde sowohl von Eltern- als auch Schülerseite bewertet, dass die Kinder neue Mitschülerinnen und Mitschüler kennengelernt hätten, was ihnen den Wechsel in die einzelnen Wahlpflichtfächer in der 7. Jahrgangsstufe erleichtern würde.

- *„Die Angst vor einer neuen Klassenzusammensetzung in der 7. Jahrgangsstufe hat mein Sohn nicht, weil er durch den Unterricht viele neue Freunde gefunden hat."* *(Eltern)*
- *„Ich habe durch den Unterricht viele neue Freundinnen und Freunde gefunden."* *(Schülerin)*

Des Weiteren stellte das Lehrerteam fest, dass sich die Schülerinnen und Schüler intensiver am Unterricht beteiligten. Es motivierte die Kinder offensichtlich, an einem auf ihre Bedürfnisse zugeschnittenen Material zu arbeiten. Dieser Effekt wurde auch durch die Eltern bestätigt.

- *„Mein Kind hat großen Spaß an der Arbeit mit dem Unterrichtsmaterial!"* *(Eltern)*

Darüber hinaus wurde sehr positiv bewertet, dass keine Deutschstunde mehr vertreten werden musste, da auch eine fachfremde Lehrkraft anhand des erarbeiteten Materials ohne großen Aufwand die Stunde halten konnte.

- *„Als positiv bewerte ich, dass keine Deutschstunde mehr ausfällt."* *(Eltern)*

Der zur Verfügung gestellte „Stärkenordner" wurde ebenfalls als gewinnbringend für die Selbstbewusstseinssteigerung ihres Kindes angesehen.

- *„Durch den Stärkenordner erkennt meine Tochter auf einmal, über welche verschiedenen Fähigkeiten sie verfügt."* *(Eltern)*

Aufgrund unserer erfolgreichen Durchführung des Kompetenzunterrichts in der 6. Jahrgangsstufe wird nun auch die 7. Jahrgangsstufe eingebunden. Hierfür wurde wiederum ein gemeinsamer Stoffverteilungsplan erarbeitet. Die Schülerinnen und Schüler haben die Möglichkeit, sich mit einzelnen Schwerpunktthemen (Ballade, Kurzgeschichte, Werbung, Minnesang und Barock) je nach Interesse und Fähigkeit auseinanderzusetzen. So wurde zum Beispiel die Ballade „Der Zauberlehrling" von einer Schülergruppe künstlerisch-kreativ durch ein Comic erarbeitet, eine andere Gruppe setzte das Stück szenisch um, die musikalisch Interessierten rappten dazu, eine vierte Gruppe verfasste z. B. einen Zeitungsartikel, einen Tagebucheintrag usw.

PRAXIS-TIPP
Empfehlungen aus Sicht der Lehrkräfte

- Das Team sollte intensiv und offen miteinander reden und auch private Treffen zum Gedankenaustausch organisieren. In diesen Treffen sollte es um die Schülerinnen und Schüler gehen und um die Besprechung des Materials (geeignet/ungeeignet), damit man im kommenden Schuljahr gut arbeiten kann.
- Anfallende Aufgaben sollten auf alle am Projekt beteiligten Lehrkräfte gerecht verteilt werden.
- Kurzarbeiten in Form der „Kleinen Leistungsnachweise“ sind sinnvoll, um die Leistung des einzelnen Kindes gut bewerten zu können. Dabei kann sich die individuelle Leistungsentwicklung deutlich zeigen. (Bei den Kurzarbeiten handelt es sich um angekündigte Leistungsabfragen, die den Unterrichtsstoff von sechs Schulstunden umfassen.)
- Das Team muss das Vorhaben ernst nehmen und sich an die vorgegebenen Strukturen halten (Stoffverteilungspläne), damit die Schülerinnen und Schüler eine klare Struktur zur Orientierung bei allen Lehrkräften in den beteiligten Fächern vorfinden.
- Alle Schülerinnen und Schüler verfügen über einen gelben Ordner, der den sog. Stärkenordner und die Unterrichtsmaterialien enthält.

Das Buddy-Programm
Unter dem Motto „Aufeinander achten. Füreinander da sein. Miteinander lernen“ haben verschiedene Stiftungen vor mehreren Jahren ein Programm ins Leben gerufen, in dem Schülerinnen und Schüler lernen, in Projekten und im Unterricht Verantwortung für sich und andere zu übernehmen. Über das englische Wort „Buddy“, d. h. „Kumpel“, wird auf die gegenseitige Unterstützung von Schülerinnen und Schüler im Lernen verwiesen. Das Programm beruht auf vier Säulen: (1) der Peergroup-Education (Lernen von-, für- und miteinander) und damit der Befähigung von Jugendlichen, als Experten für die Lösung ihrer eigenen Probleme zu handeln, z. B. in Streitschlichterprogrammen oder Tutorenkonzepten, (2) auf der Lebensweltorientierung, d. h. der Verankerung aller Lerninhalte im praktischen Lebensvollzug, (3) in der Förderung aktiver Partizipation und (4) im Anliegen, die Selbstwirksamkeit und das Selbstvertrauen von Schülerinnen und Schülern zu fördern.
In diesem Kontext wurden zahlreiche Materialien erarbeitet, die alle im Netz dokumentiert sind.
- Lesetipp: http://www.buddy-ev.de/

Eine weitere Form der spezifischen Förderung ist die Bildung besonderer Gruppen, die gemeinsam nach individuellen Lernbedürfnissen zusammengestellt werden.

Schulversuch V6 - Vertikale Sechs
Die Schülerinnen und Schüler der 6. Jahrgangsstufe werden klassenübergreifend in Gruppen mit annehmbarer Schülerzahl unterrichtet. Durch die am Lerntempo orientierte Gruppenzusammenstellung soll jede Schülerin und jeder Schüler gezielter gefordert und gefördert werden. Die Kinder werden nach ihren individuellen Lernbedürfnissen unterrichtet und erhalten somit die Möglichkeit, ihren Kenntnisstand, ihr Lernniveau, ihr Lerntempo und ihre Leistungsfähigkeit auszubauen und weiter zu erhöhen.
In den genannten Fächern wird das Unterrichtsangebot um eine Wochenstunde gekürzt (somit nur vier Wochenstunden) oder erweitert (d. h. sechs Wochenstunden einschließlich einer Unter-

richtsstunde am Nachmittag). Die Gruppenbezeichnungen halten wir neutral: V6D„Q“ bzw. V6M„Q“ bezeichnet die Gruppe mit reduzierter Stundenzahl mit Schülern, die eine schnellere Auffassungsgabe und ein höheres Lerntempo aufweisen. Die frei werdenden Stunden nutzen die Schülerinnen und Schüler für weitere Unterrichtsangebote je nach Interesse, zum Selbststudium oder zum Vertiefen von Lern- und Arbeitstechniken. Die Stundeninhalte werden zudem vom Schüler in einem Lernheft festgeschrieben. „X“ und „Y“ bezeichnen die regulären Kurse und mit „Z“ wird die Gruppe mit den Kindern benannt, die noch mehr Übungsbedarf haben und ihr Lern- und Arbeitstempo steigern müssen und demzufolge eine Stunde zusätzlich unterrichtet werden.
Die Maßnahme wurde dem Elternbeirat und dem Schulforum vorgestellt und von beiden Gremien befürwortet. In einer gesonderten Veranstaltung werden jedes Jahr den interessierten Eltern der Fünftklässler die V6, deren Ziele und Maßnahmen erläutert.
Am Ende der 5. Jahrgangsstufe empfehlen die Deutsch- bzw. Mathematik- Fachlehrer, auch unter pädagogischen Gesichtspunkten, die Schülerinnen und Schüler in eine entsprechende Lerngruppe. Ausschlaggebend dabei ist nicht allein die fachliche Note, sondern auch das Arbeitsverhalten. Die Eltern werden ebenfalls um einen Vorschlag, in welcher Gruppe ihr Kind lernen soll, gebeten. Die Gruppenzuweisung wird mit dem Jahreszeugnis mitgeteilt.
Die Kolleginnen und Kollegen, die in den V6-Gruppen unterrichten, arbeiten verantwortungsvoll zusammen, sprechen den Umfang und die Intensität der Unterrichtsinhalte ab und beobachten die Lernenden genau. Kleine Leistungsnachweise werden für jede Gruppe in gleicher Anzahl geschrieben, die Klassenarbeit auch zeit- und inhaltsgleich erstellt.
Im zweiten Schulhalbjahr der 6. Jahrgangsstufe modifizieren wir die Unterrichtskurse, da wir darauf achten wollen, dass möglichst alle Schülerinnen und Schüler das geforderte Anspruchsniveau der 6. und der nachfolgenden Jahrgangsstufe in Bezug auf Lerntempo und Leistung erreichen. Somit werden die sechsstündigen Kurse in fünfstündige Kurse überführt. Die (verpflichtende) Nachmittagsstunde entfällt jeweils und wird umgewandelt in eine Förderstunde für Schülerinnen und Schüler aus allen Kursen, die entsprechenden Bedarf haben. So können wir gezielt auf eventuell noch vorhandene Defizite reagieren. Das gewährleistet, dass die Schülerinnen und Schüler nicht nur inhaltlich, sondern auch bezüglich ihres Lern- und Arbeitsverhaltens auf Realschulniveau unterrichtet werden.
Zusätzlich bemühen wir uns um den Einsatz von „Lerntutoren“ aus höheren Jahrgangsstufen, die sich in Absprache mit der Förderlehrkraft speziell um Lerndefizite der Sechstklässler kümmern und Übungen anbieten.
Die vierstündigen V6-Gruppen bleiben erhalten. Falls ein Wechsel in eine fünfstündige Gruppe gewünscht wird, wird dieser mit schriftlichem Antrag der Eltern und nur auf Empfehlung der Fachlehrkraft vorgenommen. Die weiteren Stunden der vierstündigen V6-Gruppen werden verstärkt mit naturwissenschaftlich-technischen bzw. fremdsprachlichen Inhalten gefüllt. Hierbei integrieren wir auch außerschulische Partner und bemühen uns um außerschulische Lernorte. Dies soll bei der Wahlpflichtfächergruppenwahl helfen und Entscheidungsorientierung geben.
Die bisher erzielten Ergebnisse und die Rückmeldungen der Schülerinnen und Schüler, deren Eltern und der unterrichtenden Kolleginnen und Kollegen zeigen, dass mit diesen Maßnahmen die Lernenden mit Selbstbewusstsein und zunehmender Selbsttätigkeit die schulischen Aufgaben meistern (vgl. Downloadmaterial 3.1.5 – Walter-Mohr-Realschule Traunreut).

Förderung im MINT-Bereich

Genauso wichtig wie die Entwicklung der Kompetenzen in den einzelnen Schulfächern ist es, Kompetenzdefizite zu entdecken und Interesse in Fachgebieten zu wecken, die im schulischen Alltag vielleicht zu kurz kommen oder durch tradierte Vorurteile zu wenig beachtet werden. So wird beispielsweise die mathematisch-naturwissenschaftlich-technische Fachrichtung in der Realschule immer noch von deutlich weniger Mädchen als Jungen gewählt. Deshalb sind gerade hier spezielle Angebote und Fördermaßnahmen sinnvoll. Dabei soll aber nicht die Annahme im Mittelpunkt stehen, dass Mädchen einfach weniger über technische und naturwissenschaftliche Sachverhalte wissen und sich per se weniger dafür interessieren. Vielmehr soll bei der hier vorgestellten Maßnahme der Fokus darauf gerichtet worden, dass Mädchen dazu neigen, ihre Kenntnisse und Fähigkeiten in den technisch-naturwissenschaftlichen Fächern zu unterschätzen. Die Realschule am Keltenwall berichtet:

Techni-Girls

Unserer Erfahrung nach entscheiden sich noch immer deutlich mehr Schüler als Schülerinnen für die mathematisch-naturwissenschaftlich-technische Wahlpflichtfächergruppe der Realschule. Die Gründe dafür sind vielfältig, jedoch werden Mädchen im Gegensatz zu Jungen oft nicht explizit an die technischen und naturwissenschaftlichen Bereiche ihres Umfeldes herangeführt, obwohl inzwischen die Chancen für Mädchen in diesen Berufen deutlich angestiegen sind. Die Zielsetzung des Wahlunterrichts „TechniGirls" ist es, den Schülerinnen eine Gelegenheit zu bieten, Erfahrungen in naturwissenschaftlichen Bereichen zu sammeln und ihr Interesse dafür zu entdecken. Hierzu werden Experimente und Themen aus den Bereichen Physik, Chemie und Mathematik herausgegriffen und den Mädchen auf einer der Jahrgangsstufe angepassten Ebene nähergebracht. Die Schülerinnen, die am Wahlunterricht teilnehmen, zeigen großes Interesse an den Versuchen. Sie sind oft erstaunt darüber, dass ihre eigenen Erklärungen weitestgehend zutreffend sind.

Der fächerübergreifende Wahlunterricht „TechniGirls" wird ausschließlich für Mädchen der sechsten Jahrgangsstufe angeboten. Dazu finden 14-tägig Doppelstunden am Nachmittag statt. Für die Versuchsdurchführungen eignet sich der Physikübungssaal. Bis jetzt konnte an unserer Schule der Unterricht immer von einer weiblichen Lehrkraft durchgeführt werden. Die Zahl von ca. 30 Anmeldungen belegt, dass das Wahlfach durchaus positiv aufgenommen wurde. Nahezu alle Kolleginnen und Kollegen, insbesondere der Fachschaften Physik, Chemie und Mathematik, zeigten Interesse am Wahlfach und seinen Zielen und unterstützten deshalb die Maßnahme.

Das Material für den Unterricht besteht aus Arbeitsblättern, anhand derer sich die Schülerinnen durch die Versuche arbeiten konnten. Einzelne Experimente wurden aufgrund der Gefährlichkeit, aus Mangel an Schülergeräten (z. B. Vakuumpumpe) oder aufgrund ihrer Komplexität auch als Lehrerversuche demonstriert. Die Arbeitsblätter dienten zur eigenständigen Erarbeitung der Erklärungen (vgl. auch das Downloadmaterial im Ordner 3.1.5).

TechniGirls

Thema

Herstellung eines Aromastoffes

Station 1

Materialliste (Das benötigen wir.):

- 1 Schutzbrille
- 1 Becherglas
- Pipetten
- Heizplatte
- Ethansäure
- Ethanol

Versuchsanleitung (So geht´s!):

1. **Schutzbrillen aufsetzen**
2. Gebt nacheinander je 5 ml der Ethansäure und des Ethanols mit der Pipette in euer Becherglas.
3. Rührt kurz mit dem Spatel um und holt euch bei der Lehrkraft ein paar Tropfen des Katalysators (konz. Schwefelsäure) ab.
4. Stellt das Becherglas auf die Heizplatte und erwärmt das Gemisch unter Rühren langsam.
   Achtung: **Nicht kochen!!!**

Beobachtung (Riech' genau!):

____

____

Erklärung (Warum ist das so?):

____

____

Abb. 27: TechniGirls (Beispiel eines Arbeitsblattes) – Downloadmaterial 3.1.5 Realschule am Keltenwall

Die Versuche können von den Schülerinnen ohne große Vorkenntnisse anhand der Arbeitsblätter durchgeführt werden. Sie sollten durch eine kurze Motivation zu Beginn der Stunde eingeleitet werden. Die üblichen Standards der Experimentierfächer müssen berücksichtigt werden.

PRAXIS-TIPP
Die Einrichtung von Wahlfächern für Mädchen

- Das Wahlfach sollte von einer weiblichen Lehrkraft durchgeführt werden.
- Eine Anzahl von ca. 15 Schülerinnen pro Kurs ist optimal.
- Experimente sollten mit einfachen Materialien durchführbar sein (Freihandversuche).
- Man sollte etwa gleich viele Themen aus den drei Bereichen (Physik, Chemie, Mathematik) wählen.
- Ein Bezug zur Erfahrungswelt der Schülerinnen sollte in jeder Experimentiereinheit hergestellt werden, um das Bewusstsein zum Hinterfragen des Alltags zu schärfen.

Unterrichtsmethodisches Förderangebot

Im Folgenden wird von der Orlando-di-Lasso-Realschule der Einsatz einer Unterrichtsmethode dargestellt, die gezielt auf die Stärkenförderung setzt:

Lernen durch Lehren (LdL) – eine Methode zur Aktivierung der Schülerinnen und Schüler

Lernen durch Lehren ist eine von uns erprobte Methode, die sich bewährt hat! Sie ist in allen Jahrgangsstufen und allen Fächern anwendbar. Grob gesagt vermitteln Schülerinnen und Schüler Inhalte an ihre Mitschüler und erlernen so wichtige Schlüsselqualifikationen.

Für das »Lernens durch Lehren« wurden (z. B. in den Fächern evangelische Religion oder Englisch) Schülerpaare gebildet, die als Tandem arbeiteten. Zu Beginn des Schuljahres wurde die Methode LdL durch die Lehrkraft des jeweiligen Faches vorgestellt und den Schülerinnen und Schülern erklärt, dass sie in diesem Team einen Teil einer Stunde übernehmen sollten. In den ersten Schulwochen wurde dann ein reiches Repertoire an Methoden und Unterrichtsbausteinen eingeführt bzw. wiederholt und dabei auch immer der Lernprozess reflektiert. Den Klassen wurde so bewusst, welche Methode sich an bestimmten Stellen in einer Unterrichtsstunde besonders eignet. Für jede Schülerin und jeden Schüler ist die Übernahme einer Stunde Pflicht, d. h., jede und jeder nimmt einmal pro Schuljahr verpflichtend an dem Projekt teil.

Für das weitere Vorgehen empfiehlt es sich, nach einigen Schulwochen eine Besprechung der Regeln und Vorgaben mit den Schülerinnen und Schülern durchzuführen. Insbesondere der Hinweis, dass keine Referate erwartet werden, ist wichtig und muss den Jugendlichen eindringlich vermittelt werden. Üblicherweise haben sie in dieser Stunde auch Zeit, das Schulbuch in ihrem Tandem durchzusehen, um evtl. ein Wunschthema für die Präsentationsstunde zu finden. Die Lehrkraft vergibt weitere Themen für den Fall, dass sich einzelne Teams nicht entscheiden können. Der Lehrkraft obliegt nun die Aufgabe, die gewählten Themen über das Schuljahr zu verteilen und der Klasse eine grobe Zeitplanung zu geben.

Im Verlauf des Projekts muss die Lehrkraft die konkreten Termine bekannt geben und die entsprechenden Schüler-Tandems mindestens zwei Wochen vor der eigentlichen Präsentation darüber in Kenntnis setzen. Aufgabe der Schülerinnen und Schüler ist es, das Material für die Prä-

Präsentationsbogen von: ______________________ **Klasse:** _____
Datum: _____ **Thema:** ______________________________

	++	+	0	-	--
Sachebene verständlich dargestellt, roter Faden erkennbar, fachlich korrekt, ...					
Sprechweise freie Rede, Lautstärke, Sprechtempo, Artikulation, Modulation, ...					
Auftreten Blickkontakt, Standfestigkeit, Körperhaltung, Mimik, Gestik, ...					
Visualisierung übersichtlich, angemessen, ansprechend, gut lesbar, ...					
Kooperation der Partner gleiche Anteile, gute Übergänge, gegenseitige Unterstützung, ...					
Gesamteindruck					

Besondere Anmerkungen (+)

Besondere Anmerkungen (-)

Note:

(Bewertungsbogen nach Klippert)

Abb. 28: Bewertungsbogen – Downloadmaterial 3.1.5 Orlando-di-Lasso-Realschule

sentation zwei Tage vorher bei der Lehrkraft abzugeben. Je nach Absprache kann dies dann korrigiert und besprochen werden. In jedem Fall übernimmt die Lehrkraft das Kopieren des Materials. Generell gilt, dass der Lehrer in der Vorbereitungsphase als Berater zur Verfügung steht, Tipps gibt und auch gegebenenfalls mit Material aushilft, ohne dass sich dies negativ auf die Note auswirkt. Für die ganze Klasse muss gelten, dass der Stoff der Präsentationsstunde für alle Schülerinnen und Schüler Lernstoff ist und in der Folgestunde abgefragt werden kann. Auch eventuelle Hausaufgaben, die vom Präsentationsteam gestellt werden, sind selbstverständlich anzufertigen.

In der eigentlichen Präsentationsstunde sind die Schülerinnen und Schüler zwar für den Unterricht verantwortlich, die Lehrkraft hat aber für die konsequente Beachtung der geltenden Regeln durch die Klasse (z. B. melden, mitschreiben etc.) zu sorgen. Dies kann von den Schüler-Tandems nicht eingefordert werden. Es gilt auch, dass der Lehrer bzw. die Lehrerin nicht stummer Beobachter ist, der nur hinten sitzt und bewertet. Vielmehr schaltet er bzw. sie sich immer wieder ein, hilft durch Rückfragen und beteiligt sich am Unterricht.

Nach der Unterrichtsstunde kann mit Klassen, die dies gut beherrschen, ein Feedbackgespräch stattfinden, das wertvolle Tipps für zukünftige Präsentationen bringen kann. Bemerkenswert ist, dass die Schülerinnen und Schüler in vielen Punkten wesentlich strenger als Lehrkräfte sind. Die Bewertung erfolgt bis zur Folgestunde idealerweise anhand eines Bewertungsbogens, der zu Beginn des Projekts bereits besprochen wurde. So wissen die Schülerinnen und Schüler, welche Kriterien beurteilungsrelevant sind (vgl. Abb. 28). Diese Bewertung sollte nicht in die Benotung einfließen.

Dieser Bogen wird dann ausgefüllt als Kopie an die jeweiligen Teams ausgegeben, sodass sie die Bewertung jederzeit nachvollziehen können und wissen, wo sie noch Verbesserungsbedarf haben und wo ihre Stärken liegen.

Zusammenfassend lässt sich sagen: Lernen durch Lehren (LdL) erfordert viel Vorplanung und Organisation aufseiten der Lehrkraft. Sie muss beispielsweise auch darauf vorbereitet sein, dass das Schülerteam, das präsentieren soll, krank ist, und dafür eine Ersatzstunde parat haben. Es besteht auch die Gefahr, dass die Stunden auf Dauer recht eintönig werden, wenn die Lehrkraft zu wenig Impulse und Methodenalternativen zeigt. Generell ist der Effekt von LdL aber durchweg positiv zu sehen! Schülerinnen und Schüler erwerben Softskills wie Pünktlichkeit, Zuverlässigkeit und Ausdauer. Teamfähigkeit ist ebenso erforderlich wie Sprach- und Kommunikationsfähigkeit. Die Schülerinnen und Schüler kommen außerdem viel mehr zu Wort als im regulären Unterricht und sie trauen sich auch eher nachzufragen, wenn sie Schwierigkeiten haben. Für die Lehrkraft ergibt sich durch LdL eine Entlastung: Sie kann die Klassen besser beobachten und die individuellen Lernfortschritte einzelner Schülerinnen und Schüler erkennen. Darüber hinaus können aussagekräftige Noten gebildet werden.

Wir sehen große Erfolge, denn diese Methode fördert spürbar die Sicherheit und das Selbstbewusstsein der Schülerinnen und Schüler. LdL hat sich an unserer Schule eindeutig bewährt! Der Gewinn für Lehrer und Schüler ist groß und spürbar.

3.1.6 Besondere fachspezifische und fächerübergreifende Angebote (Sport, Musik, Kunst)

Um fachliche und fächerübergreifende Stärken von Schülerinnen und Schülern sichtbar zu machen, werden im schulischen Alltag häufig die Kernfächer in den Mittelpunkt gestellt und die ästhetischen Fächer vernachlässigt. Dabei sind es gerade diese Fächer, die einen wichtigen Beitrag zur Entwicklung der Persönlichkeit leisten können. Im Folgenden werden zwei Möglichkeiten dafür dargelegt. Im ersten Beispiel stehen das Körperbewusstsein und eine gesundheitsbewusste Lebensführung im Mittelpunkt. Das zweite Beispiel beschreibt, wie Lehrkräfte durch ein Großprojekt besondere Fähigkeiten und Fertigkeiten ihrer Schülerinnen und Schüler zum Leuchten bringen. Sie haben mit der Aufführung eines Musicals dafür einen Rahmen geschaffen.

Der Körper und die Auseinandersetzung mit ihm werden in der Schule häufig vernachlässigt. Fragen nach einem gesundheitsförderlichen Umgang werden höchstens am Rande behandelt und nicht in den Mittelpunkt gestellt. Dabei sind die körperlichen Veränderungen der Schülerinnen und Schüler gerade in der Sekundarstufe ein zentrales Thema in ihrer Persönlichkeitsentwicklung (vgl. Hurrelmann 2004). Gerade der schulische Sportunterricht kann eine Chance für die Auseinandersetzung mit der persönlichen Fitness, Kraft und Ausdauer sein, die zu einem positiven Körpergefühl – und dadurch zu einer wesentlichen Unterstützung des Selbstbewusstseins – beitragen kann. Die Georg-Hipp-Realschule (Pfaffenhofen) berichtet:

Sport – gesundheitsbewusste Lebensführung

Das Ziel unserer Maßnahme liegt in der Steigerung des effektiven Wissens und der nötigen Kompetenzen zur Erlangung eines gesundheitswirksamen Verhaltens. Dabei sollte die individuelle Förderung des Einzelnen auf körperlicher, aber auch (psycho-)sozialer Basis erfolgen. Im Fachunterricht Sport wurden folgende Veränderungen vorgenommen:

Alle Schüler der 9. Jahrgangsstufe erhalten 9 bis 10 Wochen lang praktische und theoretische Einweisungs- und Übungsphasen im Bereich Fitnesstraining mit entsprechendem wissenschaftlichen Test- und Steuerungsverfahren in Zusammenarbeit mit einem externen Fitnessstudio und dessen Mitarbeitern.

Im Ballsport-Unterricht der 9. Jahrgangsstufe werden die Klassengruppen aufgelöst und durch Leistungsgruppen ersetzt.

Der Unterricht im Bereich des Fitnesstrainings konnte nach einer intensiven Einweisung der Sport-Lehrkräfte auf alle neunten Klassen im Rahmen des regulären Sportunterrichts ausgeweitet werden. Insgesamt nahmen an unserer Schule acht Klassengruppen verteilt auf das ganze Schuljahr teil. Mithilfe von Sponsorengeldern (für die Busfahrten), der Unterstützung der Krankenkassen und dem Entgegenkommen eines örtlichen Fitnessstudios findet der Sportunterricht in den Räumen des Fitnessstudios kostenlos statt. Nach einer theoretischen Wissensvermitt-

lung und der Einweisung in das Gerätetraining wird für jeden Schüler ein (zum Teil individueller) Trainingsplan erstellt, der hilft, Kraft, Beweglichkeit und Ausdauer zu verbessern. All diese Kriterien werden am Beginn und am Ende der Maßnahme gemessen, sodass der reale Zuwachs individuell ablesbar ist. Nach diesem externen Sportunterricht gibt es die Möglichkeit, eine Zeit lang kostenlos und daran anschließend zu den üblichen Konditionen im Fitnessstudio zu trainieren. Auch können die Schülerinnen und Schüler eine Ausbildung zum Multiplikator absolvieren und so ihr Wissen und Können der (schulischen) Gemeinschaft nutzbar machen.
Für die in der 9. Klasse im regulären Sportunterricht vorgesehenen Mannschafts-Ballsportarten wird die Klassenstruktur aufgelöst und die unterrichtenden Lehrkräfte übernehmen Leistungsgruppen, eingeteilt nach den individuellen Vorkenntnissen der Schülerinnen und Schüler in der jeweiligen Ballsportart. So sind z. B. im Bereich Volleyball die Schüler und Schülerinnen zusammen, denen es schon möglich ist, das Volleyballspiel so zu spielen, dass sie Freude daran haben und sich selbst verbessern können. Währenddessen erlernen andere erst die Anfänge dieser Sportart bzw. beschäftigen sich mit der nötigen Sprungfertigkeit oder ihrer Ausdauer.
Für das Fitnesstraining wird ein Projektleiter/eine Projektleiterin benötigt, der einen Kooperationspartner vor Ort findet (z. B. ein Fitnessstudio) und den Kontakt pflegt. Der Kontakt mit den örtlichen Gesundheitskassen, die eine solche Maßnahme eventuell als Präventivförderung bezuschussen, muss ebenso erfolgen, genauso wie die Organisation der Bus-Transfers. Die Projektlehrkraft sowie ein Mitglied des Fitnessstudios übernehmen an einem Nachmittag die Einweisung aller Lehrkräfte. Ansonsten werden die üblichen Regeln des Sportunterrichts und auch die zeitliche Planung nicht geändert. Natürlich werden die Eltern schriftlich und vorab informiert (siehe Tipps).
Für die Aufteilung der Schülerinnen und Schüler in den Ballsportarten der 9. Klasse muss vorab geklärt werden, wer welche Gruppen übernehmen möchte. Ebenso muss ein Hallenbelegungsplan erstellt sein.
Beide Maßnahmen kamen bei den Schülerinnen und Schülern hervorragend an (evaluiert wurde durch schriftliche Befragungen und zusätzlich durch die wissenschaftliche Begleitung eines Doktoranden); bei den meisten Eltern und Lehrkräften herrschte ebenso eine klare Zustimmung. Besonders hervorgehoben wurde bei der Maßnahme des Fitnesstrainings die Überprüfbarkeit einer tatsächlichen körperlichen Verbesserung und damit verbunden einer nachhaltigen Verlängerung des Trainings in der Freizeit sowie die andere (als zeitgemäßer empfundene) Form des Sportunterricht. Die Aufteilung in Gruppen für die Phase der Ballsportarten in der neunten Klasse kam ebenfalls sehr gut an. Besonders hervorgehoben wurden die Freude am Sport, weil man sich „auf Augenhöhe" daran beteiligen und somit „etwas lernen" konnte, sowie der koedukative Charakter.

PRAXIS-TIPP
Die Durchführung eines Fitness-Trainings

- Beginnen Sie frühzeitig mit der Planung (für die Organisation des Fitnesstrainings sind mehrere Monate nötig).
- Finden Sie einen überzeugten und überzeugenden Projektleiter.
- Binden Sie zuerst die Fachschaft Sport, den Elternbeirat und das Schulforum und unbedingt auch den Sachaufwandsträger (er stellt die Hallen, die dann vielleicht leer stehen, während Sie ins Fitnessstudio fahren) und nach der grundsätzlichen Entscheidung alle Eltern im Vorfeld mit ein.
- Klären Sie mit den Eltern und dem Ministerium für die Durchführung der Ballsportarten deren Zustimmung zum koedukativen Unterricht.
- Bei beiden Maßnahmen muss im Vorfeld die Art der Benotung geklärt und einheitlich geregelt werden. Man kann bei der Einteilung der Schülerinnen und Schüler in Gruppen für die Ballsportarten von einer Benotung durch den Klassenlehrer absehen und den „Gruppen-Leiter" damit betrauen. Geklärt werden sollte außerdem, ob es objektive Levels gibt, Kompetenzen also, die für eine bestimmte Note entscheidend sind, oder ob der individuelle Fortschritt des Schülers während der Maßnahme die Note bestimmt und damit die Motivation, sich sportlich zu engagieren, deutlich verbessert.

Ästhetische Förderung – Musical

In vielen Schülerinnen und Schülern schlummern Talente, die aufgespürt und sichtbar gemacht werden sollten. Wenn Schülerinnen und Schüler sich in einem schulischen, aber außerunterrichtlichen Rahmen mit ihren Stärken präsentieren können und Erfolg erleben, kann dieser Zuwachs an Selbstbewusstsein auch für andere Bereiche des Unterrichts förderlich sein. Die Realschule am Keltenwall (Manching) hat hier folgende Erfahrungen gesammelt:

Musical (Musik & Kunst)

Mit der Tandembildung, einer gleichwertigen Doppelbesetzung, stand für uns im Besonderen die gegenseitige Unterstützung und Hilfe beim Erarbeiten der Rolle im Zentrum: Dies brachte die Möglichkeit, voneinander zu lernen, sich gegenseitig Feedback zu geben und in vernünftigem Maß zu kontrollieren, wo nötig konstruktive Kritik zu üben und so einen gesunden Umgang mit Konkurrenz zu erleben. Damit wurde das Ziel verfolgt, die Eigenverantwortung der Schüler zu fördern, die Wertschätzung der eigenen Fähigkeiten und Stärken sowie die des Tandempartners zu erfahren.

Mehr als 100 Schüler der verschiedenen Jahrgangsstufen und auch einige Eltern standen auf, neben oder hinter der Bühne und wurden von zahlreichen Helfern unterstützt, z. B. beim Catering oder als Partner beim Rollenlernen. Das Kollegium war indirekt komplett betroffen (Vertretungen!), etwa ein Drittel der Fachschaften unterstützte aktiv das Großprojekt:

- Musik: Band, Chor, Orchester, Betreuung der Solisten (Gesang),
- Deutsch: Erstellen der Texte,
- Kunsterziehung: Bühnenbild, Requisiten, Maske, Plakatgestaltung,
- Sport: Erarbeitung von Tänzen und Showeinlagen,
- Informationstechnologie: Programmgestaltung.

Unsere Voraussetzungen waren: ein umfassendes Angebot an Wahlunterricht Musik in sehr vielen Teilbereichen und Jahrgangsstufen, die Wahlfächer Schulspiel und Kunst. Als passender Rahmen konnte unsere zentral gelegene und großzügige Aula mit Bühne benutzt werden.
Externe Unterstützung holten wir uns von außerschulischen Gesangscoachs, von einem Schauspieler des Theaters Ingolstadt, der einen Intensivierungsworkshop anbot, sowie einem Mitarbeiter des Jugendrings für das Einüben einer Tanzeinlage.
Probleme ergaben sich etwa bei Überschneidungen und umfangreicheren Arbeiten, z. B. beim Bühnenbild, dann wurden auch Samstage herangezogen. Vereinzelt hatten anfangs Eltern Bedenken, dass den beteiligten Schülern Nachteile entstehen könnten, wenn diese so viel Zeit in das Großprojekt investieren.
Bilanz: Definitiv war das Musical aufgrund des Engagements aller Mitwirkenden ein voller Erfolg, sodass sowohl in der lokalen Presse als auch im lokalen Kulturradio ausführlich über die Entstehung sowie die begeisternde Aufführung berichtet wurde.

PRAXIS-TIPP
Die Arbeit an einem Musical

Planung

- Aspekte bei der Suche nach einem geeigneten Musical:
- die Realisierbarkeit im Hinblick auf die Anforderungen an Stimmen und Instrumentalisierung (evtl. Playback)
- eine Thematik aus dem Erfahrungsbereich der Jugendlichen
- die angemessene Sprache der Texte
- die Klärung der Rechte und Gebühren
- Terminierung: sorgfältig abgesprochen und für alle Beteiligten immer sichtbar angebracht (Grobplanung von Vorstellrunde, Casting, Vereinbarungen, eventuell vorzeitiger Notenschluss für Beteiligte, Aufführungszeitraum etc.)
- Vorstellung des Konzepts: zuerst im Gesamtkollegium (Einladung an alle interessierten Lehrkräfte), anschließend in den einzelnen Klassen, also nicht im Plenum.

Einstudieren

- Casting: Unbedingt frühzeitige Information der Eltern. Für den reibungslosen sowie entspannten Ablauf hat sich eine Übernachtung für die interessierten Schülerinnen und Schüler in der Schule bewährt. Das stärkt den Gruppenfindungsprozess und vermeidet Enttäuschungen, denn nicht alle können eine Hauptrolle spielen.
- Tandembildung: Möglichst jede Rolle wird gleichwertig doppelt besetzt. Das bringt gegenseitige Unterstützung sowie konstruktive Kritik und für das Projekt eine Absicherung bei Krankheitsfällen zum Aufführungstermin. Die weitgehend eigenständige Einstudierung der Rollen stärkt die Eigenverantwortung der Schüler, die gegenseitige Kontrolle fördert eine termingerechte Rollenbeherrschung.

Entwickelte Hilfen

- Verträge für verbindliche Vereinbarungen (z. B. Datum für das Beherrschen der Texte)
- Einrichten von „Schalterstunden" (Sprechstunden und Betreuungsstunden der beteiligten Lehrkräfte für die beteiligten Schüler)
- Informationswand zur Kommunikation der verschiedenen Gruppen bzw. zur Erhöhung der Transparenz für Nicht-Mitwirkende
- Intensivwoche zur Zusammenführung der Gruppen vor den Aufführungsterminen

Terminwahl

- Den Aufführungstermin haben wir ans Ende des ersten Schulhalbjahrs vor der Zeugnisausgabe gelegt. Vorteile: Die Beteiligung der 10. Klassen ist noch möglich und durch die bereits erfolgte Notengebung wird die Unterstützung des Kollegiums wahrscheinlicher. Nachteil: Der Stressfaktor für mitarbeitende Kollegen erhöht sich (Zeugniserstellung, Konferenzen etc.).
- Auswahl des Stücks und der Lieder bis Ende Juni im Schuljahr zuvor
- Mehrfache Aufführungen sollten durchgeführt werden, damit auch die zweite Besetzung gleichwertig zum Zug kommt.
- Dankesfahrt für alle Beteiligten, um den Erfolg gebührend zu feiern und das Großprojekt angemessen abzuschließen.

3.1.7 Veränderung der Unterrichtsorganisation (Lernen lernen, Persönlichkeitsentwicklung, Freiarbeit und Projektarbeit, Werteerziehung)

Hinter dem Lernen der Schülerinnen und Schüler im Klassenzimmer steht häufig eine lange Erfahrungsgeschichte. Meist können Lehrkräfte, Schülerinnen und Schüler erst am Ergebnis einer konkreten Note erkennen, ob das gemeinsame Ziel, etwas zu lernen, erreicht wurde. Wenn Lernprozesse im Klassenzimmer scheitern, dann fehlt es nach Eikenbusch (2009, S. 8) meistens an:

- Wissen und Einsicht von Schülerinnen, Schülern und Lehrkräften darüber, wie Lernprozesse ablaufen, gestaltet und ausgewertet werden können und was hinter den Lernergebnissen steckt,
- Sprache und Kommunikationsmöglichkeiten, Lernprozesse zu beschreiben und sich über sie zu verständigen,
- Einflussmöglichkeiten auf Lernschritte und Inhalte,
- Kontinuität des Lernens in der Klasse, besonders bei Stofffülle und Außengesteuertheit von Lernen,
- Zeit und Muße, eigenes und fremdes Lernen als Lernen wahrzunehmen und zur Lernerfahrung werden zu lassen,
- Klare Erwartung an den Sinn und die Ergebnisse des Lernens,
- Sichtbarkeit und Öffentlichkeit von Lernprozessen und Ergebnissen,
- Anerkennung und Wertschätzung bereits geleisteten Lernens,
- Kooperation bei Lernprozessen in der Klasse und in der Schule.

Diese Differenz zwischen den tatsächlich verlaufenden Lernprozessen und der Wahrnehmung dieser Lernprozesse durch die Schülerinnen und Schüler selbst sowie durch die Lehrkräfte ist in der Schule häufig zu erleben. Um zum einen den Schülerinnen und Schülern Hilfestellungen zu geben, sich ihrer eigenen Lernarbeit bewusst zu werden, diese besser steuern und nutzen zu können, und zum anderen bei der Beurteilung von Lernergebnissen der Schülerinnen und Schüler differenzierter vorgehen zu können, werden im Folgenden Möglichkeiten dargestellt, die Lerngelegenheiten in der Schule sichtbar zu machen, Lernprozesse von Schülerinnen und Schülern zu begleiten und das Lernen zu arrangieren. Kolleginnen und Kollegen einer Realschule haben sich einer schon an ihrer Schule eingeführten Idee, dem „Lernen lernen", angenommen und diese für ihre Situation angepasst und verfeinert. Ein anderes Kollegium hat die bestehenden Programme an seiner Schule gebündelt und strukturiert, um eine Vielzahl von Maßnahmen zur Persönlichkeitsentwicklung für ihre Schüler anbieten zu können. Die Möglichkeiten der Stärkenförderung an ihrer Schule zu verdeutlichen, haben sich zwei weitere Schulen zum Ziel gesetzt.

Die Fähigkeit des Menschen, immer wieder neu zu lernen und auch lebenslang zu lernen, wird mit dem Schlüsselbegriff ‚Lernen lernen' in den Mittelpunkt gestellt. Im schulischen Kontext wird unter ‚Lernen lernen' zumeist die Förderung von im Unterricht nötigen Methodenkompetenzen verstanden. Das Erlernen, Einüben und Trainieren von Techniken, Methoden, Strategien und Einstellungen zur

- Organisation des Lernens,
- Informations- und Wissensaufnahme,
- Informations- und Wissensverarbeitung und -speicherung,
- Informations- und Wissensanwendung,
- Konzentration und Entspannung,
- Motivation und
- Kontrolle des Lernerfolgs

bilden die inhaltlichen Aspekte des ‚Lernen lernens' (nach Chott 2001). Die Annahme, dass Schülerinnen und Schüler grundsätzlich davon profitieren, wenn sie das Lernen gelernt haben, motiviert die Lehrkräfte, am Anfang des Schuljahrs für jede Jahrgangsstufe passende Lernkompetenzen mit ihren Schülerinnen und Schülern zu erlernen und einzuüben.

Lernen lernen (in allen Jahrgangsstufen)
Die zu Schuljahresbeginn meist positiv ausgeprägte Lernhaltung der Schülerinnen und Schüler soll erhalten und ggf. gesteigert werden, indem Lernstrategien, über alle Jahrgangsstufen verteilt, genutzt und eingeübt werden. Von uns festgelegte Lernkompetenzen für die jeweiligen Jahrgangsstufen:

Klasse	**Lernkompetenzen**	**zugeteilte Fachschaften**
5. Klasse	nach vorliegendem Programm	Lernen-lernen-Lehrkräfte
6. Klasse	Effektives Üben/Lernen (Mnemotechniken ...) Lesetechniken (5-Gang-Lesemethode) Informationsbeschaffung	Geschichte, Musik, Kunst
7. Klasse	Nachschlagen Visualisierungstechniken (Tabellen, Zeitleisten, Diagramme ...)	Englisch, Biologie, Religion
8. Klasse	Präsentation (prozesshafte Entwicklung der Präsentationen) Projektarbeit/PowerPoint	Deutsch, Erdkunde, Physik, BWR
9. Klasse	Markieren / strukturieren / notieren Diskussionen führen / leiten; Argumentation	Mathematik, Chemie, Informatik, Wirtschaft und Recht
10. Klasse	Zeitmanagement (Theorie und Praxis)	jeweiliger Klassenlehrer

Bei der Durchführung sind das gesamte Kollegium sowie die Schülerschaft von der 5. bis zur 10. Jahrgangsstufe eingebunden.

Vorbereitungszeit:
In je einer schulinternen Lehrerfortbildung wurde der Inhalt der zwei Schwerpunkttage in Arbeitskreisen festgelegt. Dazu stellten die vorbereitenden Lehrkräfte Material zusammen, das gesichtet und aufbereitet werden musste. Als Ansprechpartner und Koordinatoren für die verschiedenen Jahrgangsstufen war es danach deren Aufgabe, die Unterrichtssequenz mit Kopiervorlagen und Arbeitsblättern in einem Ordner bereitzustellen (vgl. Abb. 29 und 30).

Nachbereitung:
In einer der folgenden Lehrerkonferenzen wurde Feedback gegeben, woraufhin Verbesserungen und Korrekturen durch das Vorbereitungsteam erfolgten.

Unterrichtszeit:
5. Jahrgangsstufe: Lernen lernen-Lehrkräfte halten eine Stunde pro Woche zu den Modulen und deren Inhalte aus dem »Lernen lernen – Programm«. Es entsteht dabei eine Sammelmappe über alle Themen.
6.–9. Jahrgangsstufe (= Wiederholungszyklus): An einem Schwerpunkttag pro Halbjahr, der 3–4 Unterrichtsstunden umfasst, werden die festgelegten Lernkompetenzen (siehe oben) intensiv der entsprechenden Jahrgangsstufe angepasst, wiederholt und geübt. Soweit möglich unterrichten hierbei die Lehrkräfte in Zweierteams, sodass auch Nichtklassenleiter eingebunden sind. Im zugeteilten Fachunterricht (siehe oben) soll dieser Inhalt dann bis zum 2. Schwerpunkttag bzw. bis Schuljahresende vertieft werden.
10. Jahrgangsstufe: Diese Klassen haben aufgrund der Abschlussprüfung nur noch einen Schwerpunkttag im ersten Halbjahr zum Thema „Zeitmanagement“.

LL → Mnemotechniken

6. Klasse Musik

Karteikarten zum Notenlesen

a) chromatische Töne

Beispiel:

gis[1] ====

b) Rätselwörter aus Notennamen

Beispiel:

Esche ====

Bemerkung:
Die Karten in der Mitte falten, so dass die Lösung auf der Rückseite steht. Größeren Nutzen haben die Schüler, wenn sie selbst solche Karten erstellen müssen.

c) verschiedene Dur-und Moll-Dreiklänge

Beispiel:

F-Moll ====

Abb. 29: Lernen lernen „Mnemotechniken" (Auszug) – Downloadmaterial 3.1.7 Realschule Bruckmühl

In allen Jahrgangsstufen sind die Lehrkräfte angehalten, Stunden, die Lernen-lernen-Themen beinhalten, das gesamte Schuljahr hindurch zu halten. Sowohl Pflicht- als auch freiwillige Stunden werden im Tagebuch dokumentiert. Die Schwerpunkttage werden in den Klassenräumen abgehalten. Die jüngeren Jahrgangsstufen sind mit Eifer und Freude bei der Sache, die älteren muss man immer wieder überzeugen, dass bei diesem fächerübergreifenden Konzept an Schlüsselqualifikatio-

Stundenverlauf „Lernen lernen – Zeitmanagement“

Zeit	Unterrichtseinheit	Sozialform	Material
15 Min	Einführung in die Thematik: - Warum ist Zeitmanagement nötig? - Worin besteht der Sinn dieser Einheit? (anstehende APen, schlechte Ergebnisse vermeiden, Zeiträuber herausfinden, eigenes Freizeitverhalten überdenken, lernen, die Prioritäten richtig zu setzen, sinnvolle Zeiteinteilung erarbeiten)	Lehrervortrag/ Unterrichtsgespräch	
40 Min	Svens Tagesplan - Diskussion über Svens Tagesplan in Kleingruppen Welche Zeiträuber konntet ihr ausmachen? Welche Termine lassen sich verschieben/ nicht verschieben? - Vergleicht die Pläne untereinander und begründet eure Entscheidungen. - Wählt den besten Plan aus.	Kleingruppen à 4 Schüler	AB: Svens Terminplan für den Nachmittag AB: Svens Tagesplan
10 Min	Biorhythmus - Was sagt die Grafik aus? - Welche Konsequenzen ergeben sich für die eigene Zeiteinteilung?	Lehrervortrag/ Unterrichtsgespräch	Folie „Biorhythmus“
45 Min pro Schüler ca. 10 Minuten	Auswertung der individuellen Wochenpläne - jeder Schüler stellt seinen Wochenplan vor (Habe ich alles, was ich mir vorgenommen habe erreicht? Wenn nein, welche Gründe gab es dafür?)	Kleingruppen à 4 Schüler	AB: Wochenpläne der Schüler

Abb. 30: Lernen lernen „Zeitmanagement“ (Ausriss) – Downloadmaterial 3.1.7 Realschule Bruckmühl

nen wie Kommunikationsfähigkeit, Teamfähigkeit und selbstständigem Lernen gearbeitet wird, die auch im Anforderungsprofil vieler Firmen sind. Bei der externen Evaluation äußerten viele Eltern den Wunsch, Lernen lernen auch in höheren Jahrgangsstufen beizubehalten. Diese Maßnahme ist deshalb dankbar, da das einmal zusammengestellte Material für folgende Jahre zur Verfügung steht und höchstens in Teilbereichen überarbeitet und angepasst werden muss. Mit so einem Schulprojekt demonstriert man darüber hinaus auch pädagogische Geschlossenheit nach außen.

Persönlichkeitsentwicklung mit Lions Quest

Ausgehend von der Idee, die Persönlichkeitsentwicklung der Schülerinnen und Schüler zu unterstützen, hat sich der aus der Schulklimaforschung bekannte Zusammenhang zwischen der Persönlichkeits- und Leistungsentwicklung einerseits und dem sozialen Klima einer Schule andererseits in einer KOMPASS-Projektschule ganz praktisch gezeigt. Denn die einzelne Projektmaßnahme verknüpfte sich – beinahe automatisch – mit den bereits bestehenden Ansätzen zur Persönlichkeitsentwicklung der Schülerinnen und Schüler und veränderte dadurch das Schulklima zusätzlich positiv. Die Knabenrealschule Freilassing berichtet:

Persönlichkeitsentwicklung

Im Zuge des Modellversuchs haben wir an der Staatlichen Realschule Freilassing für unsere fünften und sechsten Klassen das Unterrichtsfach „Persönlichkeitsentwicklung" eingerichtet. Diese wöchentlich einstündige Maßnahme, für die ein eigener Lehrplan erarbeitet wurde, wird vom Klassenleiter gestaltet. Dieser umfasst die Bereiche Sozial-, Lern- und Selbstkompetenz gleichermaßen. Die Lehrkräfte dieser Jahrgänge stimmen regelmäßig pädagogische und didaktische Vorgehensweisen miteinander ab. Viele Bereiche des Stoffverteilungsplanes lassen sich gut auf das „Lions-Quest"-Programm abstimmen. Viele Kolleginnen und Kollegen an unserer Schule haben bereits den Einführungskurs besucht und können damit auch den Materialordner gezielt einsetzen. Die Lehrkräfte fassen derzeit in digitaler Form gehaltene Unterrichtsstunden mit einem Hinweis auf den Stoffverteilungsplan zusammen, sodass die Maßnahmen auch für andere Kollegen schnell greifbar sind (vgl. Abb. 31).

Während bei der Erarbeitung von Sozialkompetenz neben der Kommunikations- und Teamfähigkeit auch die Übernahme von Verantwortung, die Konfliktfähigkeit und das Erstellen von Verhaltensregeln im Vordergrund stehen, umfasst die Lernkompetenz hauptsächlich das Methodenlernen und die Medienkompetenz, die Lerntyp-Bestimmung und das selbstgesteuerte Lernen. Durch verbesserte Selbstkompetenz soll es den Schülern erleichtert werden, eigene Fähigkeiten und Stärken kennenzulernen und sie situationsgerecht einzusetzen. Gefühle erkennen und artikulieren, Kreativität entfalten und Selbstachtung aufbauen, stehen dabei neben der Entwicklung von Frustrationstoleranz und Selbstdisziplin im Vordergrund. Diese Maßnahmen sollen auch im regulären Unterricht zum Tragen kommen. Durch die Einrichtung außerplanmäßiger Klassenleiterstunden soll das Unterrichtskonzept in den kommenden Jahren auch in den höheren Jahrgangsstufen ansetzen.

Außerdem erhielten die Schüler einen zweistündigen differenzierten Unterricht in Mathematik und Deutsch. Diese Maßnahme ist jedoch sehr stark vom Stundenbudget eines Schuljahres abhängig. Das Bemühen um die Gestaltung einer leistungsfördernden Lernatmosphäre sehen wir als zentrale Aufgabe unserer Unterrichtsgestaltung. Uns ist dabei wichtig, dass Lernen auf einer Beziehungsebene stattfindet, die von gegenseitigem Respekt getragen wird. Lachen und Lernen gehören hier zusammen, eine angemessene Fehlertoleranz und ein Klima des angstfreien Lernens sollen diese Lernkultur prägen. Portfolioarbeiten, Lerntagebücher und Checklisten wurden als Evaluationsinstrumente eingeführt und ersetzen bzw. ergänzen die herkömmlichen Bewertungsverfahren. So bereiteten wir beispielsweise eine Portfolioarbeit zu den „Abenteuern des Odysseus" im Fach Deutsch mit unseren fünften Klassen im „Kompetenzunterricht" vor, um sie anschließend im Fachunterricht Deutsch durchzuführen. Der inhaltliche Rahmen war durch die Lektüre vorgegeben. Eine Inhaltszusammenfassung war Pflichtaufgabe, ansonsten hatten die Jungen einen weit gesteckten Gestaltungsspielraum. Das bedeutete gleichzeitig eine Herausforderung, vor allem bezüglich der eigenen Zielsetzung, der Festlegung von Vorgehensweisen, der Organisation von Lernprozessen und der Auswertung von persönlichen Erfahrungen. Innerhalb einer schüler- und wissensorientierten Lernumgebung bildete sich eine Lerngemeinschaft heraus, die gute Voraussetzungen für das Lerncoaching bot.

Beteiligt sind alle Klassenleiter der fünften und sechsten Klassen. Die Eltern wurden anhand eines Informationsnachmittags für die fünften Klassen über das Projekt informiert. Zudem stellen die Klassenleiter das neue Unterrichtsfach während des Elternabends umfassend vor.

Wir haben uns für die fünften und weiterführend für die sechsten Jahrgangsstufen entschieden, da wir davon ausgehen, dass gerade in diesem Alter auf die Persönlichkeitsstruktur der Kinder positiv eingewirkt werden kann. Zudem schafft eine neue Schule auch neue Möglichkeiten und Schüler sowie Eltern sind offen für neue Unterrichtskonzepte. Das Zeitbudget ist im Vorhinein von der Schulleitung zu klären. Grundsätzlich gibt es eine zusätzliche Unterrichtsstunde und diese muss natürlich auch mit den jeweiligen Lehrkräften besetzt werden.

Stoffverteilung – KOMPASS				
ZIEL	KOMPETENZ	ANZAHL STUNDEN	KALENDER WOCHE	REIHENFOLGE
1. Mein Arbeitsplatz	LK	2		2
2. Zu welchem Lerntyp gehöre ich	LK	2		9
3. Medienkompetenz	LK			
I. Ordnung der Arbeitsmaterialien	LK	1		3
II. Medien als Quelle zielführend einsetzen	LK	1		31
III. Kritischer Umgang mit Medien	LK	2		32
4. Selbstgesteuertes Lernen (Freiarbeit, Lernzirkel, Wochenplan	LK	1		8
5. Arbeiten und Lernumgebungen	LK	1		4
1. Nein sagen können	SK	1		30
2. Wertschätzung der eigenen Person (Schwächen und Stärken – Suchtprävention)	SK	2		12
3. Eigene Bedürfnisse artikulieren	SK	1		10
4. Altersgemäße Konfliktfähigkeit	SK	1		29
5. Gefühle erkennen	SK	3		11
6. Eigene Belastbarkeit erkennen (Unterschied zwischen Anspannen und Entspannen)	SK	1		28
7. Frustrationstoleranz („strengen sich trotz eines Misserfolges weiter an“)	SK	1		13
8. Copingstrategien	SK	1		14
9. Kritikfähigkeit	SK	1		27
10. Selbstreflexion (Fehleranalyse)	SK	1		15
11. Ergebnis- statt Leistungsorientierung	SK	1		33
12. Verantwortung übernehmen	SK	1		16
13. Intrinsische Motivation	SK	1		34
14. Intrapersonale Konflikte erkennen	SK	1		17
1. Sich gegenseitig kennenlernen	Soz.K	1		1
2. Erfahren und einsetzen, dass bestimmte Regeln im Umgang miteinander notwendig sind	Soz.K	1		26

Abb. 31: Stoffverteilungsplan – Downloadmaterial 3.1.7 Knabenrealschule Freilassing

Unser Projekt kann in den regulären Räumlichkeiten durchgeführt werden. Es werden keine speziellen Räumlichkeiten benötigt. Um unser Projekt bestmöglich durchführen zu können, haben wir mehrere Fortbildungen in Anspruch genommen. Ein Großteil des Kollegiums hat bereits oder wird noch das Einführungsseminar „Lions-Quest" absolvieren. Die beteiligten Kollegen wurden durch die Ausbildung zum Lerncoach im Rahmen des Modellversuchs KOMPASS motiviert und qualifiziert.
Die Schüler sind mit Freude und Motivation bei der Sache. Dies zeigt sich auch daran, dass Schüler der fünften und sechsten Jahrgangsstufe auffallend gerne in die Schule gehen. Kolleginnen und Kollegen, die als Klassenleiter „Persönlichkeitsentwicklung" unterrichten, berichten immer wieder von sehr positiven Erfahrungen, da in dieser Stunde Problematiken angesprochen werden, die sonst oft nicht thematisiert werden. Die Schüler, aber auch ein Großteil der Eltern sind sehr aufgeschlossen. In vielen Gruppen ist ein deutlich verbessertes Klassenklima auszumachen. Projekt- und Freiarbeitsformen werden engagiert und kreativ angegangen. Die Rückmeldungen der Eltern sind durchweg positiv.
Innerhalb des Kollegiums gab und gibt es unterschiedliche Einstellungen. Die Klassenleiter der unteren Klassen waren und sind mit Eifer bei der Sache. Ebenso gibt es jederzeit die Rückendeckung vonseiten der Schulleitung. Eltern, Schulleitung, Schüler, und viele Lehrer stärken uns den Rücken. Vor allem freuen wir uns, dass viele unserer neuen Kollegen auf den Zug Persönlichkeitsentwicklung aufgesprungen sind (vgl. Abb. 32).

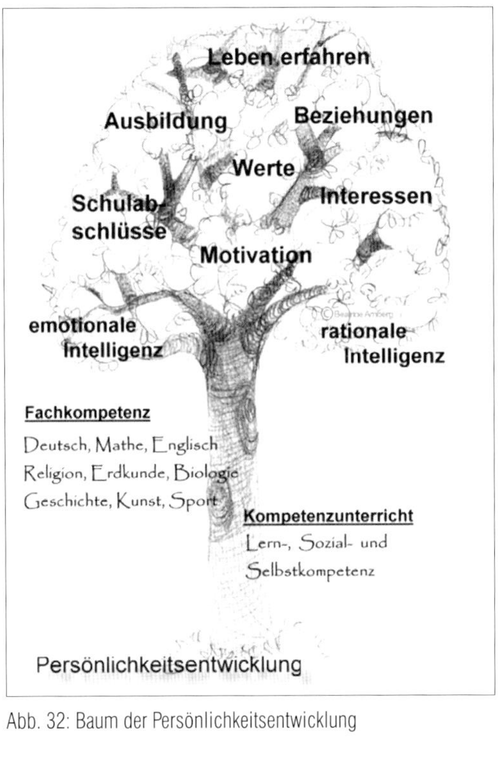

Abb. 32: Baum der Persönlichkeitsentwicklung

PRAXIS-TIPP
Die Einführung eines solchen Faches

- Die Klassenleiter der 5. und 6. Klassen sollten an einer Lions-Quest-Fortbildung teilgenommen haben.
- Koordinationsstunden für die Klassenleiter sollten in den Vormittagsunterricht integriert werden.
- Die Stunden „Persönlichkeitsentwicklung" können als (Wahlfach) „Klassenleiterstunde" in die Unterrichtsübersicht eingetragen werden.
- Die Stunden „Persönlichkeitsentwicklung" können als Klassenleiterstunden in einem rollierenden System in die Jahrgangsstufen 7–10 erweitert werden.
- Das Lions-Quest-Programm kann den pädagogischen Leitthemen der einzelnen Jahrgangsstufen angepasst werden.
- Hilfreich ist es, Kontakt zu einem Lions-Club aufzunehmen. Sie unterstützen Fortbildungsmaßnahmen, z. T. auch finanziell.
- Wichtig ist die Elternarbeit mit Informationen über das Projekt; diese sollte am Beginn einer neuen Jahrgangsstufe aufgefrischt werden.

Die Arbeit mit Lions Quest

Lions-Quest („Erwachsen werden") ist ein gut strukturiertes, wissenschaftlich evaluiertes und anerkanntes Programm zur Persönlichkeitsentwicklung junger Menschen. Die Lehrkräfte werden in einem von qualifizierten Trainerinnen und Trainern praxis- und handlungsorientiert geleiteten Einführungsseminar auf die Arbeit mit den umfangreichen Materialien und Methoden des Programms sorgfältig vorbereitet. Das Programm setzt in erster Linie auf die Stärkung des jugendlichen Selbstvertrauens. „Erwachsen werden" ist ein Programm zum Erwerb von Lebenskompetenzen, ein Programm mit primär-präventivem Ansatz. Welche Werte sollen vermittelt werden?

- realistische Selbsteinschätzung und die Fähigkeit zu reflektiertem Handeln
- Entscheidung für ein Leben ohne Sucht
- Toleranz und Achtung anderer Menschen
- Übernehmen von Verantwortung
- Verlässlichkeit und soziales Engagement

Wie wird Lions-Quest „Erwachsen werden" im Unterricht eingesetzt? Das Programm wird in der Schule vorzugsweise in speziell dafür vorgesehenen Unterrichtsstunden vermittelt. Es kann aber auch im Fachunterricht und in sogenannten pädagogischen Tagen/Wochen eingesetzt werden. Darüber hinaus ist das Material auch für eine situative Anwendung geeignet. Einzelne handlungsorientierte und kreative Aktivitäten (Energizer) lassen sich wirkungsvoll in allen Fächern unterbringen.

Stärkenförderung in Freiarbeit

Die zentralen Aspekte der Stärkenförderung von Schülerinnen und Schülern sind im ersten Kapitel erläutert worden. Dabei kann Stärkenförderung durchaus auf verschiedenen Wegen erfolgen, entweder über eine ganz konkrete methodische Förderung der Schülerinnen und Schüler oder über eine sehr freie Förderung, die jene Stärken der Schülerinnen und Schüler in den Mittelpunkt stellt, die im schulischen Alltag nicht auf Anhieb sichtbar sind. Der erste Weg soll Schülerinnen und Schülern helfen, ihr schulisches Lernen so zu gestalten, dass sie ihre Stärken in den einzelnen Fächern herausstellen können und ihre Schwächen ganz konkret angehen können. Der zweite Weg soll ihnen Selbstvertrauen vermitteln, um sie sowohl im schulischen Alltag als auch außerhalb zu unterstützen.

KOMPASS-Stunden

In eigens dafür im Stundenplan ausgewiesenen Unterrichtsstunden sollen die Schülerinnen und Schüler Anleitung erhalten, wie sie ihre Stärken zum Beispiel durch methodisches Üben oder durch eine gelungene Präsentation im Unterricht hervorheben können. Genauso erhalten Schülerinnen und Schüler in diesen Stunden die Gelegenheit, an ihren – methodischen – Schwächen zu arbeiten und sich zu verbessern. Die Erfahrung, dass sie einerseits schon viel von dem können, was ihnen Erfolg in der Schule bescheren kann, und andererseits, dass sie anderes, was sie bisher nicht so perfekt beherrschten, erlernen können, schenkt Schülerinnen und Schülern Stärke und Selbstvertrauen. So gestärkt lässt sich der schulische Alltag anders bewältigen. Zusätzlich erleben die Schülerinnen und Schüler ihre Lehrkräfte in einer neuen Rolle. Lehrerinnen und Lehrer werden zu Lerncoaches, die konkrete Hilfestellungen bieten und sich deutlicher als im regulären Unterricht über die Erfolge ihrer Schülerinnen und Schüler freuen. Die Walter-Mohr-Realschule (Traunreuth) berichtet folgendermaßen über ihre Motivation und ihr Vorgehen im Hinblick auf die Einführung von KOMPASS-Stunden:

> **Stärkenförderung**
>
> Wir haben uns zur Teilnahme am Modellversuch KOMPASS entschieden, weil wir zunehmend feststellten, dass herkömmliche Lehrmethoden durch aktive Schülerbeteiligung, Schülerselbsttätigkeit und Eigenverantwortung verstärkt und erweitert werden müssen, um aktive Lernprozesse zu ermöglichen. Durch die Einführung von Stunden zur Stärkenförderung, die es den Schülerinnen und Schülern zeitlich, aber auch inhaltlich erlauben, zielgerichtet an unterrichtlichen, schulischen und außerschulischen Projekten zu arbeiten, stellen wir eine erhöhte Bereitschaft fest, sich zu engagieren und einzubringen. Die Lehrkraft steht als Lerncoach zur Verfügung, eine spürbare Entlastung während der regulären Unterrichtsstunden ist die Folge, da der Lerncoach vorwiegend auf Schülertätigkeit reagiert und nicht von vornherein den aktiven Part übernimmt. Dies spüren auch die Eltern, deren Vorschläge ebenfalls in die Konzeption eingehen. Die Rückmeldung ist positiv. Schülerinnen und Schüler agieren mit mehr Verantwortung und treten selbstbewusster auf. Sie steuern stärkenorientiert Lernprozesse selbst und können frei entscheiden, welche Lernform hierfür die richtige ist. Sie forderten deshalb die Einführung von Stunden der Stärkenförderung auch in der 10. Jahrgangsstufe. Diesem Anliegen haben wir entsprochen.

Ausgehend von der Situation in den 9. Klassen haben wir uns entschieden, sogenannte KOMPASS-Stunden als Stunden zur Stärkenförderung einzuführen. Viele Schülerinnen und Schüler hatten in dieser Jahrgangsstufe ein eher niedriges Selbstwertgefühl. Eine schwach ausgeprägte Selbstwirksamkeitserwartung, verbunden mit der Haltung, „an meiner Situation und meinen beruflichen Aussichten kann ich sowieso nichts oder nur wenig ändern", war in allen Klassen stark vertreten. Die Leistungsschere öffnete sich bereits zu Beginn der 9. Jahrgangsstufe. Einige Schülerinnen und Schüler hatten bereits einen Ausbildungsplatz, andere schienen sich bereits aufzugeben und verringerten dadurch ihre schulische Leistungsbereitschaft. Durch die Einführung der Stunden, in denen selbstgesteuertes Lernen Unterrichtsprinzip ist, haben die Schülerinnen und Schüler erfahren, dass sie sehr wohl durch Eigeninitiative und persönlichen Einsatz schulische Erfolge erzielen, ihr Selbstwertgefühl steigern und damit ihre Aussichten auf dem Arbeitsmarkt erhöhen können.
KOMPASS-Stunden sind drei zusätzliche Unterrichtsstunden in der 9. Klassenstufe und eine Unterrichtsstunde in der 10. Klassenstufe, die jeweils in den Unterrichtstag eingebettet werden. Stundenplanmäßiger Nachmittagsunterricht ist die Folge. Bei mehreren Informationsveranstaltungen, auch unter Einbeziehung externer Experten für Lernprozesse, wurde Lehrkräften, Schülern und Eltern deutlich, dass dies eine Notwendigkeit ist, um stärker eigenverantwortlich arbeiten zu können. Elternbeirat und Schulforum entschieden sich für die Etablierung einer erweiterten Stundentafel. Die Lehrerkonferenz beschloss die Maßnahme. Natürlich ist nicht das gesamte Kollegium eingebunden und selbstverständlich gibt es einige Kritiker, doch die jüngsten Ergebnisse der wissenschaftlichen Begleitung dieses Modellversuchs können überzeugen. Die lokale Presse berichtete mehrfach, wodurch das Interesse in der Öffentlichkeit geweckt, aber auch die Akzeptanz der schulischen Maßnahme gesteigert wurde.

Lernfelder in vier Bereichen (Kompetenzstufen)

In den fächerübergreifenden Stunden zur Stärkenförderung entscheiden die Schülerinnen und Schüler selbst, auf welchem Lernfeld sie arbeiten möchten, welche Inhalte gewählt werden und in welchen Arbeitsgruppen bzw. in welcher Arbeitsform sie ihre Aufgaben bewältigen möchten. Dabei haben wir vier Lernfelder eingerichtet:

Stufe A: Arbeiten, die in unmittelbarem unterrichtlichem Zusammenhang stehen (Hausaufgaben, Referate, Wiederholung von Grundwissen, Arbeit mit dem Lernzielkatalog).

Stufe B: Arbeiten, die peripher den unmittelbaren Unterricht betreffen (erweiterte Referate, Präsentationen, Erstellen von nützlichen Begleitmaterialien zum Lernen).

Stufe C: Arbeiten, die den Projekt-, Wahlfach-, aber auch außerunterrichtlichen Bereich betreffen (musischer, kultureller und sportlicher Bereich).

Stufe D: Arbeiten, die über die Schule hinausgehen (Engagement für andere Schülerinnen und Schüler, andere Institutionen, Berufsvorbereitung, soziale Tätigkeiten, Wertearbeit).

Lehrkräfte werden zu Lerncoaches

Die Lehrkraft übernimmt die Rolle des Lerncoachs und unterrichtet im Rahmen seiner Unterrichtsverpflichtung mit Hilfe eines Fahrplans (vgl. Abb. 33).

Fahrplan für die Kompassstunde

- vor der Kompassstunde im Lehrerzimmer die Schütte ausleeren und Inhalt mit in den Kompassraum nehmen

- bei Nachmittagsstunden sollte von den Schülern die Aula gesäubert werden *[Stufe D]* (am Anfang der Stunde!)

- die Arbeitsaufträge (vom Fachlehrer schriftlich fixiert mit Datum und Kürzel – Formular!!!) an die betreffenden Schüler weitergeben = im Arbeitsplan fixieren lassen (sofort! Datum kann eingesetzt werden, wenn die Aufgabe erledigt wird)

- Am Anfang der Stunde:
  1. Jeder Schüler holt seine Mappe, trägt das Datum ein und überlegt sich erst, was er diese Stunde erledigen will (bevor der eeePC aufgemacht wird!)
  2. Jeder Schüler trägt sein Lernziel ein (NICHT Hausi, Projekt,... sondern ein ZIEL: Bsp. Ich kann die 3. binomische Formel anwenden → angelehnt an Lernzielkatalog)
  3. Jeder Schüler überlegt sich, woran er/ ein anderer die Erreichung dieses Ziels erkennt

- Der Kompasslehrer unterstützt die Schüler bei der Zielformulierung und -erreichung durch Coaching (Wo finde ich was? Wie könnte ich das noch verbessern? Wo kann ich meine Stärken einbringen? Welche Aufgabe ist für mich sinnvoll? → angelehnt an Lernzielkatalog)

- ein Lernziel muss nicht die ganze Kompassstunde dauern, es kann von 10 min bis zu mehreren Stunden an einem Ziel gearbeitet werden

- Das Einordnen in die verschiedenen Lernstufen A – D (Hand-out) sollte genau überwacht werden.

- Volle Arbeitspläne kopieren, Kopie einordnen lassen und Original dem Schüler zur Unterschrift mitgeben (Notiz an nachfolgenden Kompasslehrer hinterlassen – Schütte im Kompassraum)

- Am Ende der Stunde:
  1. jedem Schüler ein Feed-back geben (falls nicht während der Stunde geschehen!)
  2. Aufräumen lassen, dabei besonders auf das korrekte und vollständige Zurückstellen der Bücher und auf die Laptop-Plätze achten (bitte kein „Kabelsalat“)
  3. Mappen wieder abgeben lassen
  4. Stühle und Sitzsäcke aufräumen lassen, Fenster kontrolliere

Abb. 33: Fahrplan – Downloadmaterial 3.1.7 Walter-Mohr-Realschule

Die Lehrkraft regt Arbeitsprozesse an, hilft unterstützend bei der Informationssuche und -beschaffung sowie beim Methodentraining und hält Kontakt zu den einzelnen Fachlehrkräften. Hier erfolgt die Kommunikation einerseits mündlich, aber auch über eigens bereitgestellte „Schütten“ (stapelbare Ablagefächer) im Lehrerzimmer, in denen die Fachlehrkräfte schriftliche Hinweise und weiteres Arbeitsmaterial zur individualisierten Arbeit hinterlegen (Lernaufgaben; vgl. Abb. 34).

Lernaufgaben für die KOMPASS-Stunde

KOMPASS – Kompetenz aus Stärke und Selbstbewusstsein

Für: ______________________ Klasse: _____

Von: ______________________ Fach: ____________

Thema/ Ziel: ____

____

Kompetenzstufe: ___ Am besten bis: ______________

Datum: ____________ Unterschrift Lehrkraft: ______________

✂--

Abb. 34: Lernaufgaben – Downloadmaterial 3.1.7 Walter-Mohr-Realschule

KOMPASS-Arbeitsplan (Nr.:)

KOMPASS – Kompetenz aus Stärke und Selbstbewusstsein

Name: ______________________ Klasse: ____ Kenntnisnahme der Erziehungsberechtigten: ______________

Datum	Stufe A, B, C, D	Was ist mein Ziel? Was möchte ich können/ wissen/ erreichen?	Woran erkenne ich/ erkennt ein anderer, dass ich mein Ziel erreicht habe?	Rückmeldung vom Lerncoach (mit Datum)

Abb. 35: Arbeitsplan – Downloadmaterial 3.1.7 Walter-Mohr-Realschule

Der Lerncoach ist genau über den Lernstand der einzelnen Schülerinnen und Schüler informiert (Notenbogen) und steht beratend zur Seite. Der Lerncoach überwacht die Lernfortschritte und das Erreichen der selbst gesteckten Lernziele mittels der von den Schülerinnen und Schülern geführten Arbeitspläne, die auch regelmäßig den Erziehungsberechtigten zur Kenntnisnahme vorgelegt werden. Die Arbeitspläne werden mit nützlichen Hinweisen versehen und in einer individuellen Hängemappe im KOMPASS-Raum aufbewahrt (Arbeitsplan; vgl. Abb. 35).

Die stärkenfördernden Stunden finden in der Regel in einem eigens hierfür konzipierten Raum statt. Dieser ist mit umfangreichem Lernmaterial aller Fachbereiche ausgestattet, das sich an den schülerbezogenen Lernzielkatalogen orientiert (vgl. Abb. 36).

Abb. 36: Freiarbeitsmaterial

Abb. 37: Leseecke

Weiterhin befinden sich in diesem Raum Computer mit Internetanschluss sowie Scanner und Drucker. Auch CD-Player mit Kopfhörern sowie ein mobiles interaktives Whiteboard stehen zur Verfügung. Der Raum ist in verschiedene Bereiche eingeteilt und entsprechend möbliert. Trapeztische ermöglichen flexible Arbeitsgruppen, ein Lesebereich ist mit Sofa und Sitzkissen eingerichtet (vgl. Abb. 37).

Generell herrscht Flüsterton. Für Diskussionen und andere Foren melden sich die Schülerinnen und Schüler beim Lerncoach ab und suchen dafür geeignete Orte im Schulgebäude auf.

Über ihre Erfahrungen mit Freiarbeitsstunden berichtet die Orlando-di-Lasso-Realschule (Maisach):

Freiarbeit
Unser Unterricht ist darauf ausgelegt, dass die Schülerinnen und Schüler selbstverantwortlich und eigenständig arbeiten lernen. Dafür setzen wir verstärkt Gruppenarbeit und Lernzirkel ein. Die Materialien werden in einem Schrank im Klassenzimmer nach Fächern geordnet aufbewahrt, sodass die Schülerinnen und Schüler auch in Vertretungsstunden eigenständig arbeiten können und Material zur Freiarbeit zur Verfügung haben (vgl. Abb. 38 und 39).

Abb. 38: Leitsätze – Downloadmaterial 3.2.1 Orlando-di-Lasso-Realschule

Freiarbeit Englisch

Name:	Grammar	Vocabulary	Mediation	Listening	Reading	Creative work	Unit
1. Stunde							
2. Stunde							
3. Stunde							
4. Stunde							
5. Stunde							

How was it?

Mark in colour +/0/-

+ = I did well; there were almost no mistakes.

0 = It was ok. There were some mistakes. I must repeat the chapter again.

- = There were many mistakes. I must learn this chapter again and ask for more explanation.

Abb. 39: Freiarbeitsübersicht – Downloadmaterial 3.2.1 Orlando-di-Lasso-Realschule

PRAXIS-TIPP
Die Öffnung des Unterrichts in der Sekundarstufe

- Augen offen halten: Leistungsstand der Schülerinnen und Schüler ermitteln und in den Klassenteams besprechen, Analyse der Selbstwirksamkeit vornehmen.
- Frühzeitig und auch regelmäßig die gesamte Schulfamilie sowie die Öffentlichkeit informieren; außerschulische Experten aus der Pädagogik und der Wirtschaft einladen.
- Offenheit für eine Flexibilisierung der Stundentafel zeigen.
- Eine tatkräftige Steuergruppe (Fortbildungen) einrichten, regelmäßiger Austausch.
- Ausstattung der Räumlichkeiten sinnvoll und flexibel gestalten (Größe des Raumes, Art und Anzahl der vorhandenen Materialien).
- Klare Regeln für die Schülerarbeit (z. B. keine Hausaufgaben abschreiben, Hausaufgaben nur für nachfolgende Tage bearbeiten) und für die Raumnutzung formulieren.
- Methodentraining zu Beginn des Schuljahres voranstellen und unbedingt mit dem Regelunterricht vernetzen.
- Auf genaue Lernzielformulierungen und Arbeitsanleitungen achten.
- Das Projekt für alle Kollegen transparent machen, vor allem auch in der veränderten Lehrerrolle.

Lernen mit Kopf, Herz und Hand

Die Vielfalt an Lernprozessen wird nicht nur dadurch sichtbar, dass man ihnen genügend Raum und Zeit im schulischen Alltag gibt. Genauso wichtig ist es, die unterschiedlichen Lernebenen zu zeigen und das Lernen nicht auf fachliche Inhalte des Unterrichts festzulegen. Erst dadurch kann ein klassen- und schulübergreifendes Bewusstsein für einen ganzheitlichen Lernprozess entstehen. Die Stärken, über die jede Schülerin und jeder Schüler verfügt, helfen, einen Anfang zu finden, und die Unterstützungsprozesse sowohl hinsichtlich der Stärkenförderung als auch hinsichtlich eines ganzheitlichen Lernprozesses ergänzen sich. Der nachfolgende Erfahrungsbericht der Realschule Kösching macht dies deutlich:

Stärkenförderung

Im Mittelpunkt unseres Ansatzes steht eine erfolgsorientierte Lehr- und Lernkultur, die die Schülerinnen und Schüler in ihrem „Personsein" fördert. Unserer Schule ging es darum, Stärken zu stärken, aber nicht nur im unterrichtlichen Kontext, sondern auch im außerunterrichtlichen Bereich – insbesondere Stärken wie die von der Wirtschaft geforderten Schlüsselqualifikationen. So soll den Anforderungen der Berufswelt an selbstständige und motivierte Mitarbeiter Rechnung getragen werden, indem der Kompetenzzugewinn, das Selbstbewusstsein und das Selbstwertgefühl unserer Schülerinnen und Schüler gefördert werden. Neben kognitiven Fähigkeiten stehen besonders Empathiefähigkeit, Teamfähigkeit und Handlungskompetenz im Vordergrund.

Ganzheitliches Lernen in fünf Projektgruppen

In Absprache mit dem Schulforum wurde die Maßnahme den Siebtklässlern unserer Schule auf freiwilliger Basis angeboten. Auch die Lehrkräfte konnten sich dafür freiwillig melden und so fand sich ein Team aus elf Lehrkräften der unterschiedlichsten Fachbereiche zusammen, sodass eine große Bandbreite an Interessengebieten abgedeckt werden konnte. Das Lehrerteam entschied in enger Absprache mit der Schulleitung, fünf verschiedene Gruppen anzubieten: eine künstlerische Gruppe, eine produktive Gruppe, eine soziale Gruppe, eine naturwissenschaftlich orientierte Gruppe und eine Sport-Gruppe. Dabei geht es darum, den Schülerinnen und Schülern die Möglichkeit zu eröffnen, sich in den unterschiedlichen Lebensbereichen auszuprobieren und sich so individuell mit den ganz eigenen Stärken einzubringen. Die Einteilung in die jeweiligen Gruppen erfolgt nach einer Auswahl, in der die Schülerinnen und Schüler ihre drei Favoriten angeben dürfen. Auch die Unterrichtsinhalte innerhalb dieser Gruppen dürfen von den Schülerinnen und Schülern selbst gewählt werden. Für die Umsetzung der Ziele steht jeweils ein Schulhalbjahr zur Verfügung. Im Folgenden sind Ziele und bereits realisierte Vorhaben der einzelnen Gruppen dargestellt (vgl. Abb. 40).

Auf diese Weise kann Schule als ein Ort des erfolgreichen Lernens erlebt werden. Während der Projektarbeit lernen die Schülerinnen und Schüler dabei ganz unterschiedliche Sparten des Projektes – beginnend bei der Planung über die Dokumentation des Arbeitsprozesses bis hin zur Präsentation der Ergebnisse – kennen. Am Ende des Schuljahres erhalten die Schülerinnen und Schüler je nach Aufgabenbereich, in dem sie sich besonders eingesetzt haben, ein Zertifikat, das in der Zukunft auch zur Vorlage bei einem möglichen Arbeitgeber dienen kann (vgl. Abb. 41).

Soziale Gruppe

Ziel:
Kontakt mit außerschulischen sozialen Einrichtungen
Umsetzung:
Spiel- und Lernsequenzen mit Vorschulkindern im Kindergarten, Theateraufführung im Altenheim

Produktive Gruppe

Ziel:
Herstellung und Vermarktung eines Produkts
Umsetzung:
Auswahl geeigneter Produkte (Teemischung, Lippenstift, Schürzen…), Beschaffung von Rohstoffen, Herstellung, Vermarktung und Vertrieb, Einnahmen-Überschuss-Rechnung

Künstlerische Gruppe

Ziel:
Künstlerische Gestaltung von Alltagsgegenständen
Umsetzung:
Auswahl geeigneter Gegenstände (Skateboards, Uhren, Schmuck, Federmäppchen…), Designentwürfe, Realisierung mit geeigneten Materialien, Ausstellung

Naturwissenschaftlich orientierte Gruppe

Ziel:
Erforschung und Präsentation naturwissenschaftlicher Phänomene
Umsetzung:
Versuche zum Thema „Fliegen“, Erfahrungsaustausch mit einem Modellflugclub, Organisation eines Papierfliegerwettbewerbs, Bau eines Windkanals

Sport-Gruppe

Ziel:
Stärkenorientierte Erprobung verschiedener Sportarten
Umsetzung:
Vorstellen besonderer Sportarten mit anschließender Intensivierung, Ausdauertraining, Erarbeitung sportmedizinischer Grundkenntnisse

Abb. 40: Vorhaben der Gruppen

KOMPASS
Kompetenz aus Stärke und Selbstbewusstsein

Realschule
Kösching
Unsere Schule.

Zertifikat

Der/Die Schüler/in

____

hat im Schuljahr 2009/2010 am Modellversuch

KOMPASS
(Kompetenz aus Selbstbewusstsein und Stärke)
in den Arbeitsgruppen *produktiv* und *sozial*

teilgenommen und engagierte sich hierbei

in sehr hohem Maße.

Kösching, 10. Juli 2010

____
Projektbetreuer, StR

____
Schulleitung, RSD

Abb. 41: Zertifikat – Downloadmaterial 3.1.7 Realschule Kösching

Rahmenbedingungen

Die Schülerinnen und Schüler der 7. Klasse arbeiten in zwei zusätzlichen Unterrichtsstunden pro Woche an ihren Projekten. Im ersten Schuljahr der Durchführung fanden diese Stunden vormittags und im zweiten Jahr nachmittags statt. Der Grund für die Verlegung in den Nachmittag besteht darin, dass in den beiden Stunden je fünf Lehrkräfte (eine Lehrkraft zur Betreuung einer Gruppe) benötigt wurden. Darüber hinaus stammen unsere Teilnehmenden aus verschiedenen Klassen mit unterschiedlichen Wahlpflichtfächergruppen, wovon ein Teil zusätzlich noch am „Bilingualen Geschichtsunterricht" teilnimmt. In Zukunft ist eine Verlegung in die 6. Jahrgangsstufe angedacht, sodass aufgrund der Stundentafel eine Kombination aus Vormittag und Nachmittag möglich werden könnte.

Des Weiteren braucht es – wenn es darum geht, dass Schülerinnen und Schüler selbstständig organisatorisch tätig sind, d. h. beispielsweise im Internet recherchieren, Material bestellen, Kalkulationen durchführen, Flyer gestalten und Arbeitsprozesse dokumentieren – einen Computerraum oder zumindest Arbeitsplätze mit PCs. Außerdem kann ein Lagerraum für die verschiedenen Unterrichtsmaterialien hilfreich sein.

Daneben ist eine Öffnung zu außerschulischen Lernorten unumgänglich. Will man die Schülerinnen und Schüler über das schulische Lernen hinaus auf die Lebens- und Arbeitswelt vorbereiten, ist es unabdingbar, eben diese in den Prozess des schulischen Lernens zu integrieren. So hat die soziale Gruppe gute Kontakte zu Kindergärten der Region und zum Altenheim sowie zum lokalen Krankenhaus geknüpft, wo sie sich sozial engagieren. Auch die naturwissenschaftlich orientierte Gruppe, die forschend in das Themengebiet der „Aerodynamik" vordrang, knüpfte Kontakte zum örtlichen Modell-Flug-Club, um so ein intensiviertes und praxisnahes Verständnis für das Fliegen entwickeln zu können. Ebenso wird der Kontakt zur Sparda-Bank Ingolstadt gepflegt.

Ausweitung des ganzheitlichen Lernens

Angestoßen durch den überfachlichen und über den Unterricht hinausführenden Ansatz „Lernen mit Kopf, Herz und Hand" wurden weitere Angebote entwickelt.

In der 5. Jahrgangsstufe wird in jeder Klasse einmal wöchentlich eine sogenannte „LKW-Stunde" in den Stundenplan integriert. Hinter dem bildhaften Begriff verstecken sich die erwünschten Kompetenzen *Lernen – Können – Wollen*. So werden in diesen Stunden neben der Unterstützung für Schülerinnen und Schüler, ihren individuellen Lerntyp zu finden, auch Inhalte erarbeitet und erprobt, die die Sozial- und Selbstkompetenz fördern. Die Verbesserung der Klassengemeinschaft ist ein klares Ziel dieser Maßnahme. Für alle weiteren Jahrgangsstufen wird darauf aufbauend in der Klassenleiterstunde jeweils ein „Thema der Woche" etabliert. Neben Lernmethoden (z. B. Mind-Mapping, Gestalten von Lernplakaten) werden hier Probleme des sozialen Miteinanders (z. B. Mobbing) thematisiert. Ebenfalls werden immer wieder für alle Schülerinnen und Schüler Regelungen, die für ein rücksichtsvolles Miteinander an unserer Schule grundlegend sind, aufgefrischt. Schließlich kann der Einzelne seine Stärken nur in einer tragfähigen Gemeinschaft entwickeln. In diesem Sinn wird hier der Blick von der Klassengemeinschaft auf die Schulgemeinschaft geweitet.

Mit ihren individuellen Stärken konnten sich viele Schülerinnen und Schüler bei „The BiG GiG" einbringen. Unter der Federführung der Schülerfirma wurde ein musischer Abend für Eltern

organisiert. Die auftretenden Schüler mussten sich in einem Casting qualifizieren. Parallel dazu wurde von den Teilnehmern eine CD eingespielt und verkauft. Gerade bei der Organisation und der Durchführung zeigte sich, wie gut es gelingen kann, dass sich Schülerinnen und Schüler entsprechend ihren Kompetenzen einbringen. Die zielorientierte und erfolgreich realisierte Veranstaltung zeigt exemplarisch das ganzheitliche Lernen und bestätigt den Ansatz „Lernen mit Kopf, Herz und Hand"(vgl. Downloadmaterial 3.1.7 Realschule Kösching)
Alle Schülerinnen und Schüler waren sehr stolz und zufrieden – gerade wenn es darum ging, ihre Ergebnisse vor breitem Publikum zu präsentieren, oder wenn sie das Leuchten in den Augen der Kindergartenkinder als Feedback erkannten:
„Ich fand das Projekt gut, weil wir unsere eigenen Gedanken umsetzen konnten." (Janine)
„Es war schön, neue Sachen selbstständig und mit anderen zusammen zu erledigen. Als wir im Kiga waren, war es sehr schön, zu erleben, dass sich die Kinder über unseren Besuch gefreut haben." (Theresa)

Eine Mutter sagte uns:
„Meine Tochter beteiligt sich mit großer Freude und Begeisterung am KOMPASS-Projekt an der Realschule in Kösching. Als Mutter gefällt mir an diesem Projekt die Methode, die Beteiligung der Kinder, die Umsetzung der Ideen und die praktische Erfahrung, die die Schüler und Schülerinnen dabei machen. Prozesse zu erleben, die von der Idee bis zur Ausführung mitgestaltet werden, fördern Selbstbewusstsein, Kreativität und ganzheitliches Denken. Kooperation, Teamgeist und Zusammenarbeit sind die Basis für das soziale Miteinander in unserer Gesellschaft. Diese Fähigkeiten werden im KOMPASS-Projekt besonders gefördert und sind somit eine optimale Vorbereitung auf das spätere Berufsleben. Am Ende jedes Projektabschnitts steht der gemeinsame Erfolg, ein wunderbares Gefühl, das durch keine theoretische Lernerfahrung ersetzt werden kann. Aus all diesen Gründen freut es mich sehr, dass die Realschule Kösching sich an diesem Projekt beteiligt. Für die Zukunft wünsche ich mir, dass alle Klassen daran teilnehmen könnten. Es ist mir klar, dass momentan die Rahmenbedingungen dafür nicht gegeben sind. Aber in der derzeitigen Diskussion über einen zusätzlichen Bildungsetat ergeben sich vielleicht neue Möglichkeiten." (Mutter einer Schülerin)

PRAXIS-TIPP
Empfehlungen für praxisbezogene schulische Tätigkeiten

- Eine große Bedeutung hat es, den zentralen Gedanken, also Stärke und Selbstbewusstsein, mit dem eigenen Schulprofil abzugleichen und diesen in geeigneter Weise und regelmäßig zu kommunizieren. Neben den Eltern sollen insbesondere auch Lehrkräfte vom aktuellen Stand der Aktionen und Ergebnisse erfahren. Auch eine leicht zu realisierende Evaluierung ist erforderlich.
- Es bietet sich an, vorhandene schulische Angebote, beispielsweise ‚Lernen lernen', zu überprüfen und diese mit der Zielsetzung der Stärkenförderung weiterzuentwickeln. Eventuell entsteht eine (Neu-) Konzeption oder ein schulinternes Curriculum daraus (vgl. mit den oben beschriebenen „LKW-Stunden").

- Um erfolgreich zu sein, bedarf es eines Teams, das verantwortlich in die Konzeption, Umsetzung und Evaluierung eingebunden ist.
- Zu Beginn des Schuljahres ist es wichtig, die Ziele des (Halb-)Jahres festzulegen. Dabei sollte man sich aber darüber im Klaren sein, dass gerade Kompetenzen wie beispielsweise Empathiefähigkeit nur schlecht messbar sind. Dennoch sind wir davon überzeugt, dass vor allem besondere Veranstaltungen und deren gelungene Durchführung dem Gedanken der Stärkenförderung Rechnung tragen, da die Schülerinnen und Schüler dabei Erfolg erleben und so an Selbstbewusstsein gewinnen können.
- Manche Schülergruppen brauchen – nachdem sie das Thema, woran sie arbeiten möchten, gewählt haben – konkrete Arbeitsaufträge zur Weiterarbeit. Dies muss individuell entschieden werden.
- Die Einteilung der Schüler sollte zeitnah zur Wahl ihrer Favoritengruppe stehen und es sollte den Schülerinnen und Schülern nach der Einteilung in einer Art Tauschbörse ein Wechsel untereinander ermöglicht werden.
- Zur besseren Dokumentation des Arbeitsprozesses können die Schülerinnen und Schüler eine Art Tagebuch führen, das durch Fotos der Aktivitäten ergänzt wird.
- Bei der gemeinsamen Betreuung einer Gruppe durch zwei Lehrer ist eine flexibel gestaltete Einteilung der Lehrkräfte von Vorteil, d. h., die Lehrer können selbst entscheiden, ob sie Stunden gemeinsam unterrichten, ob sie sich im 14-tägigen Rhythmus abwechseln oder ob jeder wöchentlich eine Stunde übernimmt.

Werteerziehung

Werteerziehung in der Schule geschieht zumeist indirekt durch das gemeinsame Zusammenleben, den täglichen Umgang miteinander, die Institution Schule und auch durch das Gebäude. Daher sollten die Werte einer schulischen Gemeinschaft auch deutlich und sichtbar gemacht werden. Denn „von allen kulturellen Gegebenheiten wirkt nichts so stark wie die Institutionen und die in ihnen verkörperten Traditionen, Normen und Verhaltensmuster. [...] Die direkten erzieherischen Handlungen [...] reichen nach Umfang und Wirkung bei weitem nicht an die Institutionen heran" (Uhl 1996, S. 282).

Wie diese Funktion der Schule für die Stärkenförderung fruchtbar gemacht werden kann, zeigt das nachfolgende Beispiel der Realschule Taufkirchen (Vils), in dem Schülerinnen und Schüler explizit über das Nachdenken der in ihrer Schule gelebten Werte in ihrer Persönlichkeitsentwicklung gestärkt werden sollten:

Kooperationsvertrag

Mit dem Kooperationsertrag verpflichten sich die unterzeichnenden Schülerinnen und Schüler aus den einzelnen Klassen, vor der Schulleitung und allen Lehrkräften der Realschule zur Einhaltung und ausdrücklichen Beachtung aller im Vertrag aufgelisteten Aspekte im täglichen Schulalltag (vgl. Abb. 42).

- Wir achten auf einen höflichen, respektvollen Umgang miteinander.
- Wir verwenden keine vulgären und obszönen Schimpfwörter.
- Wir informieren uns gegenseitig über wichtige Vorkommnisse und sprechen Probleme offen an.

Realschule
Taufkirchen/Vils

Kooperationsvertrag

Schule: Staatliche Realschule

Ort: Taufkirchen/Vils

Vereinbarung

Mit diesem Vertrag verpflichten sich die unterzeichnenden Schülerinnen und Schüler aus den einzelnen Klassen, vor der Schulleitung und allen Lehrkräften der Realschule zur Einhaltung und ausdrücklichen Beachtung aller unten aufgelisteten Aspekte im täglichen Schulalltag. Im Einzelnen werden zum Wohle aller folgende Vereinbarungen getroffen:

- **Wir achten auf einen höflichen, respektvollen Umgang miteinander.**
- **Wir verwenden keine vulgären und obszönen Schimpfwörter.**
- **Wir legen Wert auf einen angemessenen Kleidungsstil, indem Kleidungsstücke mit provokanten, abfälligen oder beleidigenden Aufdrucken nicht in der Schule getragen werden.**
- **Wir informieren uns gegenseitig über wichtige Vorkommnisse und sprechen Probleme offen an.**
- **Wir achten insbesondere auf größtmögliche Sauberkeit in unserem Klassenzimmer und auf dem gesamten Schulgelände.**
- **Bei Missachtung dieser Regeln ist uns bewusst, dass wir als gesamte Klasse die Verantwortung dafür übernehmen müssen. So kann jede(r) Schüler(in) durch die Beachtung der zuvor genannten Punkte einen wertvollen Beitrag leisten, damit sich alle an unserer Realschule wohlfühlen und bestmögliche Lern- und Arbeitsbedingungen vorfinden.**

Wir wollen diesem Kooperationsvertrag zustimmen:

Schüler(in), im Namen der Klasse	A. Noll, RSR (Schulleiter)
Schüler(in), im Namen der Klasse	U. Rummel, RSL (Werteteam RST, mit J. Ratzke)

Abb. 42: Kooperationsvertrag – Downloadmaterial 3.1.7 Realschule Taufkirchen

- Wir achten insbesondere auf größtmögliche Sauberkeit in unserem Klassenzimmer und auf dem gesamten Schulgelände.
- Wir legen Wert auf einen angemessenen Kleidungsstil, indem Kleidungsstücke mit provokanten, abfälligen oder beleidigenden Aufdrucken nicht in der Schule getragen werden.
- Bei Missachtung dieser Regeln ist uns bewusst, dass wir als gesamte Klasse die Verantwortung dafür übernehmen müssen. So kann jede(r) Schüler(in) durch die Beachtung der zuvor genannten Punkte einen wertvollen Beitrag leisten, damit sich alle an unserer Realschule wohlfühlen und bestmögliche Lern- und Arbeitsbedingungen vorfinden.

Benimmkurs

Ob im Internet oder im Fernsehen, auf Schritt und Tritt stößt man auf die Aussage, dass Höflichkeit und gutes Benehmen wieder stark in Mode sind. Es werden gehäuft Benimmkurse angeboten, man kann Etikette-Newsletter mit den neuesten Tipps zum Thema abonnieren und sogar die aufgrund diverser Fernsehshows wieder modern gewordenen Tanzschulen vermitteln Nachhilfe in Stil und Etikette.

Aus diesem Grund wird an unserer Schule ein Benimmkurs für die 9. und 10. Jahrgangsstufe durchgeführt, in dem richtiges Verhalten im Alltag, angemessenes Verhalten in der Arbeitswelt und Tischmanieren zusammen mit den Schülern erarbeitet werden.

PRAXIS-TIPP
Für eine gezielte Förderung des Sozialverhaltens

- Schaffung der nötigen Rahmenbedingungen (Klassenleiterstunde)
- kontinuierliche Verankerung ins Schulleben
- Einweisung der Lehrkräfte erforderlich
- Fortbildungen und Veranstaltungen, in denen alle Kollegen auf dem Laufenden gehalten werden
- spezielle Teams, die als Ansprechpartner und Multiplikatoren gelten (Werteerziehungsteam)
- regelmäßige Durchführung der Maßnahmen (halbjährlich, jährlich, jedes Schuljahr)
- Klassenleiter, die im Team Inhalte erarbeiten und gemeinsam durchführen
- Evaluation und ggf. Modifizierungsmaßnahmen durchführen

Fazit

Die Stärkung der Schülerinnen und Schüler im Hinblick auf eine selbstständigere Partizipation am Lernprozess gelingt, wenn der Unterricht so umgebaut wird, dass Schüler schrittweise Akteure ihres eigenen Lernens werden können. Die Arbeit mit Kompetenzrastern, die Portfolioarbeit, Checklisten, individuelle Formen der Förderung, Rückmeldegespräche, Wahlangebote und Veränderungen in der Unterrichtsstruktur sind dazu mögliche Ideen. Gemeinsam ist ihnen, dass sie nach einer anfänglich anstrengenden und arbeitsintensiven Phase der Umstellung zu einer veränderten Lehrerrolle führen, die mit einer Entlastung von Lehrkräften einhergeht. So bleibt insgesamt mehr Zeit und Raum für die eigentliche pädagogische Arbeit in der Unterstützung und Begleitung von Schülerinnen und Schülern.

3.2 Selbstständigkeit schulbezogen fördern – Strukturen weiten

Wenn die Stärken der Schülerinnen und Schüler im schulischen Alltag sichtbar gemacht und ausdrücklich gefördert werden, dann kann das auch zu strukturellen Veränderungen in der gesamten Schule führen. Allerdings werden strukturelle Veränderungen nur dann als sinnvoll erlebt, wenn sie mit einer Verbesserung der pädagogischen Arbeit verbunden sind. Dabei kann die systematische Umsetzung auf verschiedenen Ebenen erfolgen:

- auf der Ebene der Gestaltung von didaktischen Arrangements für individualisiertes und selbstreguliertes Lernen in besonderen Zeitfenstern und in besonderen Räumen (vgl. Kap. 3.2.1 und Kap. 3.2.2),
- auf der Ebene der Steuerungskompetenz, um mehrere Beteiligte in diesem Entwicklungsprozess des Weitens von bestehenden Schulstrukturen einzubinden (vgl. Kap. 3.2.3, Kap. 3.2.4 und Kap. 3.2.5),
- auf der Ebene des Kollegiums zur Entwicklung von Teamkompetenzen und zur gegenseitigen Unterstützung, um Veränderungsprozesse sowohl der Organisation als auch des Unterrichts gemeinsam bewältigen zu können (vgl. Kap. 3.2.6).

In den folgenden Kapiteln werden die Veränderungen in Schulen dargestellt und dadurch die Schulprofile und der Gedanke der Stärkenförderung mit den je individuellen Schwerpunkten jeder Einzelschule sichtbar gemacht.

3.2.1 Zeiten für selbstständiges Lernen schaffen (Freiarbeit, Stundenplanorganisation, Unterrichtsdifferenzierungen im Fachunterricht)

Freiarbeitsmöglichkeiten in Sekundarschulen zu integrieren oder besondere Stunden zur Unterrichtsdifferenzierung im oder außerhalb des Fachunterrichts einzurichten, ist im gegliederten Schulsystem nicht selbstverständlich.

Die Arbeit mit Wochenplänen öffnet den Unterricht und eröffnet sowohl den Schülerinnen und Schülern als auch den Lehrkräften Freiräume. Der Unterricht ist nun nicht mehr lehrer- bzw. tafelzentriert, sondern wird selbstbestimmt von den Schülerinnen und Schülern gestaltet. Unterrichtsorganisatorisch bedeutet dies, dass die Lehrkraft den Schülerinnen und Schülern im Hinblick auf die Bearbeitungsreihenfolge ein gewisses Maß an Freiheit lässt: Die Schülerinnen und Schüler können selbst entscheiden, an welchem Tag in der Woche die Aufgaben erledigt werden. Zusätzlich können individuell verschiedene Arbeits- und Sozialformen im Unterricht realisiert werden und es wird möglich, die Schülerinnen und Schüler räumlich variabler arbeiten zu lassen. Dabei entstehen auch für die Lehrkraft Freiräume, da sich ihre Rolle grundlegend verändert: Während der Wochenplanarbeit hat eine Lehrkraft die Chance, Schülerinnen und Schüler gezielt zu beobachten und/oder zu beraten. Hinsichtlich der Aufgabenstellung besteht zudem die Möglichkeit, individuell nach Leistungsgruppen zu differenzieren und damit gezielt zu fördern. Über ihre Erfahrungen mit Wochenplänen berichtet die Theresia-Gerhardinger-Mädchenrealschule (München) Folgendes:

Freiarbeit im Wochenplan

Unser Ziel ist es, die Selbstständigkeit und Eigenverantwortung der Schülerinnen zu fördern. Ihr Selbstwertgefühl soll letztlich so gestärkt werden, dass es über die Schulzeit hinaus tragfähig ist. Die Unterrichtsform „Freiarbeit mit Wochenplan“ gibt einerseits den Jugendlichen Raum für die Entwicklung ihrer Selbstkompetenz, beinhaltet Differenzierung und somit individuelles Lernen, bereichert andererseits auch das Lehrer-Schüler-Verhältnis durch neue Begegnungsmöglichkeiten, z. B. Beratungen.

Für unser Projekt ließen wir uns vom sogenannten Marchtaler Plan anregen. Der Marchtaler Plan ist ein Rahmenplan für die Katholischen Freien Schulen in der Diözese Rottenburg-Stuttgart, der 1984 als Erziehungs- und Bildungsplan für die Katholischen Freien Grund- und Hauptschulen eingeführt wurde. Inzwischen ist dieses Konzept auch für die Sekundarschulen weiterentwickelt worden (vgl. Meißner 2000). Wir begannen in zwei Klassen der 7. Jahrgangsstufe mit der systematischen Freiarbeit, die wir in den folgenden zwei Jahren auf alle Klassen der 7. und 8. Jahrgangsstufe ausgeweitet haben. Im Anschluss werden die Jahrgangsstufen 5 und 6 miteinbezogen. Derzeit sind die drei Kernfächer Deutsch, Mathematik und Englisch beteiligt sowie das Fach Biologie. Andere Fächerkombinationen sind genauso möglich.

Personelle, räumliche und zeitliche Organisation:

- Die Lehrkräfte der vier beteiligten Fächer (Deutsch, Mathematik, Englisch und Biologie) bilden zusammen ein Team. Jede Lehrkraft formuliert den Arbeitsauftrag für den Wochenplan. Wer für die Zusammenstellung, Vervielfältigung und Verteilung des Wochenplans zuständig ist, wird im Team vereinbart.
- Das benötigte Material (Arbeitsblätter, Lösungsblätter etc.) erstellt die jeweilige Fachlehrkraft. An zentraler Stelle (z. B. Lehrerarbeitsraum) stehen Ablagen, in denen die Materialien für die Klassen bereitgelegt werden.
- Die Fachlehrkraft begleitet in der KOMPASS-Stunde die Schülerinnen als Lern-Coach; sie beobachtet deren Arbeitsverhalten, berät und unterstützt sie im Bedarfsfall sowohl in lerntechnischer wie in fachlicher Hinsicht.
- Von Dienstag bis Freitag ist jeweils die erste Schulstunde Freiarbeitsstunde. Sie ist eine der regulär zur Verfügung stehenden Wochenstunden jedes Faches.
- Da die Freiarbeitsstunden parallel liegen, kann die Einteilung der Lehrkräfte so vorgenommen werden, dass jeden Tag jedes Fach mit jeweils einer Lehrkraft vertreten ist. Die Schülerinnen können sich mit ihren Fragen also immer an eine Fachlehrkraft wenden. Eine Übersicht, welche Lehrkraft in welchem Raum zu finden ist, hängt in jedem Klassenzimmer.
- Die Klassenzimmer liegen in unmittelbarer Nachbarschaft. Im gleichen Stockwerk steht ein zusätzlicher, kleinerer Raum (z. B. Sprechzimmer) zur Verfügung.

Unsere Richtlinien zur Freiarbeit:

- Differenziertes Lernen: Die Lehrkräfte (Deutsch, Englisch, Mathematik und Biologie) legen die Arbeitsaufträge für eine Woche fest: Die Aufgaben müssen so gestellt werden, dass sie für einen durchschnittlichen Schüler jeweils innerhalb von 40 Minuten gut zu bewältigen sind. Neben diesen Pflichtaufgaben (MUSS) gibt es ein Angebot an Wahlaufgaben (PLUS) (vgl. Abb. 43 und 44).

KOMPASS – Kompetenz aus Stärke und Selbstbewusstsein

Wochenplan 23 / 7A

von Di, 15.03. bis Fr, 18.03.2011

"MUSS"

	Aufgaben	fertig am	min	
D	Text "Der Rollstuhl": Bearbeite zu dem Text die Aufgaben 1. b) und c) und Aufgabe 4.			
E	worksheet: Past Progressive			
M	Schach und Vektoren, Aufgaben 1 – 5 [Wenn du nicht mehr genau weißt, wie die Figuren ziehen dürfen, gibts ein Infoblatt bei der Lösung – light pink]			
B	1. Aufgaben Buch S. 47/ 1 u. 2 2. Stelle in einer Tabelle die zwei Nachrichtensysteme des Körpers, das Nervensystem und das Hormonsystem, gegenüber. Informationen im Buch S. 42 u. S. 46.			

"PLUS"

	Aufgaben	fertig am	min	
D				
E	a listening exercise: workbook p. 34/ 3a, 3b – use the CD-Player to check your answers - the CD is in your teacher's desk - remember to put back the CD			
M	Schach und Vektoren, Aufgabe 6 [Im Vorraum, Brett und Figuren wieder aufräumen!] Meine Partnerin: ______________________			
B	Grundwissenstest S. 57/ Aufgabe 4			

Abb. 43: Wochenplan – Downloadmaterial 3.2.1 Theresia-Gerhardinger-Mädchenrealschule

- Selbst organisiertes Lernen: Die Schülerinnen wählen frei, wann innerhalb der zur Verfügung stehenden Zeit sie welche Aufgaben bearbeiten.
- Selbst bestimmtes Arbeiten: Die Schülerinnen wählen die Arbeitsform (Einzelarbeit, Zweier-/Dreier-Gruppe). Bei Gruppen- und/oder Partnerarbeit können die Schülerinnen auch in den zusätzlichen Raum gehen.
- Selbsttätiges Lernen: Zur Überprüfung der Richtigkeit der bearbeiteten Aufgaben stehen den Schülerinnen Musterlösungen zur Verfügung. Die Aufgabe gilt erst dann als abgeschlossen, wenn auch die Selbstkontrolle gemacht ist.
- Klare Mindestanforderung: Die Lehrkräfte überprüfen, ob die als Mindestanforderung gestellten Aufgaben vollständig bearbeitet werden.

Wochenplanhefter Kontrolle

Name:													Kl.:														
Woche	1		2		3		4		5		6		7		8		9		10		11		12		13		
Fach	M	P	M	P	M	P	M	P	M	P	M	P	M	P	M	P	M	P	M	P	M	P	M	P	M	P	
D																											
E																											
M																											
B																											

Name:													Kl.:														
Woche	14		15		16		17		18		19		20		21		22		23		24		25		26		
Fach	M	P	M	P	M	P	M	P	M	P	M	P	M	P	M	P	M	P	M	P	M	P	M	P	M	P	
D																											
E																											
M																											
B																											

Abb. 44: Wochenplan – Kontrollbogen – Downloadmaterial 3.2.1 Theresia-Gerhardinger-Mädchenrealschule

- Unterstützungsstrukturen: Die Schülerinnen können sich bei Mitschülerinnen oder Lehrkräften (Lerncoachs) Unterstützung holen. Außerdem stehen Lexika und andere Nachschlagewerke zur Verfügung; die Schülerinnen haben auch Zugang zum Internet.
- Rücksicht und Geduld: Die Arbeitsmaterialien und Musterlösungen stehen nicht uneingeschränkt und jederzeit für alle Schülerinnen zur Verfügung, sodass Absprachen unerlässlich sind. Flüsterkultur ist Bedingung für effizientes Arbeiten (vgl. Abb. 45).

Regeln zur freien Stillarbeit

1. Entscheide Dich mit welcher Arbeit Du beginnen möchtest, bevor Du zu den Kästen mit den Arbeitsblättern gehst.
2. Hole jeweils nur das Arbeitsblatt, das Du gleich bearbeiten willst.
3. **Halte unbedingt die Stille ein!**
4. Lies den Arbeitsauftrag genau durch und fange selbständig mit der Bearbeitung an.
5. Wenn Du Fragen hast oder unsicher bist, ob Deine Lösung richtig ist, kannst Du so vorgehen:
   a) Lösungsblatt zu Hilfe nehmen
   b) leise eine Mitschülerin fragen
   c) Hilfe/Erklärung bei der Lehrkraft holen
6. Beende immer eine Arbeit, ehe Du eine neue beginnst! Dazu gehört auch das Kontrollieren mit Hilfe des Lösungsblattes und das Einordnen oder Einkleben der bearbeiteten Aufgabenblätter.
7. Vergiss nicht Deine erledigten Aufgaben auf dem Wochenplan von der Lehrkraft abzeichnen zu lassen.

Abb. 45: Flüsterkultur – Regeln zur freien Stillarbeit – Downloadmaterial 3.2.1 Theresia-Gerhardinger-Mädchenrealschule

- Impulskontrolle: Die Schülerinnen bemühen sich, die Aufgaben aus eigener Kraft zu bewältigen; sie setzen sich als Erstes selbst mit der Herausforderung auseinander, ohne den Schwierigkeiten auszuweichen. Dazu sind sie angehalten, spontanes, lautes Fragen – gar über mehrere Bankreihen hin – zu unterlassen.
- Rituale: Jede Freiarbeitsstunde beginnt mit einer Minute Stille; dafür wird eine Klangschale angeschlagen. Die Klangschale kann auch eingesetzt werden, um im Verlauf der Stunde an die Flüsterkultur zu erinnern. Als akustisches Signal für eine Ansage der Lehrkraft oder einer Schülerin eignet sich eine Tischglocke (sparsam einsetzen!).

Auf die Veränderungen an der Münchener Theresia-Gerhardinger-Mädchenrealschule gab es von Schülerinnen und Schülern, Lehrkräften und Eltern eine Vielzahl von Reaktionen:

- „Alles wird leichter, wenn man angefangen hat." (eine Lehrerin)
- „Ja, wir helfen uns dann auch gegenseitig und wenn wir es zusammen nicht kapieren, gehen wir halt zum Lehrer." (eine Schülerin, 8. Klasse)

- „Ich finde, es macht Spaß, denn man ist nicht immer von den Lehrern abhängig." (eine Schülerin, 8.Klasse)
- „Man ist selbst dafür zuständig, dass die Lösungen richtig sind. Da denkt man dann, man hat selber mal was geschafft." (eine Schülerin, 8. Klasse)
- M. sagt nur noch selten: „Ich kann es nicht!" – Sie überlegt erst – sie bespricht sich mit der Nachbarin – sie kommt zur Lehrkraft. – Sie sagt jetzt: „Ich kann es noch nicht!" (eine Lehrerin)
- „Ich habe einen Unterschied bemerkt zwischen den „KOMPASS-Klassen" und den „Nicht-KOMPASS-Klassen". Die Referate in Musik sind in den KOMPASS-Klassen qualitativ besser." (eine Lehrerin)
- „Mir tut es gut, in die Klasse gehen zu können, ohne ständig die Hauptperson sein zu müssen." (eine Lehrerin)
- „In den ersten Monaten haben die Schülerinnen nur sehr selten einen von uns Lehrern etwas gefragt – mittlerweile nutzen sie das Angebot." (ein Lehrer)
- „Die Schülerinnen haben gearbeitet und brauchten mich gar nicht, da habe ich mich überflüssig gefühlt. Inzwischen bin ich in meine Rolle als Lernhelfer hineingewachsen." (eine Lehrerin)
- „Ich bin gelassener, kann besser damit umgehen, dass Noten nicht als unmittelbare Gradmesser für den Erfolg des Projekts taugen. Der Vorteil liegt woanders: Der Schülerin werden die Folgen ihres (Nicht-)Handelns eher begreiflich; je eher sie bereit ist, Eigenverantwortung zu übernehmen, desto sicherer führen ihre Schritte zum Erfolg." (ein Lehrer)
- „Meine anfängliche Sorge als Mutter habe ich überwinden können. Ich kann mir jetzt besser vorstellen, worauf sie hinauswollen. Ich finde es gut." (Eltern)

PRAXIS-TIPP
Tipps für die Freiarbeit

- Stufenweises Einführen der Freiarbeit mit Wochenplan bietet die Möglichkeit, zunächst nur die Lehrkräfte einzusetzen, die sich von sich aus am Projekt beteiligen wollen.
- Sowohl der Rollenwechsel vom Lehrer zum Lerncoach wie auch die intensivere Zusammenarbeit der Fachlehrkräfte bei der Erarbeitung von Freiarbeitsmaterialien bringt eine deutliche Entlastung für die Kolleginnen und Kollegen.
- Die Lehrkräfte eines KOMPASS-Teams intensivieren von selbst den Austausch über pädagogische Fragen, finden fächerübergreifende Ansätze und wirken als Kristallisationskern für weitere Teambildung im Kollegium.
- Die erste Schulstunde als Freiarbeitsstunde gibt in begrenztem Umfang den Schülerinnen die Möglichkeit, nach der eigenen Geschwindigkeit den Arbeitstag zu beginnen.
- Der Fächerkanon ist nicht zwingend für die gesamte Dauer eines Schuljahres festzulegen, es empfiehlt sich allerdings ein Zeitraum von mindestens 12 Wochen.

Stundenplanorganisation – KOMPASS-Stunden

Um dem Projektgedanken „Kompetenz aus Stärke und Selbstvertrauen" in zeitlicher Hinsicht Rechnung zu tragen, haben sich einige Projektschulen entschlossen, sog. KOMPASS-Stunden einzuführen, in denen entweder eine spezielle Förderung der Schülerinnen und Schüler hinsichtlich ihrer Persönlichkeitsentwicklung möglich wird oder in denen fachliche Förderung zur Stärkung der Schülerinnen und Schüler eingesetzt wird. Die Anton-Heilingbrunner-Realschule (Wasserburg) berichtet hierzu:

KOMPASS-Stunden

Zu Beginn des Projekts „KOMPASS" starteten wir an unserer Schule mit zwei 5. Klassen und wählten für die KOMPASS-Maßnahme die drei Hauptfächer Deutsch, Englisch und Mathematik. Es war uns wichtig, die Schülerinnen und Schüler gleich zu Beginn der Realschulzeit in diesen drei Kernfächern besonders zu fördern. Die Eltern wurden von Beginn an in das besondere Vorgehen eingebunden und erhielten zu jeder Zeit alle notwendigen Informationen. Im darauf folgenden Schuljahr setzten wir die Maßnahmen in den entsprechenden 6. Klassen fort, begannen aber gleichzeitig mit zwei neuen 5. Klassen. Anschließend weiteten wir die KOMPASS-Maßnahmen auf drei unserer neun Eingangsklassen aus.

Die KOMPASS-Maßnahmen werden an unserer Schule in den regulären Unterricht eingebunden, teilweise werden die Unterrichtsstunden im Stundenplan parallel gelegt, sodass, falls von den Lehrkräften gewünscht, eine bessere Zusammenarbeit und gemeinsame Aktionen der Klassen möglich sind. Es werden pro Monat in etwa zwei bis vier spezielle KOMPASS-Stunden pro Fach veranschlagt. Spezielle Räumlichkeiten für die KOMPASS-Klassen gibt es wegen räumlicher Enge an unserer Schule momentan nicht. Allerdings achten wir bei der Raumzuteilung zu Schuljahresbeginn darauf, dass die KOMPASS-Klassen gut ausgestattete Klassenzimmer bekommen und moderne Medien verfügbar sind.

Um eine gute Zusammenarbeit zwischen den Lehrkräften der KOMPASS-Klassen zu fördern, wurden Lehrerteams gebildet. Im Augenblick gibt es an unserer Schule sechs sehr erfahrene KOMPASS-Lehrkräfte, die für dieses Projekt jeweils eine Anrechnungsstunde zur Verfügung gestellt bekommen. Sie haben seit diesem Schuljahr auch die Aufgabe, Lehrkräfte, die neu in den KOMPASS-Klassen unterrichten, bei deren Arbeit zu unterstützen.

Dadurch, dass immer mehr Lehrkräfte in die KOMPASS-Maßnahmen der 5. und 6. Klassen einbezogen werden, findet dieses Projekt im Kollegium zunehmend mehr Akzeptanz, obwohl zu Beginn der Maßnahmen die Reaktion der Lehrkräfte eher skeptisch und zurückhaltend war.

Sowohl Schüler als auch deren Eltern haben die KOMPASS-Maßnahmen positiv angenommen. Das zusätzliche Übungsmaterial, das den Kindern zur Verfügung gestellt wird, stößt auf sehr positive Reaktionen. Der Lernstoff wird transparenter und besonders die seit einiger Zeit in Moodle eingestellten Übungsblätter mit Lösungen werden dankbar angenommen.

Stundenplanorganisation – Teamteaching

Die Idee, Schülerinnen und Schüler gezielt zu fördern und ihre fachlichen Stärken zu fördern, wird durch Teamteaching gefördert. Mit großem Geschick haben es die Stundenplaner der Schulen geschafft, in den Kernfächern Lehrkräfteteams einzusetzen. Bei dieser Umorganisation des Stundenplans ist es wichtig, dass die Schülerinnen und Schüler davon strukturell möglichst wenig betroffen sind – nur die doppelte Präsenz von Lehrkräften zeigt ihnen, dass sich etwas verändert hat. Die Orlando-di-Lasso-Realschule hat ihre Lehrkräfteteams folgendermaßen organisiert:

Teamteaching
Unser Unterricht ist darauf ausgelegt, dass die Schülerinnen und Schüler selbstverantwortlich und eigenständig arbeiten lernen. Dabei setzen wir verstärkt auf Freiarbeit, vor allem Gruppenarbeit, Lernzirkel und Lernen durch Lehren. Diese Maßnahme verwirklichen wir derzeit in zwei 9. Klassen, durch eine besondere Art des Teamteachings: In den Kernfächern Mathematik, Deutsch und Englisch stehen den Schülerinnen und Schülern in einer Doppelstunde einmal in der Woche zwei Lehrkräfte zur Verfügung. Das Teamteaching ermöglicht den Lehrkräften ein breites Spektrum an Gestaltungsmöglichkeiten: Neben der Teilung der Klasse in zwei Gruppen, welche die individuelle Förderung und Differenzierung ermöglicht, kann gemeinsam eine Stunde gehalten werden oder Individualisierung stattfinden, indem einzelne Schüler gefördert werden. Ein Beispiel ist die gezielte Vorbereitung auf den Speaking-Test im Englischen oder die Betreuung der Kleingruppen bei der Vorbereitung der Projektschulaufgaben in den Fächern Deutsch und Englisch. Im Mathematikunterricht hat sich besonders die Methode Lernen durch Lehren in Übungsphasen bewährt.
Je zwei Englisch-, Deutsch- und Mathematiklehrkräfte arbeiten zusammen. Die Fachtandems unterstützen sich sowohl bei der Vorbereitung als auch bei der Durchführung des Unterrichts. Die Eltern wurden über die Maßnahme an Klassenelternabenden regelmäßig informiert.
Neben der regulären Stundenverteilung wird ein Lehrer aus dem Fachbereich Deutsch, Mathematik und Englisch für je eine Stunde pro Woche zusätzlich eingeplant. Diese Art der Unterrichtsdifferenzierung wird im Stundenplan fest eingeplant. So ist sichergestellt, dass diese Stunde auch wirklich jede Woche stattfindet.

PRAXIS-TIPP
Nützliches für den Unterricht in Tandems

- Die kollegiale Zusammenarbeit der Lehrkräfte sollte vom Schulleiter gefördert werden. Die Lehrerteams sollten nicht verordnet werden, sondern sich selbst bilden.
- Wünschenswert ist die Zusammenarbeit zweier Lehrkräfte, die gut miteinander kommunizieren und kooperieren können, da viele Absprachen erforderlich sind.
- Doppelstunden schaffen Freiräume für Lehrer, Methoden und ermöglichen entspannteres Lernen.
- Für die Umsetzung dieser Maßnahme sind keine unmittelbaren Materialien nötig. Jedes Fach und jede Lehrkraft kann dieses Teamteachingmodell den eigenen Erfahrungen und Wünschen anpassen.

3.2.2 In Lernzimmern arbeiten

Die Lernorganisation in Klassenzimmern und Fachräumen ist für ein stärker individualisiertes Lernen nicht immer funktional. Damit entsteht die Anregung, Räumlichkeiten in bewegte Lernlandschaften umzugestalten, in denen geleitete Unterweisung, entdeckendes, forschendes, selbst gesteuertes Lernen, Erarbeitungs- und Übungsphasen, Einzel- und Teamarbeit sich abwechseln können. Im

Folgenden werden Erfahrungen mit der Einrichtung von Lernräumen berichtet. Sie dokumentieren Schritt um Schritt die Gestaltung des passenden Lernraums für das neue Lernen – erfindungsreich und realistisch zugleich. Die Realschule Taufkirchen (Vils) berichtet:

Lernzimmer

Ein ehemaliges Klassenzimmer wurde in ein Lernzimmer umgestaltet, in dem ein individuelles, stärkenförderndes Lernen im Sinne von KOMPASS für die Schülerinnen und Schüler möglich ist. Das Lernzimmer kann von jeder Lehrkraft im Regel- oder im Vertretungsunterricht genutzt werden. Die Zimmerbelegung wird durch einen ausgehängten Belegungsplan geregelt (vgl. Abb. 46). Dieser Wochenplan hängt vor dem Zimmer und die Lehrkraft belegt durch ihr Zeichen und das Eintragen der Klasse das Lernzimmer für diese Stunde. Um auch ein längerfristiges Reservieren des Raumes zu sichern (wenn der Raum für eine ganze Einheit benötigt wird), liegt im Inneren des Raumes ein Ordner mit den Belegungsplänen für ein ganzes Halbjahr aus.

Belegungsplan für Raum 113 (Schuljahr 2008/09)
Woche vom 27.07.09 **bis** 31.07.09

	Montag	Dienstag	Mittwoch	Donnerstag	Freitag
1					
2					
3					
4					
5					
6					

Abb. 46: Lernzimmer-Belegungsplan – Downloadmaterial 3.2.2 Realschule Taufkirchen

Das Inventar wurde so gewählt, dass es eine individuelle Förderung und Unterrichtsgestaltung unterstützt. Die Tische sind entweder als Einzelplätze oder als Gruppentische nutzbar. Als Sitzgelegenheit dienen praktische Hocker, welche sich bei Nichtgebrauch sehr platzsparend stapeln lassen. Ein großes Sofa sowie 3 bequeme Sitzsäcke lassen auch Platz für gemütliche Lesestunden. Mehrere CD-Player mit Funkkopfhörern unterstützen den Sprachunterricht und drei Computerplätze mit Internetanschluss bieten Möglichkeiten für Recherchen. In den Regalen befinden sich die von den jeweiligen Fachschaften erarbeiteten Materialien. Ein Kopierapparat steht der Lehrkraft zur Verfügung, um benötigte Übungsblätter zu vervielfältigen, außerdem ermöglicht

ein OHP Präsentationsphasen. Wird das Lernzimmer im Regelunterricht genutzt, gibt die Lehrkraft in der Regel den einzelnen Schülern oder Gruppen die Aufgaben vor, welche sie bearbeiten sollen. Wird das Lernzimmer in einer Vertretungsstunde genutzt, kann jeder Schüler selbst frei entscheiden, mit welchen schulrelevanten Inhalten er sich beschäftigen möchte. Die Lehrkraft steht dabei als Experte zur Verfügung.
Zu Beginn der Stunde holen sich die Schüler ihre Lernlogbücher aus dem Klassenordner, in denen vermerkt wird, woran sie gearbeitet haben (vgl. Downloadmaterial 3.2.2 – Lernlogbuch). Am Ende legt die Schülerin bzw. der Schüler ihr / sein Lernlogbuch der Lehrkraft zum Abzeichnen und ggf. Kommentieren vor. Jeder ist gehalten, das Lernzimmer so zu verlassen, wie er es selbst vorfinden möchte. Lehrer bzw. Schüler tragen Wünsche und Anträge in die Liste an einer Pinnwand ein, wodurch eine Verbesserung des Lernzimmers gewährleistet ist.

PRAXIS-TIPP
Hinweise für die Einrichtung eines Lernzimmers

- Der Sachaufwandsträger sollte teilweise die Kosten der Einrichtung des Lernzimmers übernehmen.
- Die Schüler sollten ein „Lernlogbuch“ führen, um eine Verbindlichkeit zu sichern und die Stunden im Lernzimmer nicht zu Gammelstunden verkommen zu lassen.
- Bei den ersten Besuchen des Lernzimmers immer Aufträge verteilen und der Klasse erst bei mehrmaligem Besuchen mehr Freiheiten geben, da viele Schülerinnen und Schüler mit der neuen Freiheit überfordert sind.
- Wir machen Mut zur Nutzung des Lernzimmers, auch wenn einige Schülerinnen und Schüler nur schwer zur Arbeit zu bewegen sind. Anhand des Lernlogbuches kann man dann auf einzelne Schülerinnen und Schüler gezielt eingehen, die ihre Zeit wiederholt nicht sinnvoll genutzt haben.
- Unbedingt darauf achten, dass die Schülerinnen und Schüler mit den erstellten Materialien sorgsam umgehen und am Schluss der Stunde wieder alles an seinem Platz liegt, damit der nächste Lehrer das Lernzimmer auch wieder voll nutzen kann.

3.2.3 Außerschulische Partner nutzen

Wenn die Angebote außerschulischer Partner mit schulischem Lernen verknüpft werden, dann erleben Schülerinnen und Schüler die verschiedenen Lebenswelten in ihrem sozialen Nahraum nicht nur in der Freizeit. Kinder und Jugendliche lernen und erfahren durch die Beteiligung an Projekten und Initiativen im Sozialraum, Verantwortung zu übernehmen, die über die schulischen Belange hinausgeht und sie auf ihr Leben nach der Schule vorbereitet. Gleichzeitig lernen sie ihr soziales, kulturelles und politisches Umfeld genauer kennen.
Die nachfolgenden Beispiele zeigen, wie außerschulische Partner eingebunden und so neue Lerngelegenheiten eröffnet werden können. Eine Schule hat den Fachunterricht außerhalb der Schule bei einem beteiligten Partner abgehalten. In einer anderen Schule sind die Schülerinnen und Schüler mit ihren eignen, in den Projektgruppen entstandenen Ideen auf außerschulische Einrichtungen zugegangen und haben so Partner für die Schule gewonnen. Die Realschule Kösching berichtet:

Partner außerhalb der Schule

Unsere Schülerinnen und Schüler arbeiten fächerübergreifend in fünf verschiedenen Gruppen: einer künstlerischen Gruppe, einer produktiven Gruppe, einer sozialen Gruppe, einer naturwissenschaftlich orientierten Gruppe und einer Sportler-Gruppe. Dabei geht es darum, den Schülerinnen und Schülern die Möglichkeit zu eröffnen, sich in den unterschiedlichen Lebensbereichen auszuprobieren und sich so individuell mit den ganz eigenen Stärken einzubringen. Am Ende jeden Halbjahres soll dann ein greifbares Ziel (beispielsweise die Organisation eines Kindergartenbesuchs mit vorbereiteten Übungen für die Vorschulkinder in der sozialen Gruppe oder der Verkauf von selbst hergestellten Tees und Lippenstiften in der produktiven Gruppe) stehen, worauf die Schülerinnen und Schüler hinarbeiten können. Auf diese Weise kann Schule als ein Ort erfolgreichen Lernens erlebt werden. Während der Projektarbeit lernen die Schülerinnen und Schüler dabei ganz unterschiedliche Sparten des Projektes – beginnend bei der Planung über die Dokumentation des Arbeitsprozesses bis hin zur Präsentation der Ergebnisse – kennen. Am Ende des Schuljahres erhalten die Schülerinnen und Schüler je nach Aufgabenbereich, in dem sie sich besonders eingesetzt haben, ein Zertifikat, das in der Zukunft auch zur Vorlage bei einem möglichen Arbeitgeber dienen kann (siehe auch Kap. 3.1.7).

„Als Leiterin eines beteiligten Kindergartens durfte ich zweimal miterleben, wie die Schüler der Realschule Kösching in unserem Haus den sozialen Bereich ihres KOMPASS-Projektes vorstellten. Beide Male führten die Schülerinnen und Schüler ihre geplanten und ausgearbeiteten Aktionen mit den Kindergartenkindern durch. Ob bei der „Aktionsrallye" oder beim „Weihnachtsspiel", unsere „Kleinen" waren sehr begeistert. Auch wir Pädagogen waren beeindruckt von der selbstständigen und beherzten Umsetzung und freuen uns schon auf weitere spannende Überraschungen vom KOMPASS-Projekt." (Leiterin eines beteiligten Kindergartens)

3.2.4 Neue Angebote in bestehenden Strukturen ermöglichen

Vorhandene Strukturen für die Idee der Stärkenförderung zu nutzen, ist ein wesentliches Merkmal der hier vorgeschlagenen Maßnahmen. Dabei werden schon eingeführte und bekannte Strukturen, wie zum Beispiel die Projekttage an der Realschule Bruckmühl, am Ende des Schuljahrs mit neuen Inhalten gefüllt:

Stärketage

Bei der Durchführung unserer „Stärketage" waren das gesamte Kollegium sowie die Schülerschaft von der 5. bis 9. Jahrgangsstufe eingebunden. Daneben halfen externe Fachkräfte als Workshop-Leiter aus.

- Vorbereitungszeit: Vor Beginn wurde eine Lehrerkonferenz durchgeführt, um den Ablauf sowie inhaltliche Schwerpunkte der Stärkentage festzulegen und um Fragen zu beantworten.
- Anschließend diente eine Klassenleiterstunde dazu, den Schülern das Projekt vorzustellen und die Möglichkeit zu geben, eigene Workshop-Vorschläge einzubringen. In der zweiten Klassenleiterstunde erfolgte eine Schülerbefragung zu individuellen Stärken der Kinder, aufgrund derer sie sich drei Workshops zuteilen durften.
- Probleme ergaben sich bei der Vergabe der Gruppenplätze, da aufgrund räumlicher, zeitlicher sowie personeller Engpässe beliebte Arbeitsgruppen nicht mehrfach angeboten werden konnten.

- Durchführungszeit: An insgesamt drei Vormittagen am Schuljahresende war es den Kindern jahrgangsstufenübergreifend möglich, sich in ihrem Workshop einzubringen und auf eine Präsentation im Rahmen eines Schulfestes hinzuarbeiten.
- Die Räumlichkeiten orientierten sich an der Art des Workshops und seiner Teilnehmerzahl. Neben dem Schulhaus zählten zu den außerschulischen Veranstaltungsorten Eishalle, Schwimmbad, Turnhalle einer Nachbarschule, Sportplatz der Gemeinde, privater Radiosender, eine Freifläche der Gemeinde und eine Mountainbike-Strecke in der Umgebung.

Wie haben Schülerinnen und Schüler auf diese Maßnahme reagiert?
Hier konnten zwei unterschiedliche Reaktionen wahrgenommen werden. Einerseits fanden sich Schüler, die voller Eifer für ihre Gruppe arbeiteten. Diese begrüßten auch die Möglichkeit, einmal im Jahr längerfristig in ihrer Stärke aktiv zu sein. Andererseits waren einige Kinder mit dieser relativ freien Arbeitsweise regelrecht überfordert. Sie kritisierten organisationsbedingte Leerläufe, in denen sie es nicht schafften, Eigeninitiative zu ergreifen (vgl. Abb. 47).

Wie haben die Eltern auf diese KOMPASS-Maßnahme reagiert?
Die Resonanz auf die Vorführungen am Schulfest war positiv, was allerdings nicht ausschließlich auf die Maßnahmen zurückzuführen ist.
Das beigefügte Material dient nur als grobe Richtschnur für Schulen, die räumlich nicht beengt sind und über ausreichendes Personal verfügen. Im Nachhinein betrachtet wäre es wünschenswert, mehr Eltern oder externe Fachkräfte mit entsprechender Qualifikation zu finden, um ein vielseitiges Angebot machen zu können. Auch von Lehrerseite ist man aus rechtlichen Gründen darauf angewiesen, dass nur Workshops angeboten werden, für die entsprechende Ausbildungsnachweise vorliegen (z. B. Schwimmen).

Ein Großprojekt wie die Aufführung eines Musicals stärkt nicht nur die einzelnen Schülerinnen und Schüler, die auf der Bühne sichtbar agieren, sondern auch die Schulgemeinschaft. Nur gemeinsam kann die Aufführung gelingen, besonders wenn sich eine Schule zum ersten Mal dieser Herausforderung stellt (vgl. auch die Darstellung „Besondere fachspezifische und fächerübergreifende Angebote" in Kap. 3.1.6).

3.2.5 Übergänge stärkenorientiert gestalten (Wahlkurse, Schnupperkurse)

Wenn Lehrkräfte die Stärken ihrer Schülerinnen und Schüler unterstützen und sichtbar machen wollen, dann ist ein wesentlicher Schritt in Richtung Differenzieren und Individualisieren gemacht. Die Heterogenität der Schülergruppen fordert an sich einen differenzierten und individualisierten Unterricht. Manchmal kann das besser gelingen, wenn Schülerinnen und Schülern die Möglichkeit gegeben wird, sich selbst zu differenzieren, d. h. sich selbst bestimmten Angeboten zuzuordnen. Auch in dieser Zuordnung können Stärken und Vorlieben sichtbar werden und dadurch Anknüpfungspunkte für differenzierten und individualisierten Unterricht bieten: So können im Fachunterricht differenzierte und

Workshop-Fragebogen

1. Welchen Workshop hast Du letztes Jahr belegt?

2.Was kannst Du gut, wo liegen Deine Stärken?

----

3. In welchem Workshop willst Du Dich drei Tage einbringen?

----

4. Gib zwei alternative Workshops an!

----

5. Würdest Du Dir zutrauen, nächstes Jahr selbst einen Workshop zu leiten?
Wenn ja, welchen?

Abb. 47: Planung der Stärketage mit den Schülerinnen und Schülern – Downloadmaterial 3.2.4 Realschule Bruckmühl

individualisierte Angebote gemacht oder durch individuelle Stundenpläne ein breites Spektrum an Wahlmöglichkeiten angeboten werden. Die St. Ursula-Mädchen-Realschule (Lengries) berichtet:

Wahlkurse in den 5. und 6. Klassen

In den letzten Jahren hat für die Schülerinnen der Druck in den Grundschulen vor einem Übertritt auf die weiterführenden Schulen zugenommen. Diese Tatsache war der Ausgangspunkt für unser Konzept in den 5. Klassen. Der Blick sollte mehr auf die Stärken gelenkt werden. Unterstützende Maßnahmen sollen den Start in der neuen Schule verbessern. Dazu können die Schülerinnen der 5. Jahrgangsstufe an drei Tagen in der Woche je eine Doppelstunde aus verschiedenen

Angeboten frei auswählen: Intensivierung in Deutsch/Englisch/Mathematik, Musik, Orchester, Textiles Gestalten, Kunst, Theater, Natur und Technik, Informationstechnologie und differenzierter Sport. Grundsätzlich ergeben sich damit zwei Möglichkeiten: Die Schülerinnen erleben entweder Erfolge in Bereichen, in denen sie schon stark sind, oder sie können Lücken durch zusätzliche Förderung ausgleichen. Beides verstärkt ihre Selbstwirksamkeitserfahrung und stärkt ihre schulische Motivation. Die Arbeitshaltung und das Lernklima werden durch das bewusstere Interesse verbessert. Alle Schülerinnen haben die gleichen Angebote und erleben sich als gleich wertvoll.

Der gesamte Unterricht in der 5. Jahrgangsstufe findet am Vormittag statt. Die sechs Unterrichtsstunden für die Wahlkurse können in der Stundentafel auf folgende Weise zur Verfügung gestellt werden:

1. Reduktion der Biologie- und Erdkundestunden auf je eine (Halbjahresunterricht) oder auf je halbe Jahreswochenstunden. Es bestehen dabei für die Klassen und für die Lehrkräfte verschiedene Koppelungsmöglichkeiten. Werden Erdkunde und Biologie nur ein halbes Jahr unterrichtet, kann die jeweilige Doppelstunde parallel zu den Wahlkursen geführt werden. Die Variationen lassen sich damit auf vier Tage verteilen, was breitere Wahlmöglichkeiten bedeutet. Allerdings ist dafür Sorge zu tragen, dass die Stundentafeln des Pflichtunterrichts nicht ohne Genehmigung verändert werden dürfen.
2. Reduktion der Wahlpflichtfächerstunden um drei, des differenzierten Sportes um zwei und des Musikunterrichtes um weitere zwei Wochenstunden. Eine Wochenstunde hiervon wird für das „Projekt Schulleben" genutzt. Dabei geht es um Stärkung der Klassengemeinschaft, Lernen lernen, Anleitung zur Reflexion über das eigene Verhalten und weitere erzieherische Arbeit. Die Lerngruppen können entweder Klassenstärke behalten oder kleiner sein. In der durchgeführten Maßnahme wurden die drei Klassen meist auf sechs Gruppen aufgeteilt. Je mehr Parallelklassen es gibt, umso größer kann auch bei gleich bleibender Gruppenstärke das Angebot sein. Eine verringerte Schülerzahl erleichtert natürlich den Lernerfolg. Die Maßnahme bietet viele Variationsmöglichkeiten, je nach den Gegebenheiten der Schule.

Die Schülerinnen wählen mit ihren Eltern bei der Einschreibung an unserer Realschule die Wahlkurse aus. Zum 2. Halbjahr können sie wechseln. (Denkbar wäre auch, die Wahlkurse das ganze Jahr beizubehalten. Allerdings würde man dadurch die Möglichkeiten für die Schülerinnen reduzieren, neue Bereiche kennenzulernen und ihre Fähigkeiten auszutesten.)

Die zuständigen Fachschaften erarbeiten die Lehrpläne für die Wahlkurse. Statt der Noten wird jeweils eine von vier Bewertungen gegeben: mit sehr gutem Erfolg -/ mit gutem Erfolg - / mit Erfolg - / teilgenommen. In den Zeugnisbemerkungen werden die ausgewählten Wahlkurse mit dieser Bewertung aufgeführt. Durch die angeführten Maßnahmen und das Doppelstundenprinzip wird für die Lehrkräfte mehr Spielraum geschaffen, um neue Methoden auszuprobieren und dann auch im Regelunterricht in den 5. Klassen und in anderen Jahrgangsstufen einzusetzen. In den Intensivierungsstunden lässt sich die Lerngruppe zusätzlich nach unterschiedlichem Leistungsstand aufteilen. In Deutsch z. B. können nach einem einfachen Testverfahren individuelle oder gruppenspezifische Förderpläne erstellt werden. Zum anderen aber können auch gemischte Teams von leistungsstarken und -schwachen Schülern gebildet werden. Leistungsfeststellungen sind nicht verpflichtend, können aber in verschiedener Form, z. B. als Portfolio oder Atlasführerschein, stattfinden. Durch das Doppelstundenprinzip haben die Schüler an betreffenden Tagen weniger verschiedene Fächer. Vorteile davon sind, dass sich die Schüler gezielter auf den Unterricht vorbereiten können, weniger Material transportieren müssen und die Unterrichtseinheiten abwechslungsreicher gestaltet werden können.

Organisatorische Hinweise

Die Teilnahmelisten müssen erstellt und der Stundenplan entsprechend abgewandelt werden, sodass jede Schülerin ihren individuellen Plan erhalten kann. Bei einer neuen Wahl zum Halbjahreswechsel kann eine andere Verteilung der Lehrkräfte notwendig werden. Zusätzliche Räume werden nur bei einer Erhöhung der Gruppenzahl gebraucht, überwiegend werden die Klassenzimmer und Fachräume benutzt. Hilfreich sind bei manchen Fächern zusätzliche kleinere Gruppenräume für eine bessere Unterteilung in Leistungsstandsgruppen oder für Gruppen- / Projektarbeit. Besonders gestaltete Räume (z. B. mit Material zum selbstständigen Arbeiten, flexibler Möblierung, freundlicher Gestaltung) können die Lernatmosphäre und den Lernerfolg verbessern.

Die Schülerinnen haben das Angebot sehr positiv angenommen. Sie fanden sich schnell mit ihrem individuellen Stundenplan im Schulhaus zurecht und bedauerten, dass die Wahlmöglichkeiten in der 6. Klasse nicht mehr bestanden. Die Eltern haben die Maßnahme durchweg sehr gut aufgenommen und geschätzt. Die Attraktivität der Schule nahm dadurch zu. Für einen Teil der Lehrerschaft waren die Veränderungen am Anfang etwas irritierend. Die beteiligten Fachlehrer reagierten schon nach dem ersten Durchlauf sehr positiv. Gegenüber der anfänglich etwas erhöhten Vorbereitungszeit schlugen die gute Motivation der Schülerinnen und der verminderte Leistungsdruck zu Buche, besonders wenn es sich um kleinere Lerngruppen handelte. Die verschiedenen Variationen, die bzgl. Lehrer- und Raumverteilung, Stundenplan und Methodik ausprobiert wurden, können hier nicht alle angeführt werden. Das Team steht gerne für weitere Auskünfte zur Verfügung.

PRAXIS-TIPP
Ratschläge für die Gestaltung des Übergangs durch Wahlkurse

- Eine Ausweitung auf mehrere Parallelklassen ist sinnvoll, da damit die geleistete Arbeit effizienter gestaltet wird.
- Je besser die Absprachen zwischen allen Lehrern der 5. Klassen sowohl innerhalb des Klassenverbandes als auch innerhalb der Fachschaften funktionieren, umso effektiver kann in den Wahlkursen gearbeitet werden.
- Es ist nicht notwendig, dass dieselbe Lehrkraft den Unterricht im Wahlkurs und im entsprechenden Hauptfach erteilt.
- Für Lehrkräfte bieten die Wahlkurse eine gute Möglichkeit, Neues auszuprobieren und weiterzuentwickeln.

Schnupperkurse zu den Wahlpflichtfächern in den 6. Klassen

Jede Schülerin hat unterschiedliche Begabungen. Das Wahlpflichtfach, das die Schülerin am Ende der 6. Jahrgangsstufe auswählt, sollte dem Rechnung tragen. Die Auswahl ist für die folgenden vier

Jahre einschließlich der Abschlussprüfung verpflichtend. Die Erfahrung zeigt, dass manche Schülerinnen sich für ein Fach entscheiden, was ihnen nicht entspricht. Daher wollen wir eine passendere Wahl auf folgende Weise erleichtern: Den Schülerinnen werden während der 6. Jahrgangsstufe in Schnupperkursen alle angebotenen Wahlpflichtfächer-Gruppen vorgestellt. In unserer Schule sind dies folgende: Mathematik / Naturwissenschaften / Technik (Gruppe I) – Betriebswirtschaft und Rechnungswesen (Gruppe II) – Französisch (Gruppe III a) – Hauswirtschaft und Ernährung (Gruppe III b). Dazu werden die drei Parallelklassen in vier Gruppen aufgeteilt. In einem Turnus von sechs Doppelstunden – je eine pro Woche – vermittelt eine Lehrkraft einen Einblick in das betreffende Fach. Nach sechs Wochen wird getauscht. Der Durchgang ist im April abgeschlossen, sodass für die individuelle Entscheidung der Schülerinnen bis zum Auswahltermin im Mai genug Zeit bleibt. Die Lehrkraft erstellt zusammen mit ihrer Fachschaft einen Plan für die sechs Doppelstunden. Ziel ist es, auf der einen Seite einen sachlichen Überblick über die unterschiedlichen Bereiche zu vermitteln, auf der anderen Seite zur Wahl dieses Faches zu ermuntern, falls der Schüler merkt, dass ihm das Fach zusagt. Es soll nicht nur die „schöne Seite" gezeigt, sondern ein Einblick ermöglicht werden in das, was auf den Schüler in den vier Jahren zukommt, und auch, wie er sich in dieser Zeit entfalten kann. Die Teilnahme an den Schnupperkursen ist für alle Schülerinnen verpflichtend. Der Unterricht findet am Nachmittag statt. Teilweise werden im Rahmen der Schnupperkurse Exkursionen durchgeführt (z. B. Besuch des Deutschen Museums in München und Betriebsbesichtigungen). Leistungserhebungen sind nicht notwendig. Die Teilnahme wird ohne Bewertung in den Zeugnisbemerkungen aufgeführt. In Hauswirtschaft und Ernährung wird die Gruppe z. T. noch einmal aufgeteilt, um die praktische Arbeit zu erleichtern. Dabei ist eine zweite Lehrkraft notwendig. (Denkbar wäre auch, die praktischen Stunden auf vierzehntägig vier Stunden zu verteilen, sodass derselbe Lehrer sie übernehmen kann. Die Mehrstunden können teilweise mit den restlichen dreieinhalb Monaten verrechnet werden.)

Der Einstieg in den Unterricht der 7. Jahrgangsstufe gestaltet sich für die Lehrkraft leichter durch motiviertere Schülerinnen und weil die Lehrkraft die Schülerinnen evtl. im Schnupperkurs bereits kennengelernt hat.

Bisher waren Schülerinnen und Eltern sehr dankbar für diese Hilfestellung bei der Entscheidung. Die Präferenzen für ein Wahlpflichtfach, die zu Beginn der 6. Jahrgangsstufe durch eine Umfrage unter den Schülern erfasst wurden, differierten z. T. erheblich von der endgültigen Auswahl gegen Ende der 6. Jahrgangsstufe. Der mehrfache Wechsel im Laufe des Jahres und die Verkleinerung der Lerngruppen können außerdem die Mitarbeit verbessern. Die Lehrkräfte unterrichten gerne in den Schnupperkursen.

Aus den verschiedenen Berichten der Schulen lassen sich eine Reihe von Hinweisen für die Einrichtung von Schnupperkursen und Wahlpflichtfächern ableiten:

- Durch die vierfache Durchführung eines Moduls während des Schuljahres (zunehmend bei mehrjähriger Tätigkeit) wird für den Fachlehrer der Aufwand der Unterrichtsvorbereitung reduziert.
- Eine enge Zusammenarbeit innerhalb der Fachschaft ist notwendig, um den Stoff ausgewogen, unter Berücksichtigung unterschiedlicher Schwerpunkte, zu präsentieren.

- Man sollte darauf achten, dass alle Wahlpflichtfächer in der Darstellung im Unterricht als gleichwertig dargestellt werden, wobei eine angemessene Werbung für das eigene Fach nicht ausgeschlossen ist.
- Es empfiehlt sich, Lehrkräfte einzusetzen, die über eine ausreichende Erfahrung im Unterrichten des Faches verfügen und ihr Fach gerne unterrichten.

In der verbleibenden Zeit des Schuljahres (ca. Mitte April bis Ende Juli) können verschiedene Projekte durchgeführt werden, im sprachlichen, naturwissenschaftlichen oder sozialen Bereich, z. B. ein bilingualer Vorkurs. Die Lehrkräfte werden in der restlichen Zeit in verschiedenen Aufgaben eingesetzt (z. B. Förderkurse für die 10. Klassen). Alle Schnupperkurse werden parallel an einem Nachmittag durchgeführt. Bei der übrigen Stundenverteilung der 6. Klassen achtet man darauf, dass nur ein Nachmittag in der Woche belegt wird.

Auch Maßnahmen in der sechsten Jahrgangsstufe, die nicht das primäre Ziel haben, den Übergang in die siebte Jahrgangsstufe zu erleichtern, haben teilweise diesen wünschenswerten Nebeneffekt.

PRAXIS-TIPP
Die Planung von Wahlkursen

- Eine Ausweitung auf mehrere Parallelklassen ist sinnvoll, da damit die geleistete Arbeit effizienter gestaltet wird.
- Empfehlenswert ist, die Wahlkurse nach den vorhandenen Fähigkeiten der Lehrer auszurichten. So werden auch deren Stärken aufgegriffen und wertgeschätzt. (Nicht jeder Lehrer muss mitmachen und das System voll unterstützen.)
- Eine Vorlaufzeit für das Kollegium ist notwendig (vorhergehendes Halbjahr), in der die Lehrkräfte sich ausreichend orientieren und in den Fachschaften vorbereiten können, auch wenn sich die Verteilung der Lehrerstunden kurzfristig noch verschieben sollte.
- Auch die Eltern sollten rechtzeitig in einfacher, aber umfassender Form unterrichtet werden, bei den Informationsveranstaltungen und während des Jahres bei Elternabenden. Hilfreich ist es z. B., ihnen vorab mögliche Stundenpläne zu zeigen.
- Die Erstellung des Gesamtstundenplanes ist durch die Maßnahme sicher intensiver, doch der organisatorische Aufwand sollte nicht im Mittelpunkt stehen. Wichtiger ist es, bei allen Beteiligten die Offenheit für neue Lösungsmöglichkeiten zu fördern, auch in Bezug auf organisatorische Probleme.

Diese Formen der Differenzierung führen zu einer breiteren Vernetzung der Schülerinnen und Schüler untereinander und tragen ebenfalls zur Abfederung von Übergängen bei. So berichtet die Ferdinand-Porsche-Realschule (Waldkraiburg):

> Am Ende des Schuljahres baten wir die Eltern und Schüler mittels eines Fragebogens um ein Feedback. Als positiv wurde sowohl von Eltern- als auch Schülerseite bewertet, dass die Kinder

neue Mitschülerinnen und Mitschüler kennengelernt hätten, was ihnen den Wechsel in die einzelnen Wahlpflichtfächer in der 7. Jahrgangsstufe erleichtern würde.

- „Die Angst vor einer neuen Klassenzusammensetzung in der 7. Jahrgangsstufe hat mein Sohn nicht, weil er durch den KOMPASS-Unterricht viele neue Freunde gefunden hat." (Eltern)
- „Ich habe durch den KOMPASS-Unterricht viele neue Freundinnen und Freunde gefunden." (Schülerin)

Die detaillierte Beschreibung der Maßnahme findet sich in Kap. 3.1.5 „Förderangebote".

Wahlangebote ermöglichen auch die Ausbildung eigener Interessen, die dann für Wahlentscheidungen oder den Übergang in den Beruf wichtig werden. So berichten die Kolleginnen und Kollegen aus der Realschule am Keltenwall (Manching):

Techni-Girls

Unserer Erfahrung nach entscheiden sich noch immer deutlich mehr Schüler als Schülerinnen für die technische Wahlpflichtfächergruppe der Realschule. Die Gründe dafür sind vielfältig, jedoch werden Mädchen im Gegensatz zu Jungen oft nicht explizit an die technischen und naturwissenschaftlichen Bereiche ihres Umfeldes herangeführt, obwohl inzwischen die Chancen für Mädchen in diesen Berufen deutlich angestiegen sind. Die Zielsetzung des Wahlunterrichts ist es, den Schülerinnen eine Gelegenheit zu bieten, Erfahrungen in naturwissenschaftlichen Bereichen zu sammeln und ihr Interesse dafür zu entdecken und eventuell das Wahlverhalten der Mädchen am Ende der sechsten Jahrgangsstufe zu beeinflussen.

Die detaillierte Beschreibung der Maßnahme findet sich in Kap. 3.1.5 „Förderangebote".

Fazit

Um Schülerinnen und Schüler in ihrer Lernentwicklung zu stärken, ist es notwendig, sie so in den Unterricht einzubinden, dass sie sich als selbstwirksam und eigentätig erleben können. Kompetenzraster, Checklisten und andere individualisierende Formen des Lernens sind dazu ebenso hilfreich wie die Einrichtung von Lernzimmern und die Veränderung der Lehrerrolle zum Lerncoach. Die Wirksamkeit dieser einzelnen Maßnahmen wird erhöht, wenn sich auch die Schulstrukturen weiten und Angebote wie Freiarbeit oder Wahlkurse ihren festen Platz im schulischen Alltag erhalten.

4 Wirkung beginnt, wenn sich viele auf den Weg machen: das Kollegium

Die Orientierung an den Stärken der Schülerinnen und Schülern wird effektiver, wenn es gelingt, dass sich die Schule insgesamt auf diese Perspektive einlässt. Es sind viele Maßnahmen erforderlich, um das Kollegium in eine solche Veränderung der Schulkultur einzubinden. An erster Stelle ist die sinnvolle Fortbildung zu nennen, um den notwendig werdenden Rollenwechsel der Lehrkräfte zu unterstützen. Aber auch Arbeit am Schulprofil, die Öffentlichkeitsarbeit und andere Bausteine können zum Gelingen dieses Paradigmenwechsels beitragen.

4.1 Lehrkräften Anregung bieten: zum LernCoach fortbilden

Lehrerinnen und Lehrer spielen eine bedeutsame Rolle für schulische Lernprozesse auf den verschiedensten Ebenen. Das Verständnis von Lehrerinnen und Lehrern als reine »Wissensvermittler« oder »Belehrende« wird im Zuge eines konstruktivistischen Verständnisses von Lernprozessen immer mehr abgelöst von einem Bild der Lehrkraft, das besser mit Worten wie »Lernbegleiter« oder »LernCoach« beschrieben werden kann.

Diese Rollenänderung gelingt leichter, wenn sie bewusst und durch Fortbildungen gestützt vollzogen wird. Im Falle unseres Modellversuchs handelte es sich um eine jeweils zwölftägige Fortbildung für jeweils drei Personen pro Schule, die von Learningfactory unter Leitung von Andreas Müller, Dr. Carina Fuchs, Dr. Zrinka Sosic und Michael Fritz durchgeführt wurde (siehe auch http://www.learningfactory.ch), sowie um verschiedene schulinterne Lehrerfortbildungen. Diese Veranstaltungen wurden teils von den fortgebildeten Lehrkräften, teils aber auch durch externe Expertinnen und Experten angeboten. Alle Fortbildungen konzentrierten sich auf Themenbereiche, die für eine veränderte Rolle der Lehrkraft als essenziell angesehen werden. Nachfolgende Inhalte haben sich für diese Fortbildungen bewährt:

Themenbereich 1: LernCoaching, Lernen und Lernorte

- Gesellschaftlicher Hintergrund: Warum wird die Veränderung der Lehrerrolle nötig? Trends in der Gesellschaft (z. B. Globalisierung, Mobilität, Internet) und die damit zusammenhängende neue Lehrerrolle (Lehrende als Lernbegleiter und nicht als Belehrende) sind Ausgangspunkt für eine neue Lernkultur (vgl. Kap. 1).
- Motivationale und psychologische Grundlagen: Die Bedeutung von Selbstwirksamkeitserwartungen und die Förderung von Stärken als ein zentrales Anliegen des Verständnisses von Lernen (vgl. Kap. 1).
- Didaktische Möglichkeiten: Arbeit mit Kompetenzrastern und Checklisten sowie die Standortbestimmung zum persönlichen Stärkenprofil sind Möglichkeiten, individualisierendes und aktivierendes Lernen umzusetzen. Formulieren von persönlichen Zielen und von Lernnachweisen auf individuellem Herausforderungsniveau (vgl. Kap. 2 und 3).

- Räume als Lehrer: Analyse und Besuch verschiedener Lernorte; Lerninseln als Angebotsstruktur, in denen Lernende selbst ausgewähltes Material sichten und sich damit beschäftigen können, sowie Sprechstunden, in denen der LernCoach individuelle Beratungsgespräche führt (vgl. Kap. 2 und 3).

Themenbereich 2: LernCoaching und selbstständiges Lernen

- Verstehen (statt nur auswendig lernen und memorieren) ist das erklärte Ziel der Lernprozesse, wie sie in der LernCoach-Ausbildung thematisiert wurden.
- Eigene Lernreflexion: Lehrkräfte, die Schüler zu selbstständigem Arbeiten führen möchten, müssen selber selbstständig arbeiten können und ihre schulischen Erfahrungen reflektieren.
- Methodenrepertoire eröffnen: Vielfältige Methoden sind hilfreich, um Schülerinnen und Schüler zu befähigen, sich mit Themen und Inhalten auseinanderzusetzen und sich diese eigenverantwortlich anzueignen (vgl. auch die Literaturempfehlung; Müller u. Noirjean 2007).
- Einforderungskultur pflegen: Die selbstständige Arbeit geht einher mit individuell vereinbarten und konsequent einzuhaltenden Verbindlichkeiten und klaren Strukturen.

Themenbereich 3: LernCoaching und Leistungsbewertung

- Dieses Verständnis von Lernbegleitung bedingt auch eine Reflexion der Kultur der Leistungsmessung und des Feedbacks.
- Verständnis der Wirkung von Leistungsmessung: Steht die Förderung statt einer Bewertung (oder gar Selektion) im Vordergrund, so kann ein Orientieren an Stärken leichter erfolgen.
- Trennung von Förderung bzw. Feedback und Beratung von Leistungsmessung: Das Etablieren kompetenzorientierter Lernprozesse erfordert intensive Bemühungen um Feedback und Förderung. Die Arbeit mit Lernportfolios wurde als Möglichkeit vorgestellt, Selbst- und Fremdevaluation zu verbinden und Lernerfolge zu dokumentieren (Beispiele im Internet unter: http://www.institut-beatenberg.ch).
- Lernstandsdiagnosen: Lernstandsdiagnosen sind nicht nur zu Beginn und zum Ende, sondern auch während des Lernprozesses anzustreben, sodass möglichst jederzeit gewusst werden kann, was der aktuelle Ansatzpunkt für neue Lernprozesse ist.

Themenbereich 4: LernCoaching, Interaktion und Kooperation

- Kooperation ist von entscheidender Bedeutung in lernenden Organisationen wie Schule und Schulklasse.
- Lösungsorientierte Gesprächsführung: Einen wichtigen Schlüssel für gelingende Kooperation stellt die lösungsorientierte Gesprächsführung dar. Hierbei ist der Fokus nach vorne auf die Ziele und die Mittel zur Erreichung dieser

Ziele gerichtet – und nicht auf die Behandlung von Problemen und Ursachenforschung.

- Kooperative Lernformen fördern: Individuelles Lernen ist nicht gleichzusetzen mit vereinzeltem Lernen. Im Gegenteil: Wechselnde Kooperationen sind ein bedeutsamer Bestandteil des Lernprozesses.
- Erstellen persönlicher Portfolios als Lehrkraft: Schließlich wurde in diesem abschließenden Modul 4 angesprochen, wie anhand von Soll-Ist-Analysen das persönliche Portfolio ausgewertet werden kann.

4.2 Profilbildung durch die Summe aller Aktivitäten – ein Beispiel

Ein Schulprofil entsteht durch die Summe aller Aktivitäten, Verhaltensweisen und Gegebenheiten, die in der Schule wirksam sind oder von ihr ausgehen. Es ist das Ergebnis eines mehr oder weniger organischen Entwicklungsprozesses einer Schule oder ergibt sich aus bewusst gepflegten Traditionen, gezielt angestrebten Besonderheiten oder Schwerpunktsetzungen. Jede Schule hat so ihr eigenes Profil, das sie von allen anderen Schulen unterscheidet. Dieses Profil existiert unabhängig davon, ob die einzelne Schule sich dessen bewusst ist oder nicht, auch ohne planvolle Gestaltung.

Ein Profil wird jedoch dann umso wirksamer, wenn dieses bewusst gestaltet wird und es gelingt, möglichst viele Bereiche des Schullebens aufeinander zu beziehen. Dazu ein Beispiel: Ausgehend von dem Wunsch, Schülerinnen und Schüler in ihren Stärken zu fördern, ihr Selbstvertrauen zu unterstützen und dadurch gezielt ihren Kompetenzzuwachs zu verbessern, hat sich die Orlando-di-Lasso-Realschule (Maisach) vorgenommen, dieses Ziel im Laufe des ganzen Schuljahres sichtbar und wirksam werden zu lassen und damit möglichst viele Bereiche des Schullebens auf die Stärkenförderung bezogen:

KOMPASS-Ziele verändern das Schuljahr

Die Ziele, die sich das KOMPASS-Team in Maisach im Rahmen des Projektes gesetzt hat, sind: Selbstständigkeit, Eigenverantwortung, Teamfähigkeit und die Angstminimierung in Prüfungssituationen.

- Unser KOMPASS-Unterricht ist darauf ausgelegt, dass die Schülerinnen und Schüler selbstverantwortlich und eigenständig arbeiten lernen. Hierzu setzen wir verstärkt Gruppenarbeit und Lernzirkel ein. Die Materialien hierfür werden in einem Schrank im Klassenzimmer nach Fächern geordnet aufbewahrt, sodass die Schülerinnen und Schüler auch in Vertretungsstunden eigenständig arbeiten können und Material zur Freiarbeit zur Verfügung haben.
- In der Kernfächern Mathematik, Deutsch und Englisch stehen den Schülerinnen und Schülern in einer Doppelstunde einmal in der Woche zwei Lehrkräfte zur Verfügung. Somit haben die Schülerinnen und Schüler die Möglichkeit, jeweils die Lehrkraft um Rat zu fragen, deren Erklä-

rungsansätze ihnen mehr liegen. Für die Lehrkraft besteht zudem die Möglichkeit, durch eine gezielte individuelle Förderung den Einzelnen zu stärken oder leistungsstarke bzw. leistungsschwächere Gruppen zu unterstützen.

- In einigen Fächern werden das Selbstbewusstsein und die Eigenverantwortlichkeit durch „Lernen durch lehren" gefördert. Dabei gestalten jeweils zwei Schüler/innen in Teamarbeit einen 15-minütigen Unterrichtsteil zu einem vorher festgelegten Themenbereich. Die beiden Schüler/innen fertigen dazu Arbeitsmaterialien, z. B. eine Folie, ein Arbeitsblatt oder eine Tafelanschrift für ihre Mitschüler an und stehen diesen bei Fragen zur Seite. Diese Präsentationsnote spiegelt eine echte mündliche und aussagekräftige Note wider, in der Fach-, Methoden- sowie Sozialkompetenz auf dem Prüfstand stehen.
- Wir üben intensiv das Präsentieren. Neben klassischen Referatsvorträgen werden Partner- und Gruppenvorträge vorbereitet, die ein hohes Maß an sozialer Kompetenz und Teamfähigkeit erfordern. Wir sehen große Erfolge, denn diese Methode fördert spürbar die Sicherheit und das Selbstbewusstsein der Schülerinnen und Schüler. So konnten hervorragende Ergebnisse im Rahmen eines Schiller-Projekts erzielt werden. Neben einem Kurz- und Stopp-Motion-Film gab es ein Theaterstück, Schattenspiele und andere Produkte, in denen Schillers Gedicht „Die Bürgschaft" kreativ umgesetzt wurde.
- Angstminimierung durch angekündigte Leistungsnachweise und transparente Leistungsbewertung haben wir uns als weiteres Ziel gesetzt. Dies beinhaltet den Ersatz von Stegreifaufgaben durch Kurzarbeiten sowie den Ersatz von Rechenschaftsablagen durch Präsentationsnoten. Die Pflichtschulaufgaben bleiben jedoch nach wie vor bestehen, außer im Fach Deutsch, wo eine Schulaufgabe durch ein Projekt zum Sturm und Drang ersetzt wurde.
- Weg von der Fremdeinschätzung – hin zur Selbsteinschätzung: Unserer Meinung nach entwickeln die Schülerinnen und Schüler mehr Stärke und Selbstbewusstsein, indem sie lernen, sich selbst richtig einzuschätzen. Aus diesem Grund erhalten sie nach jeder Schulaufgabe einen Selbsteinschätzungsbogen zum Ausfüllen, der nach Aufgaben gegliedert ist. Nach der Korrektur der Schulaufgabe erhalten die Schülerinnen und Schüler diese zusammen mit einem Feedbackbogen des Lehrers zurück. Wir führten auch Selbsteinschätzungen mit Feedback durch die Lehrkraft durch, die sich auf einen längeren Lernabschnitt bezogen. Diese wurde am Ende des Lernabschnittes von den Eltern gegengezeichnet. Das hat den Vorteil, dass die Eltern in kontinuierlichen Abständen Einblick und Rückmeldung über das Lern- und Arbeitsverhalten ihres Kindes bekamen.
- Außerunterrichtliche Angebote, die von den Schülerinnen und Schülern begeistert angenommen wurden, rundeten die Arbeit ab: Die Mitarbeit als Tutor, in einer Schülerfirma, im Theaterworkshop oder die Teilnahme am Wahlfach „Ich bin stark" gaben viele wertvolle Impulse.

Im kommenden Schuljahr sind die Vertiefung, Ausarbeitung, aber vor allem das Verbreiten im Kollegium unser Ziel. Hierzu werden wir wieder gleichermaßen parallel an der Verbesserung der unterrichtlichen Rahmenbedingungen durch Doppelstunden, Freiarbeitsstunden und Teamteaching arbeiten, das Methodentraining weiterführen, die außerunterrichtlichen Aktivitäten vertiefen und durch schulhausinterne Fortbildungen und Klassenkonferenzen die Kompetenzen der Kolleginnen und Kollegen in der Stärkenförderung vertiefen.

4.3 Lernkultur organisieren

Um die Stärkenförderung wirksam in die Schule zu implementieren, ist es hilfreich, diesen Schritt zunächst als Projekt zu definieren:

(1)Das *Projektziel* sollte zu Beginn möglichst klar beschrieben werden. Es ist auf eine eindeutige Aufgabenstellung und Kompetenzverteilung zu achten; die Zielsetzung, die zeitliche Befristung (Anfang und Ende des Projekts) und die besondere, auf das Vorhaben abgestimmte Organisation, die zur Projektdurchführung nötig ist, müssen klar sein.

Veränderung in Schritten

Als Lehrkraft schätzt man die Diversität der Lernformen sowie der Aktionen und Projekte, die von den Schülerinnen und Schülern im Rahmen der Stärkenförderung begonnen, durchgeführt und abgeschlossen werden. Klare Regeln helfen bei der Gestaltung der Vorhaben.

Nach knapp vier Jahren zielgerichteter Arbeit zur Stärkenförderung stellen wir fest, dass natürlich nicht in allen Bereichen die Notenleistungen verbessert werden konnten, doch erfahren wir täglich, wie wichtig es für die Schülerinnen und Schüler ist, ihre Selbstwirksamkeit zu erfahren. Die Beteiligung an und die Verantwortung für schulische Aktionen sind stark gestiegen, wodurch viele Kompetenzen (Soft Skills) erworben werden, die von der Gesellschaft gefordert und zunehmend vorausgesetzt werden. Stärkenorientierung hat sich in verschiedenen aufeinander aufbauenden Maßnahmen (5. Klassen: Einrichtung von Profilklassen; 6. Klassen: klassenübergreifender, am Lerntempo orientierter Unterricht in Mathematik und Deutsch mit jeweils unterschiedlicher Wochenstundenzahl und einer KOMPASS-Stunde; 7./8. Klassen: Differenzierung und Co-Teaching; 9. und 10. Klassen: KOMPASS-Stunden) an unserer Schule etabliert. Das verändert das Schulklima!

Team der Walter-Mohr-Realschule Traunreut

PRAXIS-TIPP
Tipps für die Implementierung einer stärkenorientierten Pädagogik

- Man sollte Lehrerteams finden, die gut zusammenarbeiten können.
- Eine gemeinsame Besprechungsstunde der am Projekt beteiligten Lehrkräfte sollte im Stundenplan fest eingeplant werden. Deshalb ist die frühzeitige Planung und Berücksichtigung im Stundenplan wichtig.
- Ein regelmäßiger Gedankenaustausch zwischen den beteiligten Lehrkräften, aber auch dem kompletten Kollegium sollte angeregt werden, sodass der Funke überspringen kann und sich die Skepsis legt.
- Dem Kollegium sollten das Projekt und die einzelnen Schritte erläutert werden, um das Vorgehen auch für nicht unmittelbar beteiligte Lehrkräfte transparent zu gestalten.
- Auch die Öffentlichkeit sollte anhand von Zeitungsberichten, Kurzinformationen in Jahresberichten etc. über das Projekt informiert werden.
- Eine Unterstützung bei vielen organisatorischen Fragen, etwa bei der Stundenplangestaltung, der Einteilung von Vertretungsstunden, den parallel geschriebenen Leistungsnachweisen und Schulaufgaben ist notwendig.
- Unabdingbar ist ein reger Austausch mit den Eltern in Form von Elternabenden und Elternfragebögen, sodass auch deren Anliegen und Wünsche berücksichtigt werden können.
- Eine gute Planung und ein schrittweises Vorgehen schützen vor Überforderung.

(2) Vor dem Projektstart ist ein klarer *Projektauftrag* zu formulieren, in dem Zeitrahmen, Kosten und erwarteter Nutzen beschrieben sind. Das Projektziel sollte überprüfbar sein. Es sollten Meilensteine festgelegt werden, ebenso wie kleinere Zwischenschritte, die ebenso wie die Meilensteine auch mit einem Termin versehen sind. Zur Festlegung des Projektauftrags ist die *„SMART-Regel"* von Nutzen: Ziele müssen spezifisch, messbar, akzeptiert/attraktiv, realistisch und terminiert sein (siehe Kapitel 2.1).

(3) Es gibt verschiedene Hierarchieebenen in einem Projekt: In der Regel ist die Schulleitung Auftraggeber für ein Projekt. Das durch sie bestimmte *Projektteam* organisiert und koordiniert das Projekt. Die jeweiligen Befugnisse sollten im Vorfeld geklärt werden. Die Schulleitung sollte das Projektteam samt der dazugehörigen Aufgaben möglichst öffentlich im Lehrerkollegium bekannt geben, um ihm den Rücken zu stärken. Bei der Zusammenstellung des Teams ist darauf zu achten, dass die erforderlichen Qualifikationen im Team gegeben sind.

PRAXIS-TIPP
Steuergruppen – auf die Mischung kommt es an

Eine der beteiligten Schulen beschreibt ihre Steuergruppe folgendermaßen: „Wir haben die optimale Steuergruppe: Sie besteht aus vier sehr unterschiedlichen Personen. Einer ist der ruhende Pol, eine Person ist unsere Visionärin, die immer schon sehr klar innovative Langzeitziele vor Augen sieht. Eine Person ist die Zweiflerin. Sie macht uns durch ihr „Aber" rechtzeitig auf alle Probleme aufmerksam und verhindert, dass wir die Bindung an das Machbare verlieren und uns in unseren Visionen verzetteln. Der Vierte im Bunde ist ein pragmatischer Tüftler, der für unsere Ideen z. B. im Stundenplan Raum schafft."

(4) Das Projektteam, häufig auch Steuergruppe genannt, sollte eine kohärente Ablaufplanung entwickeln, sich um die *Projektunterstützungssysteme* kümmern (z. B. Konsultieren von Experten, Kontakt zu anderen Schulen, Einwerbung von Geldern usw.).

(5) Günstig ist es, mit einer oder einigen Klassen bzw. Jahrgangsstufen anzufangen und dann das *Projekt* in alle Klassen der Schule zu *verbreitern*. Wenn das Projekt gut verankert ist, muss daran gedacht werden, dieses immer wieder gut an die neu an die Schule kommenden Kolleginnen und Kollegen weiterzugeben.

(6) Auch die *Information über das Vorhaben* ist bedeutsam. Dies betrifft die Öffentlichkeitsarbeit wie z. B. das Pflegen von (Presse-)Beziehungen. Nach innen bedeutet dies vor allem die regelmäßige Information des Kollegiums, aber auch die Entwicklung eines gemeinsamen Logos für das Projekt, die Verwendung einheitlicher Briefbögen etc. sowie die Projektdokumentation (evtl. auch online).

- Es sollte geklärt sein, was von der Fortbildung erwartet wird: Einige Lehrkräfte erwarten sehr praxisnahe Tipps, die sich im Sinne von Vorlagen sofort in die Praxis umsetzen lassen, andere erwarten eher konzeptionelle Anregungen, die sie selber für ihre eigene Unterrichtspraxis weiterentwickeln. Hier sollte konzeptionelle Klarheit bestehen, damit keine falschen Erwartungen geschürt werden.
- Die Fortbildung wird dann effizienter, wenn sie auf einer im Kollegium gemeinsam geteilten *Problemsicht* aufbauen kann. Es lohnt sich also, vor einer Fortbildung (z. B. mit einem externen Referenten) zwei Stunden im Kollegium auf den Austausch über die Situation an der Schule zu verwenden.
- Für das Gelingen eines Innovationsprozesses ist es wichtig, diesen nicht nur von oben über die Schulleitung implementieren zu wollen, sondern auf einen breiten Konsens im Kollegium zu achten.

(7) *Unterstützungsstrukturen für Lehrkräfte* schaffen: Wenn die Stärken und Kompetenzen der Schülerinnen und Schüler im Mittelpunkt des Unterrichts und der Schule stehen, dann ändert sich die Rolle der Lehrerin/des Lehrers weg von der Instruktion hin zur Moderation, Beratung und Organisation von Lernprozessen. Diese Veränderung der Rolle kann im Schulalltag durch Lehrerteams unterstützt werden.

Jahrgangs- und fächerübergreifendes Lehrerteam

Um die Veränderung der Lehrerrolle zu unterstützen, arbeiten wir in Lehrerteams. Das Team bildet sich aus – bestenfalls – drei Kernfachlehrern einer Klasse. Dieses Lehrerteam kann auch in zwei Klassen eingesetzt sein.

Ziele:

- Lerncoaching (Diagnose, Differenzierung und Stärkenförderung);
- Pädagogische Begleitung der Schüler (Absprache von pädagogischen Maßnahmen aller Art);
- Beratung von Schülern und Eltern (Gespräche mit Eltern im Lehrerteam, Coaching-Gespräche mit Schülern).

Teamstunde:

Die Maßnahme erfordert eine gemeinsame Stunde, die blockiert sein muss. Diese Teamstunde ermöglicht:

- Austausch über den individuellen Lernstand der Schüler;
- Diagnose nach Beobachtung, Screenings, Tests und Klassenarbeiten;
- Absprache über entsprechende Maßnahmen zur Förderung und Stärkung;
- Absprachen zur Freiarbeit, die vom Lehrerteam einmal wöchentlich fächerübergreifend angeboten wird. Das Material wird von den Lehrern, dem jeweiligen Lernstoff angepasst, zur Differenzierung erstellt: Differenziert wird nach Fächern und nach Anforderung innerhalb der Fächer, sodass jeder Schüler entweder üben oder sich neuen Herausforderungen stellen kann;
- Absprachen über pädagogische Maßnahmen, z. B. bei auffälligem Verhalten, zur Gruppenbildung im Klassenzimmer, zum Sitzplan;
- Absprache über die Koordination von Aktivitäten, z. B. Verteilung der Bereiche des Methodentrainings, das von den Lehrern übernommen und im Klassenzimmer (z. B. an einer Wandtafel) dokumentiert wird;
- Planung von Projekten;
- Gemeinsame Gespräche mit Eltern, bei Bedarf gemeinsam mit dem Kind: Dies ermöglicht zum einen ein differenziertes Bild des Kindes, zum anderen dient es dem Informationsfluss untereinander;
- Gemeinsame Vergessensliste bei Hausaufgaben und Unterrichtsmaterial;
- Wöchentliche Reflexion des Lernerfolgs für Schüler;
- Angebot gemeinsamer Gespräche von Eltern, Lehrerteam und eventuell Schüler beim Elternsprechtag;
- Nach Möglichkeit Angebot von Coaching-Gesprächen mit Schülern, sofern es der Stundenplan erlaubt;
- Methodentraining, in den Unterricht integriert und für alle Fächer dokumentiert.

Organisatorisches:

- Für die Teamstunde sollte neben dem festen Zeitpunkt auch ein fester, ruhiger Raum bereitstehen.

Evaluation:

- Eltern: Hohe Akzeptanz der gemeinsamen Gesprächsmöglichkeiten, ebenfalls hohe Akzeptanz der anderen Maßnahmen;
- Schülerinnen und Schüler: Positive Auswirkungen der gemeinsamen pädagogischen Maßnahmen auf das Klassenklima, positive Annahme der Gesprächsangebote, gute Lernergebnisse (z. B. bei Jahrgangsstufentests);

Lehrkräfte:

- Erhöhung der Berufszufriedenheit wegen geringeren Reibungsverlusten bei Absprachen, wegen Möglichkeiten des Austausches, der Teamarbeit und des Gefühls erhöhter Wirksamkeit.

Georg-Hipp-Realschule Pfaffenhofen

PRAXIS-TIPP
Tipps für Veränderungen in der schulischen Lernkultur

- Teamstunde muss möglich sein, auf Einhaltung dringen!
- Mit Kollegen, die man mag und mit denen man pädagogische Werte teilt, zusammenarbeiten!
- Teamstunde nicht hauptsächlich zur Diskussion von Defiziten und Problemen verwenden, sondern auch dazu, um Gespräche über individuelle Stärken und positive Entwicklungen zu führen. Akzent nicht auf Negatives legen, positive Eigenschaften von Schülern sehen!
- Eltern- und Schülergespräche als lösungsorientierte Beratungsgespräche führen!
- Der Elternsprechtag mit gemeinsamen Gesprächen muss vom Lehrerteam organisiert werden!

Umgang mit Widerstand im Kollegium

Nicht immer sind alle Lehrkräfte von Innovationen im Schulalltag begeistert. Im Gegenteil: Häufig überwiegt Skepsis, und manche Schulleitung scheut sich, vor diesem Hintergrund etwas in der Schule zu verändern. Das muss aber nicht sein:

- Widerstand positiv interpretieren: Häufig weist Widerstand auf Probleme hin. Deshalb kann es sinnvoll sein, manche vorgetragenen Argumente zu prüfen.
- Mit den schwungvollen Kolleginnen und Kollegen vorangehen: Oft lähmt man sich in einer Schule selbst, wenn man nur gemeinsam etwas voranbringen möchte. Dann wird viel Energie in Widerständige investiert, ohne dass sich etwas Produktives entwickelt. Deshalb ist es vielfach sinnvoll, mit jenen etwas zu machen, die daran Interesse haben. Haben diese Aktivitäten Strahlkraft, dann werden sich auch weitere Kollegen auf den Weg machen, schließlich ist nichts so überzeugend wie gelingende Praxis.

- Häufig hilft eine klare Wertschätzung der Innovationen seitens der Schulleitung, wenn diese durch klare Kommunikation positiv gewürdigt wird, wenn Entlastungen für diejenigen, die daran arbeiten, organisiert werden und positive Berichterstattung in der Presse erfolgt.

(8) *Adäquate Ausstattung:* Eine stärkenorientierte Pädagogik ist nicht zum Nulltarif zu bekommen. Veränderungen an Schulen kosten Geld – wenn auch häufig schon mit wenigen Mitteln viel zu erreichen ist. Viele Veränderungen für eine stärkenorientierte Pädagogik waren kostenneutral, da sie vor allem auf dem Engagement von Lehrerinnen und Lehrern beruhten. Da eine stärkenorientierte Pädagogik langfristig zur Entlastung von Lehrerinnen und Lehrern beiträgt, zahlt sich dieses Engagement relativ schnell spürbar aus.

Wichtig ist aber auch die Verknüpfung eines solchen Ansatzes mit den der Schulleitung zur Verfügung stehenden Ressourcen. Jede Schule verfügt über frei einsetzbare Lehrerstunden; es ist sinnvoll, diese in pädagogischen Maßnahmen zur Stärken- und Kompetenzorientierung zu bündeln.

Darüber hinaus lassen sich häufig bei einem guten Konzept Finanzressourcen z. B. für die Ausstattung von Zimmern für die Freiarbeit gewinnen. Fördervereine, Schulträger oder Stiftungen sind hier gute Ansprechpartner.

Fazit: Komplex vorgehen

Veränderungen im Kollegium sind nicht einfach zu bewirken. Es ist wichtig, die Veränderung der Lernkultur einer Schule nicht dem Zufall oder dem Engagement Einzelner zu überlassen, sondern als Schulleitung systematisch darauf hinzuwirken. Auf diese Weise wird die Implementierung von Innovationen nicht als eine bloße Addition individueller Einzelmaßnahmen engagierter Lehrkräfte gesehen, sondern als ein systemischer Entwicklungsprozess.

Autonomie-Paritätsmuster: Warum es nicht einfach ist, sich in einer Schule über die Veränderung von Unterricht zu verständigen

Lehrkräfte arbeiten im Unterricht weitgehend autonom. Sie werden nur in Ausnahmesituationen von anderen professionellen Fachkräften beobachtet. Ein Kollegium ist dadurch gekennzeichnet, dass alle im Unterricht gleichermaßen eigenständig arbeiten. Man arbeitet gerne zusammen, ohne dem anderen in seinen eigenen Autonomiebereich hineinzureden. Das wird als Autonomie-Paritätsmuster verstanden. Die Implementation von Stärkenorientierung im Unterricht bedeutet jedoch, dass von den Lehrkräften verlangt wird, ein Stück weit ihre eigene Unterrichtsautonomie zugunsten der gemeinsamen Innovationsziele aufzugeben. Das ist nicht einfach! Die Bereitschaft dazu auf einer breiten Basis das Kollegium zu erreichen gelingt besonders dann, wenn eine gemeinsame Verständigung über Unterricht und Schule stattfindet. In Kollegien, in denen eine solche Lehr-Lernkultur noch nicht so deutlich ausgeprägt ist, muss der Anbahnung dieser Verständigungsprozesse entsprechend viel Zeit eingeräumt werden, dieses neue Selbstverständnis einer „professionellen Lerngemeinschaft“ (Rolff, 2007) zu entwickeln.

Für die Verbreitung einer Idee ist es von Bedeutung, dass der Lernprozess einer Schule als Adaptions- und Aneignungsprozess organisiert wird. Es geht nicht darum, die Ideen von anderen einfach überzustülpen oder zu kopieren. Vielmehr ist es notwendig, dass die teilnehmenden Lehrerinnen und Lehrer die Chance haben, sich im Aneignungsprozess das neu Gelernte zu erarbeiten und an ihre eigene Situation zu adaptieren. Dieses sollte auch in den Bezeichnungen (z. B. „Lernwerkstätte" gegenüber „Implementationsmodul") sprachlich sichtbar gemacht werden. In der Forschung spricht man von den Vorteilen eines „evolutionär-adaptiven Ansatzes der Implementation" gegenüber einem „programmierten Ansatz" (Altrichter u. Wiesinger 2005).

5 Effekte einer Veränderung der Schulkultur

5.1 Stärkenförderung empirisch untersuchen

Führt eine stärkenorientierte Pädagogik wirklich dazu, dass Schülerinnen und Schüler selbstständiger lernen, ein höheres Interesse am Unterricht haben und so das schulische Lernen insgesamt positiv beeinflusst wird? Und: Verändern Lehrkräfte ihre Einstellung, wenn sie sich mit stärkenorientierter Pädagogik beschäftigen? Diese Fragen standen im Mittelpunkt der Evaluation des Modellversuchs, über deren Vorgehen und Ergebnisse nachfolgend berichtet wird.

Was wissen wir darüber, ob sich Unterrichtsveränderungen, die auf eine Stärkung der Schülerinnen und Schüler abzielen, auch tatsächlich lohnen? Bringen solche Maßnahmen wie Kompetenzraster, Lernstunden, Räume zum eigenverantwortlichen Lernen und andere Ideen auch wirklich einen Effekt im Hinblick auf das Selbstwertgefühl der Schülerinnen und Schüler? Wir sind diesen Fragen empirisch nachgegangen und befragten die Schülerinnen und Schüler: Wie erleben sie den veränderten Unterricht? Was trauen sie sich zu? Wie sieht ihr Selbstwertgefühl aus? Ebenso befragten wir die Lehrkräfte: Wie sehen sie ihre Schülerinnen und Schüler, und wie stehen sie zu aktuellen Tendenzen der Schulentwicklung?

Dazu wurde ein Untersuchungsdesign mit *Projekt- und Kontrollschulen* entwickelt. Um eine Vergleichbarkeit zu erreichen, wurden Kontrollschulen mit möglichst ähnlichen Schulmerkmalen wie die Projektschulen (im Folgenden „KOMPASS-Schulen" genannt) ausgewählt. Hierbei war es vor allem wichtig, Schulen als Vergleichsgruppe heranzuziehen, die ähnlich aktiv in Bezug auf die Offenheit für Innovationen und Schulentwicklung wie die Projektschulen sind. Dafür schienen insbesondere solche Schulen geeignet, die am Projekt „Modus F" der Stiftung Bildungspakt Bayern teilgenommen haben. Hauptsächlich aus diesem Pool wurden sieben Kontrollschulen gewonnen, die sich mit den KOMPASS-Schulen unter mehreren Gesichtspunkten vergleichen ließen:

- im Hinblick auf die Trägerschaft der Schulen (z.B. staatliche Schulen oder Schulen in konfessioneller Trägerschaft),
- im Hinblick auf das genderbezogene Erziehungskonzept (d. h. die Frage, ob in den Schulen koedukativ oder monoedukativ unterrichtet wird),
- im Hinblick auf eine ausgewogene Mischung bezüglich der Lage bzw. des Einzugsgebiets der Schule (eher ländlich orientierte Schulen oder eher städtisch orientierte Schulen) sowie
- im Hinblick auf die Größe der Schule (Schüler- und Klassenzahl).

Die Realschulen der Kontrollgruppe wurden den KOMPASS-Schulen nicht eins-zu-eins zugeordnet, sondern aus statistischen Gründen in einem Kontrollschulpool zusammengefasst.

Die Anlage der Untersuchung als Längsschnitt

Die Untersuchung wurde als *Längsschnitt* angelegt, denn Veränderungen im Verhalten der Schülerinnen und Schüler können von Bestand sein oder auch nur für einen kurzen Zeitraum auftreten und dann wieder verschwinden. Deshalb wurde für die Untersuchung ein Design mit drei Messzeitpunkten gewählt. Damit können vorübergehende wie nachhaltige Effekte abgebildet werden.

Es war ein Anliegen bei der Evaluation des Modellprojekts, die Messlatte für die KOMPASS-Schulen nicht zu niedrig anzulegen. Dass mit den ausgewählten Kontrollschulen eine adäquate Vergleichsgruppe gefunden wurde, zeigt sich durchgängig; zum Teil weisen die Kontrollschulen zu Messzeitpunkt 1 sogar einen höheren Wert auf als die KOMPASS-Schulen.

Die Untersuchungsinstrumente

Das zentrale Anliegen dieser Untersuchung ist es, die Effekte einer stärkenorientierten Pädagogik bei den beteiligten Schülerinnen und Schülern zu beschreiben. Wie verändern sich das Selbstwertgefühl der Schülerinnen und Schüler und deren Unterrichtswahrnehmung durch einen stärkenorientierten Unterricht? Weiter wurden auch die Lehrkräfte an den KOMPASS- und Kontrollschulen zu ihren Einschätzungen befragt.

Alle Daten wurden mittels Fragebögen erhoben (vgl. dazu ausführlich die Darstellung bei Zeinz u. a. in Vorbereitung). Eine Auswahl der Themen, die mit den Fragebögen für die Schülerinnen und Schüler erfasst wurden, sind in Tab. 4 dargestellt. Hier werden auch Beispiele dafür gegeben, wie diese Themenbereiche erfasst wurden. Themen und Beispiele der Lehrkräftebefragung sind in Tab. 5 angeführt.

Themen	Beispielitem
Allgemeines Interesse (an Schule) (6 Items)	„In der Schule gut zu sein ist mir wichtig.“ (Antwortformat 6-stufig von 1 = „stimmt gar nicht“ bis 6 = „stimmt völlig“)
Interesse im Fach Mathematik (3 Items)	„Mathematik ist mir persönlich wichtig.“ (Antwortformat 4-stufig, z. B. von 1 = „trifft nicht zu“ bis 4 = „trifft zu“)
Interesse im Fach Deutsch (3 Items)	„Wenn ich lese, vergesse ich manchmal alles um mich herum.“ (Antwortformat 4-stufig, z. B. von 1 = „trifft nicht zu“ bis 4 = „trifft zu“)
Schulisches Selbstkonzept (3 Items)	„Ich bin in den meisten Schulfächern gut. (Antwortformat 4-stufig, z. B. von 1 = „trifft nicht zu“ bis 4 = „trifft zu“)
Selbstkonzept im Fach Mathematik (3 Items)	„Mathematik ist eines meiner besten Fächer.“ (Antwortformat 4-stufig, z. B. von 1 = „trifft nicht zu“ bis 4 = „trifft zu“)

Selbstkonzept im Fach Deutsch (3 Items)	„Im Fach Deutsch lerne ich schnell." (Antwortformat 4-stufig, z. B. von 1 = „trifft nicht zu" bis „trifft zu")
Implizite Fähigkeitstheorie (4 Items)	„Ich kann meine Fähigkeiten steigern." (Antwortformat 6-stufig von 1 = „stimmt gar nicht" bis 6 = „stimmt völlig")
Umgang mit Misserfolg (7 Items)	„Wenn ich einen Fehler mache, versuche ich gezielt, mich zu verbessern." (Antwortformat 6-stufig von 1 = „stimmt gar nicht" bis 6 = „stimmt völlig")
Präferenz für kooperative Lernformen (5 Items)	„Ich arbeite gern mit anderen Schülern zusammen." (Antwortformat 4-stufig, z. B. von 1 = „trifft nicht zu" bis 4 = „trifft zu")
Positive Schulwahrnehmung (5 Items)	„Meine Schule ist ein Ort, an dem ich mich dazugehörig fühle." (Antwortformat 5-stufig von 1 = „stimmt gar nicht" bis 5 = „stimmt ganz genau")
Wahrgenommene individuelle Bezugsnormorientierung der Lehrkraft (3 Items)	„Meine Lehrer meinen, ein gutes Ergebnis ist, wenn es besser ist als das Ergebnis davor." (Antwortformat 6-stufig von 1 = „stimmt gar nicht" bis 6 = „stimmt völlig")
Wahrgenommene Strukturierungshilfen durch die Lehrkraft (5 Items)	„Unsere Lehrer heben immer wieder hervor, was wichtig ist." (Antwortformat 4-stufig, z. B. von 1 = „trifft gar nicht zu" bis 4 = „trifft voll zu")
Vermeidungs-Leistungszielorientierung (8 Items)	„In der Schule geht es mir darum, dass niemand merkt, wenn ich etwas nicht verstehe." (Antwortformat 5-stufig von 1 = „stimmt gar nicht" bis 5 = „stimmt genau")

Tab. 4: Auswahl der Themen und Beispiele zu den Schülerfragebögen

Themen	**Beispielitem**
Unterrichtsentwicklung durch gemeinsame Ziele (KOMPASS) (1 Item)	„Das Nachdenken über gemeinsame pädagogische Ziele hat den Unterricht der einzelnen Lehrer/-innen verändert." (Antwortformat 5-stufig von „stimmt gar nicht" bis „stimmt")
Schulentwicklung durch KOMPASS (1 Item)	„KOMPASS hat wichtige Impulse für unsere Schule gegeben." (Antwortformat 5-stufig von „stimmt gar nicht" bis „stimmt")
Berufszufriedenheit (2 Items)	„Wie zufrieden sind Sie persönlich mit Ihrem Beruf?" (Antwortformat 5-stufig von „sehr unzufrieden" bis „sehr zufrieden"
Förderung leistungsschwächerer Schülerinnen und Schüler	„Ich fördere leistungsschwächere Schüler im Unterricht durch differenzierte Methoden und Materialien." (Antwortformat 5-stufig: 1 = „täglich", 2 = „mindestens einmal wöchentlich", 3 = „mindestens einmal im Monat", 4 = „einige Male im Schuljahr", 5 = „seltener/nie")

Förderung leistungsstarker Schülerinnen und Schüler	„Ich fördere leistungsstarke Schüler im Unterricht durch differenzierte Methoden und Materialien.“ (Antwortformat 5-stufig: 1 = „täglich“, 2 = „mindestens einmal wöchentlich“, 3 = „mindestens einmal im Monat“, 4 = „einige Male im Schuljahr“, 5 = „seltener/nie“)
Selbstwirksamkeitserwartung der Lehrkraft (8 Items)	„Ich weiß, dass ich es schaffe, selbst den problematischsten Schülern den prüfungsrelevanten Stoff zu vermitteln.“ (Antwortformat 4-stufig von 1 = „lehne voll ab“ bis 4 = „stimme voll zu“

Tab. 5: Auswahl der Themen und Beispiele zu den Lehrkräftefragebögen

Bei der Anonymisierung der Fragebögen wurden hohe wissenschaftliche Standards angelegt. Die Untersuchung wurde durch das Bayerische Staatsministerium für Unterricht und Kultus genehmigt. Die Maßnahmen zur Anonymisierung entsprechen erprobten Verfahren.

Im Folgenden werden zunächst die Ergebnisse der Schülerbefragung, an der rund 3600 Lernende teilgenommen haben, dargestellt (vgl. Kap. 5.2 bis 5.5). Abschließend werden die Befunde der Befragung der an den Schulen unterrichtenden Lehrkräfte berichtet (vgl. Kap. 5.6). An dieser Befragung hatten rund 800 Lehrerinnen und Lehrer teilgenommen.

5.2 Ergebnis 1: Bewältigung des Übertritts von der Grundschule in die fünfte Jahrgangsstufe durch eine stärkenorientierte Pädagogik

Der Übergang von der Grundschule an eine weiterführende Schule ist eine besonders sensible Phase für Schülerinnen und Schüler. Schließlich werden die Kinder hier aus ihrer bisherigen Bezugsgruppe herausgenommen. Sie finden sich in einer neuen Gruppe mit Schülerinnen und Schülern ihrer Leistungsstärke wieder. Damit wird das Vergleichsfeld hinsichtlich ihrer schulischen Leistungen enger. Dies ist tendenziell nicht dem Selbstwertgefühl (vgl. Martschinke 2011) dienlich, da viele Schülerinnen und Schüler, die sich bisher nicht am Ende der Leistungsskala erlebten, nun diese Erfahrung machen. Auch ändert sich das Klassenlehrerprinzip zugunsten des Fachlehrerprinzips und häufig ist die Schule nicht mehr wohnortnah. Dies kann problematisch sein, da die Schülerinnen und Schüler zum Beispiel nicht mehr in gewohntem Ausmaß mit einer einzigen zentralen Bezugsperson zu tun haben und sich auch mit neuen Mitschülern und weiten Anfahrtswegen zurechtfinden müssen. Viele motivationale Aspekte, die für das Lernen von entscheidender Bedeutung sind, nehmen in dieser Phase bei den Schülerinnen und Schülern einen ungünstigen Verlauf: Nach einem anfänglichen Hochgefühl über den Wechsel an eine neue Schule sinken die Motivation und die Lernfreude in der Regel bei der Mehrzahl der Schülerinnen und Schüler ab (vgl. Martschinke 2011).

Es zeigt sich, dass durch eine stärkenfördernde Pädagogik diese motivationssenkenden Effekte deutlich gemildert werden können. Entscheidend dafür ist ein positives Selbstkonzept. Dieses hat u. a. positive Auswirkungen auch auf schulische Leistungen (z. B. Moschner u. Dickhäuser 2006). Die Selbsteinschätzungen der Schülerinnen und Schüler bezüglich ihrer eigenen Leistungen fallen erfahrungsgemäß nach dem Übertritt an die Realschule ab. Diesem negativen Trend kann durch eine stärkenorientierte Pädagogik nachweisbar entgegengewirkt werden.

So ließ sich der allgemeine Abwärtstrend in den *fachspezifischen Selbstkonzepten* im Fach Deutsch und Mathematik abschwächen. In beiden Kernfächern ist der Entwicklungsunterschied für das Selbstkonzept zwischen KOMPASS- und Kontrollschulen statistisch signifikant (vgl. Abb. 48 und 49).

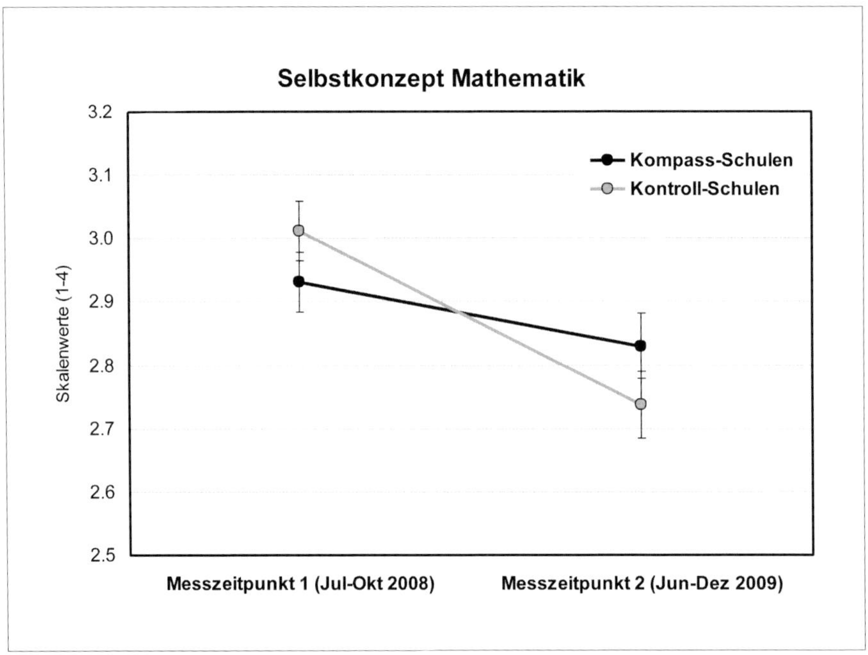

Abb. 48: Entwicklung des Selbstkonzepts in Mathematik der Fünftklässler an Schulen im Modellversuch und an Kontrollschulen im Vergleich von Messzeitpunkt 1 zu Messzeitpunkt 2
Anmerkung: Der Unterschied zwischen Kontrollschulen und KOMPASS-Schulen ist im Verlauf von Messzeitpunkt 1 zu Messzeitpunkt 2 statistisch signifikant ($p < .05$, d. h., mit einer Wahrscheinlichkeit von mehr als 95 % beruhen die Unterschiede nicht auf einem stichprobenbedingten Zufall). Die Skalenwerte der y-Achse beziehen sich auf die Antwortkategorien (vgl. Tab. 4).

Ferner konnte das Absinken des *Interesses* im Fach Mathematik deutlich verringert werden (vgl. Abb. 50).

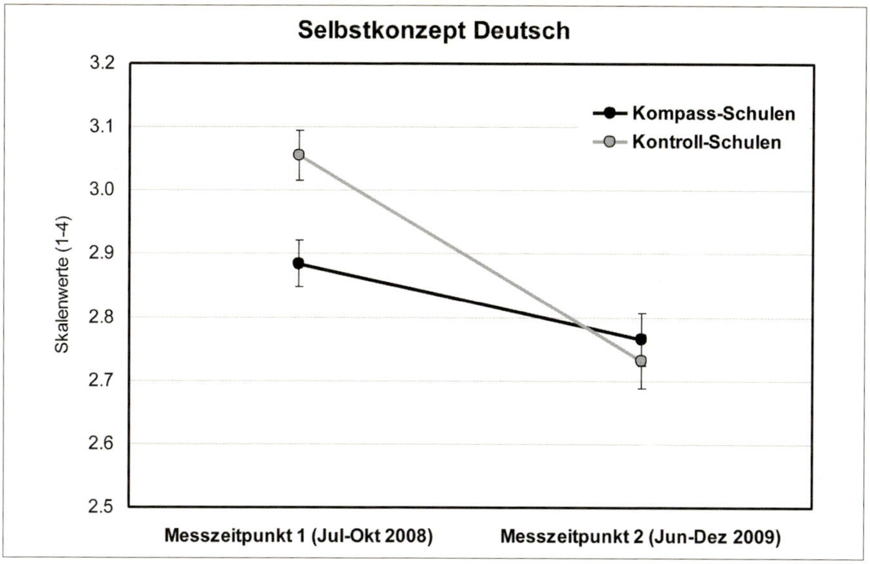

Abb. 49: Entwicklung des Selbstkonzepts in Deutsch der Fünftklässler an Schulen im Modellversuch und an Kontrollschulen im Vergleich von Messzeitpunkt 1 zu Messzeitpunkt 2
Anmerkung: Der Unterschied zwischen Kontrollschulen und KOMPASS-Schulen ist im Verlauf von Messzeitpunkt 1 zu Messzeitpunkt 2 statistisch signifikant ($p<.01$, d. h., mit einer Wahrscheinlichkeit von mehr als 99 % beruhen die Unterschiede nicht auf einem stichprobenbedingten Zufall). Die Skalenwerte der y-Achse beziehen sich auf die Antwortkategorien (vgl. Tab. 4).

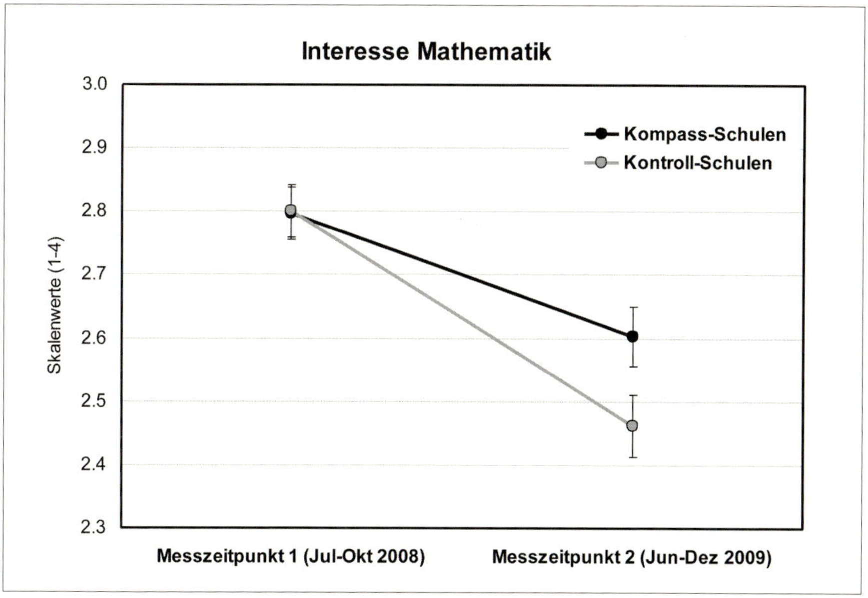

Abb. 50: Entwicklung des Mathematikinteresses der Fünftklässler an Schulen im Modellversuch und an Kontrollschulen im Vergleich von Messzeitpunkt 1 zu Messzeitpunkt 2
Anmerkung: Der Unterschied zwischen Kontrollschulen und KOMPASS-Schulen ist im Verlauf von Messzeitpunkt 1 zu Messzeitpunkt 2 statistisch signifikant ($p<.05$, d. h., mit einer Wahrscheinlichkeit von mehr als 95 % beruhen die Unterschiede nicht auf einem stichprobenbedingten Zufall). Die Skalenwerte der y-Achse beziehen sich auf die Antwortkategorien (vgl. Tab. 4).

Die Evaluation konnte zeigen, dass die Selbstkonzeptverläufe in den Fächern Mathematik und Deutsch sowie die Entwicklung des Interesses im Fach Mathematik an den KOMPASS-Schulen günstiger ausfielen als an den Kontrollschulen. Im Folgenden wird der Verlauf der impliziten Fähigkeitstheorie von Schülerinnen und Schülern in den Blick genommen.

Unter der *impliziten Fähigkeitstheorie* von Schülerinnen und Schülern versteht man die Überzeugung von der Veränderbarkeit eigener Fähigkeiten. Unterschieden werden kann zwischen Personen, die ihre Fähigkeiten für relativ unveränderbar halten, und solchen, die sehr wohl an die Möglichkeit glauben, das eigene Vermögen steigern zu können. In früheren Untersuchungen konnte gezeigt werden, dass diese Überzeugungen die individuellen kognitiven Prozesse und Leistungen beeinflussen (z. B. Cury u. a. 2008, Dresel u. Ziegler 2006). Während an den Kontrollschulen die Überzeugung der Veränderbarkeit eigener Fähigkeiten bei den Schülerinnen und Schülern abnahm, konnten die Schülerinnen und Schüler an den KOMPASS-Schulen ihre positive Sichtweise unverändert erhalten (vgl. Abb. 51). Dies ist wohl nicht zuletzt auf den fördernden Unterricht an den Modellschulen zurückzuführen, der es den Heranwachsenden ermöglicht, ihre Begabungen zu nutzen, um neue Herausforderungen zu meistern.

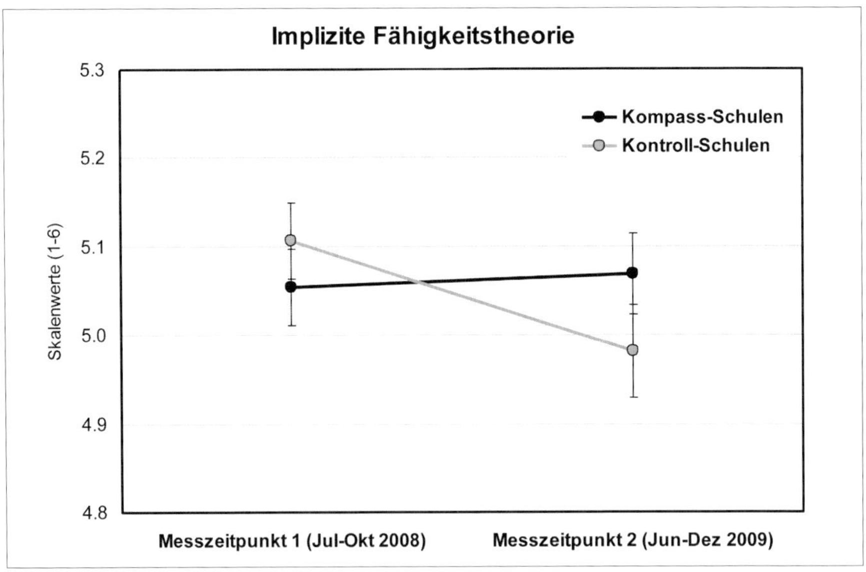

Abb. 51: Entwicklung der impliziten Fähigkeitstheorie der Fünftklässler an Modell- und Kontrollschulen im Vergleich von Messzeitpunkt 1 und Messzeitpunkt 2

Anmerkung: Der Unterschied zwischen Kontrollschulen und KOMPASS-Schulen ist im Verlauf von Messzeitpunkt 1 zu Messzeitpunkt 2 statistisch signifikant ($p < .07$, d. h., mit einer Wahrscheinlichkeit von mehr als 93 % beruhen die Unterschiede nicht auf einem stichprobenbedingten Zufall). Die Skalenwerte der y-Achse beziehen sich auf die Antwortkategorien (vgl. Tab. 4).

An den KOMPASS-Schulen konnte also verzeichnet werden, dass Schülerinnen und Schüler eher von der Veränderbarkeit ihrer Fähigkeiten überzeugt sind als an den Kontrollschulen. Diese Einstellung an KOMPASS-Schulen gilt, wie geschildert, als förderlich für Lern- und Leistungsprozesse. Als ebenso hilfreich wird die Bereitschaft eingeschätzt, sich Lerninhalte in kooperativen Lernformen anzueignen.

Ähnliche Effekte zeigen sich auch im Hinblick auf eine stabile Präferenz für *kooperative Lernformen*, die (im Gegensatz zur Situation an den Kontrollschulen) nach einer anfänglichen Euphorie in der neuen Schule nicht steil abfiel. Unterrichtliche Kooperationen der Schülerinnen und Schüler untereinander führen zu einer Verbesserung der schulischen Selbstwirksamkeitserfahrungen, haben positive Einflüsse auf die Schulleistungen, auf das Befinden in der Schule und auf die Prüfungsangst (Eder 2006). An Schulen des Modellversuchs wählten Schülerinnen und Schüler häufiger solche kooperativen Lernformen als an den untersuchten Kontrollschulen (Messzeitpunkt 2; vgl. Abb. 52). Das Bereitstellen und Anregen dieser Lernformen seitens der Lehrkräfte ist also ein wichtiger Baustein eines stärkenfördernden Unterrichts.

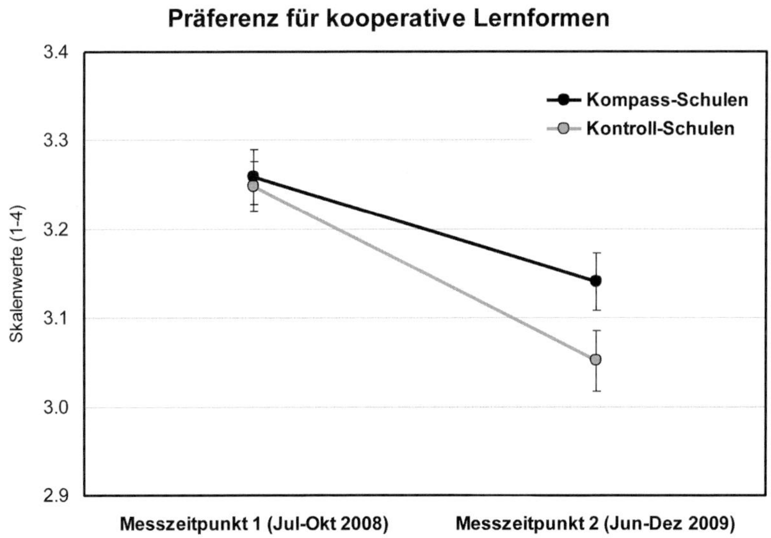

Abb. 52: Entwicklung der Präferenz für kooperative Lernformen der Fünftklässler an Modell- und Kontrollschulen im Vergleich von Messzeitpunkt 1 und Messzeitpunkt 2
Anmerkung: Der Unterschied zwischen Kontrollschulen und KOMPASS-Schulen ist im Verlauf von Messzeitpunkt 1 zu Messzeitpunkt 2 statistisch signifikant ($p<.10$, d. h., mit einer Wahrscheinlichkeit von mehr als 90 % beruhen die Unterschiede nicht auf einem stichprobenbedingten Zufall). Die Skalenwerte der y-Achse beziehen sich auf die Antwortkategorien (vgl. Tab. 4).

Zwischenergebnis

Eine stärkenfördernde Pädagogik kann die negativen Folgen des Übertritts von der Grundschule an eine weiterführende Schule abfedern. Eine stärkenfördernde Pädagogik im Unterrichtsalltag fördert das Selbstwertgefühl und die schulische Motivation der Schülerinnen und Schüler.

5.3 Ergebnis 2: Abfederung der Selbstwert- und Interesseneinbußen in der Entwicklung älterer Schülerinnen und Schüler (8. und 9. Jahrgangsstufe)

Gerade während der Adoleszenz verlieren Schülerinnen und Schüler häufig in geradezu dramatischer Weise ihr Interesse an Schule. In der Realschule stellt sich diese Entwicklung als besonders problematisch dar, da der Schulabschluss mit Ende des zehnten Schuljahres eine bedeutende Weichenstellung für den weiteren Lebensweg der Jugendlichen markiert, bei dem nicht zuletzt die Schulleistungen ausschlaggebend sind. Für diese ist wiederum das Interesse eine wichtige fördernde Voraussetzung. Deshalb ist eine stärkenfördernde Pädagogik gerade

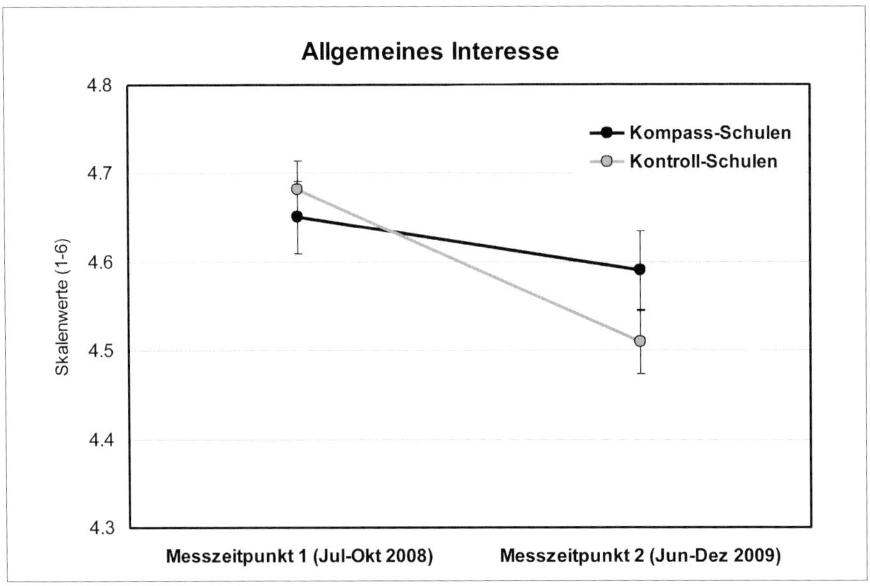

Abb. 53: Entwicklung des allgemeinen Interesses an Schule der älteren Schülerinnen und Schüler an Modell- und Kontrollschulen im Vergleich von Messzeitpunkt 1 zu Messzeitpunkt 2
Anmerkung: Der Unterschied zwischen Kontrollschulen und KOMPASS-Schulen ist im Verlauf von Messzeitpunkt 1 zu Messzeitpunkt 2 statistisch signifikant ($p<.05$, d. h., mit einer Wahrscheinlichkeit von mehr als 95 % beruhen die Unterschiede nicht auf einem stichprobenbedingten Zufall). Die Skalenwerte der y-Achse beziehen sich auf die Antwortkategorien (vgl. Tab. 4).

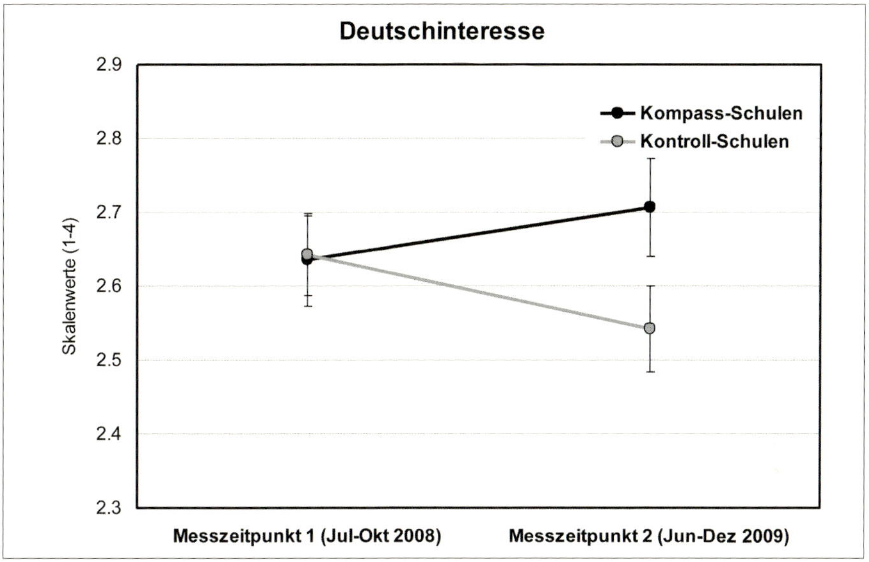

Abb. 54: Entwicklung des Deutschinteresses der älteren Schülerinnen und Schüler an Kontroll- und Modellschulen im Vergleich von Messzeitpunkt 1 zu Messzeitpunkt 2
Anmerkung: Der Unterschied zwischen Kontrollschulen und KOMPASS-Schulen ist im Verlauf von Messzeitpunkt 1 zu Messzeitpunkt 2 statistisch signifikant ($p<.01$, d. h., mit einer Wahrscheinlichkeit von mehr als 99 % beruhen die Unterschiede nicht auf einem stichprobenbedingten Zufall). Die Skalenwerte der y-Achse beziehen sich auf die Antwortkategorien (vgl. Tab.4).

auch für ältere Schülerinnen und Schüler von besonderer Bedeutung. Die positiven Effekte des Modellversuchs zeigten sich hier in verschiedenen Dimensionen, wie zum Beispiel dem allgemeinen Interesse an Schule, dem Interesse im Fach Deutsch und im Umgang mit Misserfolg.

Es zeigt sich, dass über eine stärkenfördernde Pädagogik der Rückgang des *allgemeinen Interesses* deutlich aufgefangen werden kann (vgl. Abb. 53). Dieses Ergebnis zeigte sich auch im *fachspezifischen Interesse* in Deutsch (vgl. Abb. 54).

Am allgemeinen schulischen Interesse und am Interesse im Fach Deutsch konnte gezeigt werden, dass diese wichtigen Lernvoraussetzungen an den KOMPASS-Schulen im Verlauf stabiler blieben als an den Kontrollschulen. Eine weitere zentrale Einflussgröße stellt der Umgang mit Misserfolg dar.

Zum Umgang mit Misserfolg gehört das Lernen aus Fehlern ebenso wie das Beibehalten von Lernfreude trotz einzelner negativer Erlebnisse. Indikativ für einen lernförderlichen Umgang mit Fehlern und Misserfolg ist, ob Schülerinnen und Schüler nach Misserfolgserlebnissen ihre Motivation aufrechterhalten können oder nicht.

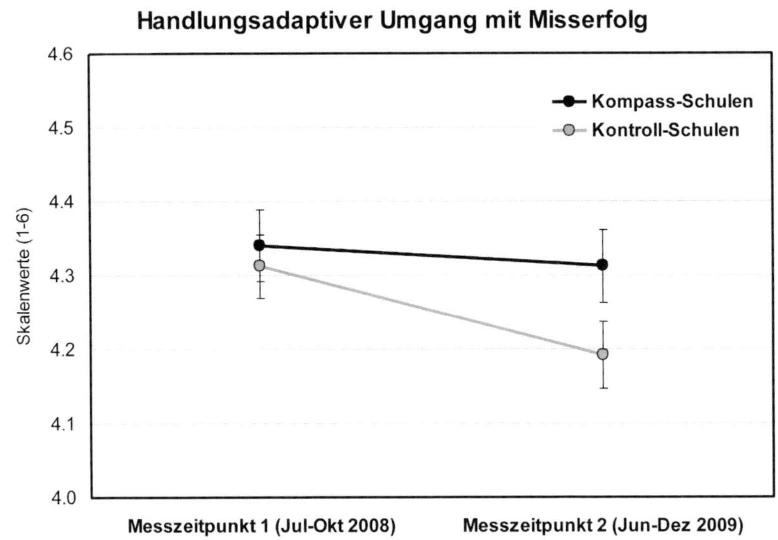

Abb. 55: Entwicklung des Umgangs mit Misserfolg der älteren Schülerinnen und Schüler an Kontroll- und Modellschulen im Vergleich von Messzeitpunkt 1 zu Messzeitpunkt 2
Anmerkung: Der Unterschied zwischen Kontrollschulen und KOMPASS-Schulen ist statistisch signifikant ($p<.10$, d. h., mit einer Wahrscheinlichkeit von mehr als 90 % beruhen die Unterschiede nicht auf einem stichprobenbedingten Zufall). Die Skalenwerte der y-Achse beziehen sich auf die Antwortkategorien (vgl. Tab. 4).

Schülerinnen und Schülern an den KOMPASS-Modellschulen gelang ein solch positiver Umgang mit Misserfolg statistisch signifikant besser als ihren Altersgenossen an den untersuchten Kontrollschulen. Hier zeigt sich, dass Maßnahmen einer stärkenorientierten Pädagogik positive Effekte auf diese Einstellung der Schülerinnen und Schüler haben (vgl. Abb. 55). Dies stellt eine wichtige Grundlage für spätere Lernerfolge dar.

Zusammenfassung zum zweiten Messzeitpunkt

Die Schülerinnen und Schüler des Modellversuchs einer stärkenorientierten Pädagogik nehmen eine günstigere Entwicklung im Hinblick auf den Umgang mit Misserfolg und Fehlern. Defizite werden für das Selbstvertrauen als weniger bedrohlich erlebt und können konstruktiver in das eigene Lernen integriert werden. Es zeigen sich weiterhin günstigere Verläufe bei der Präferenz kooperativer Lernformen, die als eine wichtige Voraussetzung für die spätere berufliche

Teamfähigkeit angesehen werden kann. Gerade bei Schülerinnen und Schülern der 5. und 6. Jahrgangsstufen konnten mit den Maßnahmen des Modellversuchs die nach dem Übertritt von der Grundschule auf eine weiterführende Schule aufgrund der leistungsstärkeren Bezugsgruppe regelmäßig aufkommenden Zweifel deutlich abgemildert werden. Damit geht eine Stärkung der Überzeugung einher, dass die eigenen Kompetenzen durch Lernaktivitäten verbessert werden können. Beide Komponenten gelten als essenzielle Voraussetzungen, das Leistungspotenzial in Lernzuwächse umsetzen zu können. Speziell bei Schülerinnen und Schülern der 8. bis 10. Jahrgangsstufe konnte eine günstigere Entwicklung des Interesses und des Umgangs mit Misserfolg nachgewiesen werden. Diese sind wichtige Voraussetzungen, um in der Arbeitswelt selbstständig und problemlösend zu denken und zu handeln. Damit erfüllen sich die in den Modellversuch gesetzten Erwartungen. Es zeigt sich: Es lohnt sich, auf die Stärken der Schülerinnen und Schüler zu setzen, denn sie haben damit nicht nur eine sinnerfüllte Schulzeit, größere Freude an der Schule und bessere Lernergebnisse, sondern sie werden auch auf das lebenslange Lernen in einer Wissensgesellschaft besser vorbereitet.

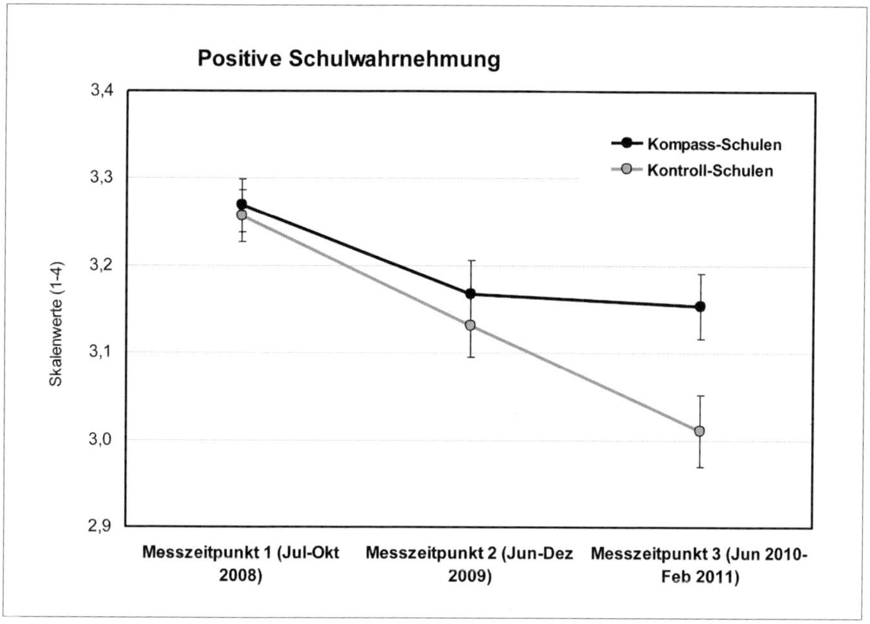

Abb. 56: Entwicklung der positiven Schulwahrnehmung der jüngeren Schülerinnen und Schüler an Kontroll- und Modellschulen in der Entwicklung von Messzeitpunkt 1 bis Messzeitpunkt 3
Anmerkung: Der Unterschied zwischen Kontrollschulen und KOMPASS-Schulen ist statistisch signifikant ($p<.09$, d. h., mit einer Wahrscheinlichkeit von mehr als 91 % beruhen die Unterschiede nicht auf einem stichprobenbedingten Zufall). Die Skalenwerte der y-Achse beziehen sich auf die Antwortkategorien (vgl. Tab. 4).

5.4 Ergebnis 3: Nachhaltige Effekte einer Stärkenförderung bei Schülerinnen und Schülern der 5. bis 7. Jahrgangsstufen

Die bislang dargestellten Ergebnisse beziehen sich auf Veränderungen, die der Modellversuch KOMPASS bei den beteiligten Schülerinnen und Schülern zwischen Messzeitpunkt 1 (also vor Beginn der KOMPASS-Maßnahmen) und Messzeitpunkt 2 (ca. ein Jahr später) initiieren konnte. Diese erstrebenswerten Veränderungen stellen wichtige Coaching-Effekte dar. Sie zeigen, dass die an den Schulen durchgeführten Maßnahmen geeignet sind, Schülerinnen und Schüler im Sinne einer Stärkenförderung zu unterstützen.

Ebenso wichtig ist es jedoch, die Lernenden auch nachhaltig zu fördern. Um entsprechende längerfristige Effekte abbilden zu können, wurde etwa ein Jahr nach dem zweiten Messzeitpunkt eine dritte Erhebung mit demselben Instrumentarium durchgeführt. Wie erwartet zeigte sich, dass länger anhaltende Effekte der KOMPASS-Maßnahmen seltener waren als die eher kurzfristigen. Erklärt wird dieser Unterschied damit, dass die Stärkenförderung zumeist eines ständi-

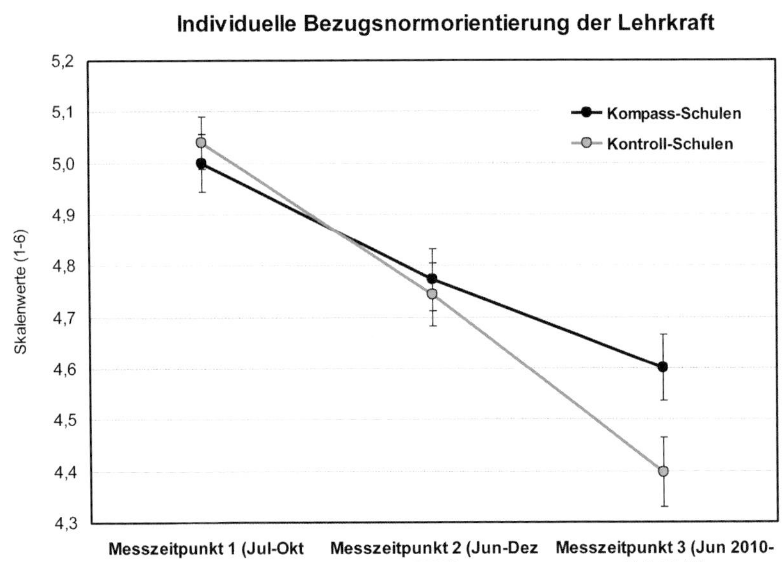

Abb. 57: Entwicklung der wahrgenommenen individuellen Bezugsnormorientierung der Lehrkraft durch die jüngeren Schülerinnen und Schüler an Kontroll- und Modellschulen in der Entwicklung von Messzeitpunkt 1 bis Messzeitpunkt 3

Anmerkung: Der Unterschied zwischen Kontrollschulen und KOMPASS-Schulen ist statistisch signifikant ($p<.09$, d. h., mit einer Wahrscheinlichkeit von mehr als 91 % beruhen die Unterschiede nicht auf einem stichprobenbedingten Zufall). Die Skalenwerte der y-Achse beziehen sich auf die Antwortkategorien (vgl. Tab. 4).

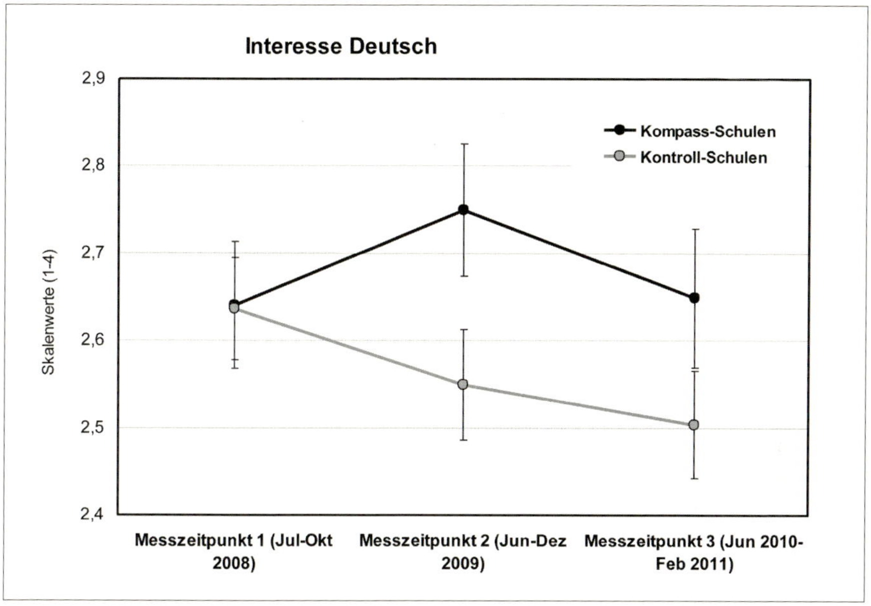

Abb. 58: Entwicklung des Interesses im Fach Deutsch der älteren Schülerinnen und Schüler an Kontroll- und Modellschulen in der Entwicklung von Messzeitpunkt 1 bis Messzeitpunkt 3
Anmerkung: Der Unterschied zwischen Kontrollschulen und KOMPASS-Schulen ist statistisch signifikant ($p<.03$, d. h., mit einer Wahrscheinlichkeit von mehr als 97 % beruhen die Unterschiede nicht auf einem stichprobenbedingten Zufall). Die Skalenwerte der y-Achse beziehen sich auf die Antwortkategorien (vgl. Tab.4).

gen, über mehrere Jahre hinweg fortlaufenden Investments bedarf, um nachhaltig wirksam zu sein. Dennoch konnten zum dritten Messzeitpunkt auch einige längerfristige Effekte von KOMPASS sichtbar gemacht werden.

Das Wohlbefinden der Heranwachsenden, wie es sich in einer positiven Schulwahrnehmung zeigt, ist Ausdruck einer gelungenen sozialen Integration und positiver Schüler-Schüler-Beziehungen, die wiederum eine sichere und unterstützende Lernumgebung indizieren. Während an den Kontrollschulen der für diese Altersstufe natürliche Negativtrend zu verzeichnen ist, konnte an den KOMPASS-Schulen der Abwärtstrend deutlich abgeschwächt werden (vgl. Abb. 56).

Mit der von den Schülerinnen und Schülern wahrgenommenen individuellen Bezugsnormorientierung der Lehrkraft wird beschrieben, inwieweit die Heranwachsenden ihrer Lehrkraft zuschreiben, Lern- und Leistungsfortschritte zu bemerken und zurückzumelden. Auch in diesem Bereich ist der Negativtrend an KOMPASS-Schulen im Vergleich zu den Kontroll-Schulen deutlich reduziert (vgl. Abb. 57). Von Bedeutung ist dieses Ergebnis, da die Bemühungen der Lehrkräfte um individuelle Förderung aller Schülerinnen und Schülern vor allem dann fruchten können, wenn diese Bemühungen auch von den Lernenden erkannt werden.

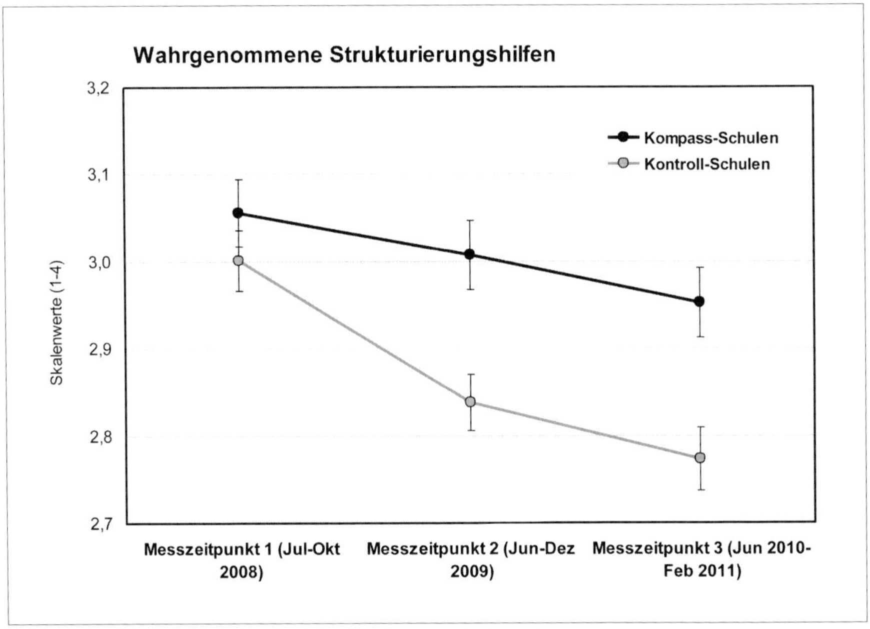

Abb. 59: Entwicklung der wahrgenommenen Strukturierungshilfen der älteren Schülerinnen und Schüler an Kontroll- und Modellschulen in der Entwicklung von Messzeitpunkt 1 bis Messzeitpunkt 3
Anmerkung: Der Unterschied zwischen Kontrollschulen und KOMPASS-Schulen ist statistisch signifikant (p<.10, d. h., mit einer Wahrscheinlichkeit von mehr als 90 % beruhen die Unterschiede nicht auf einem stichprobenbedingten Zufall). Die Skalenwerte der y-Achse beziehen sich auf die Antwortkategorien (vgl. Tab. 4).

Zwischenergebnis

Nachhaltige Effekte bei der positiven Schulwahrnehmung und bei der von den Schülerinnen und Schülern wahrgenommenen individuellen Bezugsnormorientierung bei den Fünft- bis Siebtklässlern stellen eine solide Grundlage für erfolgreiche Lernprozesse dar.

5.5 Ergebnis 4: Nachhaltige Effekte einer Stärkenförderung bei Schülerinnen und Schülern der 8. bis 10. Jahrgangsstufen

Wie bereits geschildert sinkt das Interesse der Schülerinnen und Schüler (schulartübergreifend) im Laufe der Schulzeit. Diesem Trend konnten die KOMPASS-Maßnahmen im Fach Deutsch vom ersten zum zweiten Messzeitpunkt deutlich entgegenwirken und in der Entwicklung zum dritten Messzeitpunkt die sonst übliche Negativtendenz zumindest abschwächen. Das Deutschinteresse konnte so auf einem relativ hohen Niveau gehalten werden (vgl. Abb. 58).

Auch der Grad, inwieweit die Lernenden im Unterricht bereitgestellte Hilfen wahrnehmen, die den zu behandelnden Stoff strukturieren, ist förderlich für den Lernerfolg. Auch in diesem Bereich wiesen die Heranwachsenden an KOMPASS-Schulen in der Entwicklung deutlich bessere Werte auf als die Schülerinnen und Schüler an Kontrollschulen (vgl. Abb. 59).

In der pädagogisch-psychologischen Forschung werden grundsätzlich zwei Zielorientierungen von Schülerinnen und Schülern unterschieden: Lernziele, bei denen es primär um den Lernprozess und -zuwachs geht, und Leistungsziele, bei denen es eher um die Performanz, also um das Zeigen und Beweisen von Lernerfolgen (z. B. in Leistungssituationen) geht. Die „Vermeidungs-Leistungszielorientierung" beschreibt den Wunsch, eigene Leistungsdefizite zu verbergen, eben um beim Zeigen und Beweisen der eigenen Leistung nicht negativ abzuschneiden. Dieser Wunsch ist dem Gedanken eines Lernens aus Fehlern nicht förderlich. Im Verlauf der Untersuchung zeigt sich von Messzeitpunkt 1 zu Messzeitpunkt 3 an den Kontrollschulen zunächst ein Anstieg und dann ein relativ hoch bleibender Wert, wohingegen der Wert an den KOMPASS-Schulen beständig absinkt (vgl. Abb. 60). Dies weist darauf hin, dass Schülerinnen und

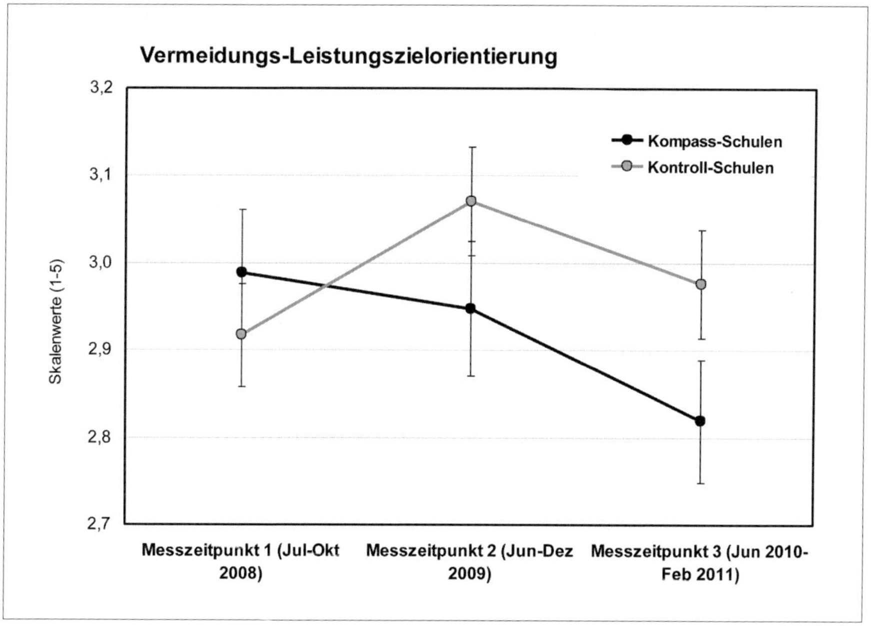

Abb. 60: Entwicklung der Vermeidungs-Leistungszielorientierung der älteren Schülerinnen und Schüler an Kontroll- und Modellschulen in der Entwicklung von Messzeitpunkt 1 bis Messzeitpunkt 3
Anmerkung: Der Unterschied zwischen Kontrollschulen und KOMPASS-Schulen ist statistisch signifikant ($p<.09$, d. h., mit einer Wahrscheinlichkeit von mehr als 91 % beruhen die Unterschiede nicht auf einem stichprobenbedingten Zufall). Die Skalenwerte der y-Achse beziehen sich auf die Antwortkategorien (vgl. Tab. 4).

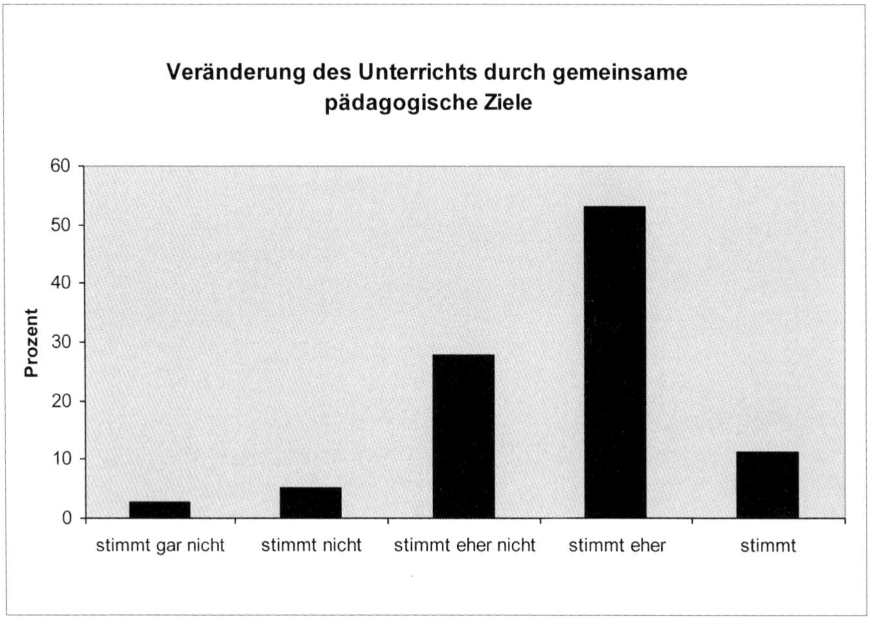

Abb. 61: Einschätzung der Lehrkräfte an KOMPASS-Schulen zur Veränderung des Unterrichts, ermittelt zu Messzeitpunkt 3 (Nov 2010 – Feb 2011)

Schüler an KOMPASS-Schulen zugunsten von Lernprozessen weniger Interesse daran haben, ihre Fehler zu verbergen, die ja Ausgangspunkte für weitere, individuelle Lernprozesse darstellen.

Zwischenergebnis

Auch bei den Acht- bis Zehntklässlern konnten im Verlauf von Messzeitpunkt 1 zu Messzeitpunkt 3 nachhaltige Effekte des Modellprojekts KOMPASS festgestellt werden: Das Deutschinteresse blieb auf einem höheren Niveau, Strukturierungshilfen der Lehrkraft wurden eher wahrgenommen und die Vermeidungs-Leistungszielorientierung war geringer ausgeprägt als bei den Schülerinnen und Schülern an Vergleichsschulen.

5.6 Ergebnis 5: Veränderungen im Lehrerkollegium

Eine der Schwierigkeiten bei der Evaluation des Modellversuchs KOMPASS bestand darin, dass bei den Lehrerkollegien der einzelnen Schulen von Jahr zu Jahr eine teils sehr hohe Fluktuation zu verzeichnen war. Unter anderem dadurch bedingt standen für die Analysen nur relativ wenige Daten von Lehrkräften zur

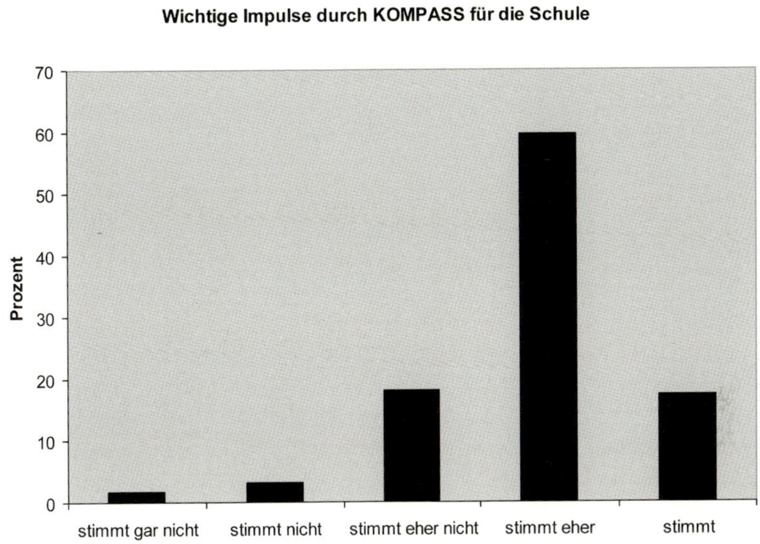

Abb. 62: Einschätzung der Lehrkräfte an KOMPASS-Schulen zu den Impulsen durch KOMPASS für die Schule, ermittelt zu Messzeitpunkt 3 (Nov 2010 – Feb 2011)

Verfügung, die zu allen drei Messzeitpunkten einen Fragebogen ausgefüllt haben. Um trotz dieser datentechnischen Schwierigkeiten zu aussagekräftigen Befunden zu kommen, werden im Folgenden zunächst aufschlussreiche Einschätzungen der Lehrkräfte zu KOMPASS referiert, die zu Messzeitpunkt 3 zurückblickend die Auswirkungen des Modellversuchs an ihrer Schule berichten. Anschließend werden die Bereiche berichtet, in denen sich zwischen Lehrkräften an KOMPASS-Schulen und denen an Kontroll-Schulen signifikante Unterschiede zu Messzeitpunkt 3 herausgebildet haben.

Fast zwei Drittel (64,2 Prozent) der Lehrkräfte an KOMPASS-Schulen bestätigten die Aussage: „Das Nachdenken über gemeinsame pädagogische Ziele hat den Unterricht der einzelnen Lehrer/-innen verändert." (vgl. Abb. 61)

Der Aussage „KOMPASS hat wichtige Impulse für unsere Schule gegeben" stimmten sogar insgesamt mehr als drei Viertel (77 Prozent) der Lehrkräfte eher zu bzw. zu (vgl. Abb. 62).

Beide Befunde verweisen darauf, dass der Modellversuch in der Wahrnehmung einer deutlichen Mehrheit des jeweiligen Lehrerkollegiums die Unterrichts- und Schulentwicklung an ihrer Schule vorangebracht hat.

Unterschiede zwischen Lehrkräften an KOMPASS- und Kontroll-Schulen

Dass die Unterrichts- und Schulentwicklung durch KOMPASS auch zentrale Bereiche der einzelnen Lehrkräfte zum Positiven verändern konnte, zeigen die folgenden Analysen (vgl. Tab. 6).

Aspekt	Skalenwert von...bis	Messzeitpunkt 1			Messzeitpunkt 3		
		Mittelwerte		Signifikanz	Mittelwerte		Signifikanz
		KOMPASS	Kontroll		KOMPASS	Kontroll	
Berufszufriedenheit	1-5	4,12	4,03	n.s.	4,26	4,05	p<.01
Förderung leistungsschwächerer Schüler	1-5	2,91	2,81	n.s.	2,92	2,65	p<.001
Förderung leistungsstarker Schüler	1-5	2,78	2,76	n.s.	2,88	2,58	p<.001
Selbstwirksamkeitserwartung der Lehrkraft	1-4	2,77	2,73	n.s.	3,03	2,98	p<.05

Tab. 6: Mittelwertsunterschiede zu den Messzeitpunkten 1 und 3 zwischen Lehrkräften an KOMPASS- und Kontroll-Schulen

Anmerkung: „n.s." = „nicht signifikant"; Wenn der Unterschied zwischen Kontrollschulen und KOMPASS-Schulen statistisch signifikant wird, so wird der p-Wert angegeben: „p<.001" bedeutet, dass mit einer Wahrscheinlichkeit von mehr als 99,9 % die Unterschiede nicht auf einem stichprobenbedingten Zufall beruhen. Die Skalenwerte beziehen sich auf die Antwortkategorien (vgl. Tab. 5).

Die Berufszufriedenheit von Lehrkräften bedeutet nicht nur Lebensqualität im momentanen Berufsfeld und darüber hinaus, sondern wirkt zudem als Burn-out-Prophylaxe. Weiter strahlt die Lehrerzufriedenheit auch über ihre eigene Person hinaus und ist – mehr oder weniger deutlich – auch von den Schülerinnen und Schülern wahrnehmbar. Der Unterschied bei der Berufszufriedenheit von Lehrkräften an KOMPASS- und Kontroll-Schulen war zu Beginn des Modellversuchs und ein Jahr später noch nicht statistisch signifikant. Zu Messzeitpunkt 3 wiesen die Lehrkräfte an KOMPASS-Schulen jedoch eine deutlich höhere Berufszufriedenheit auf als Lehrkräfte an Kontroll-Schulen.

Der Forderung nach einer individuellen Förderung *aller* Schülerinnen und Schüler stellt eine große Herausforderung für die Schule und alle Lehrkräfte dar. An KOMPASS-Schulen gelang es den Lehrkräften zu Messzeitpunkt 3 häufiger, dieser Herausforderung nachzukommen, als ihren Kolleginnen und Kollegen an den Kontroll-Schulen: Sie förderten sowohl leistungsschwächere als auch leistungsstarke Schülerinnen und Schüler regelmäßiger. Dies bedeutet, dass Lehrkräften von KOMPASS-Schulen die Gestaltung eines heterogenitätssensiblen, differenzierenden Unterrichts besser gelingt als anderen Lehrkräften.

Die Selbstwirksamkeitserwartung einer Lehrkraft beschreibt deren Zutrauen in die eigenen Fähigkeiten, auch schwierige Situationen im Kontext von Schule, Unterricht und Lehren meistern zu können (vgl. Kapitel 4). Auch in diesem Bereich haben sich zu Messzeitpunkt 3 statistisch signifikante Unterschiede zwischen Lehrkräften an KOMPASS- und Kontroll-Schulen herausgebildet.

Fazit

Sowohl jüngere (5. Jahrgangsstufe und Folgejahre) als auch ältere (8. Jahrgangsstufe und Folgejahre) Schülerinnen und Schüler des Modellversuchs einer stärkenorientierten Pädagogik nehmen eine günstigere Entwicklung im Hinblick auf zahlreiche Bereiche, die für den Lernfortschritt der Heranwachsenden förderlich sind.

Auch die Ergebnisse der Lehrkräftebefragung machen deutlich, dass an KOMPASS-Schulen ein stärkenfördernder Unterricht gestaltet wird, der in der Lage ist, Schülerinnen und Schüler individuell zu fördern.

Die festgestellten Effekte sind allerdings eher klein. Dies deutet unter anderem darauf hin, dass eine nachhaltige Stärkenförderung vor allem dann gelingen kann, wenn ein dauerhaftes Engagement über einen längeren Zeitraum hinweg erfolgt. Eine stärkenorientierte Pädagogik ist also ein Prozess, der die gesamte Schulzeit umfassen sollte, um eine optimale Förderwirkung zu entfalten.

Literatur

1. Empfohlene Literatur zum Weiterlesen

Harting, A. & Ramm, G. (2011): Eigenverantwortliches Lernen. Prinzipien – Befunde – Handlungsstrategien. Schulmanagement-Handbuch, Bd. 137, Jg. 30. München.

Zum Inhalt: In diesem Handbuch wird aufgezeigt, wie unterrichtliches Lernen in Eigenverantwortung umgesetzt werden kann. Dabei werden wichtige Prinzipien zur Förderung eigenverantwortlichen Lernens beschrieben und zahlreiche Arbeitsmaterialien geboten.

Müller, A. (2008): Mehr ausbrüten, weniger gackern. Bern.

Zum Inhalt: In diesem Buch werden anhand lernrelevanter Faktoren verschiedene Möglichkeiten aufgezeigt, wie Schule und Lehrkräfte bzw. LernCoachs zum Lernerfolg beitragen können. So sollen Lernende durch eine erfolgs- und leistungsorientierte Lernkultur Freude am Umgang mit Widerständen entwickeln.

Müller, A. & Noirjean, R. (2007): Lernerfolg ist lernbar. 22 x 33 handfeste Möglichkeiten, Freude am Verstehen zu kriegen. Bern.

Zum Inhalt: Anhand zahlreicher Karteikarten werden hier vielfältige Methoden vorgestellt, die Lernende dazu nutzen können, sich selbsttätig Inhalte zu erschließen, zu verarbeiten und zu sichern. Die Karten bieten verschiedenste Impulse, beispielsweise zur Versprachlichung von Lerninhalten, die den Auseinandersetzungsprozess intensivieren und so zu mehr Verständnis und Lernerfolg beitragen können.

Prenzel, M., Friedrich, A., Stadler, M. (2009): Von SINUS lernen. Wie Unterrichtsentwicklung gelingt. Seelze.

Zum Inhalt: Dieses Buch beschäftigt sich mit dem SINUS-Konzept, das die Weiterentwicklung des mathematisch-naturwissenschaftlichen Unterrichts verfolgt, und bietet vielfältige Beispiele für die Arbeit der am SINUS-Projekt beteiligten Schulen und damit konkrete Vorschläge für die Verbesserung des mathematisch-naturwissenschaftlichen Unterrichts.

Schwarz, J., Volkwein, K. & Winter, F. (Hg.) (2008): Portfolio im Unterricht – 13 Unterrichtseinheiten mit Portfolio. Seelze.

Zum Inhalt: In diesem Praxisbuch werden Portfolios als ein Beispiel für eine neue Lernkultur dargestellt, in der selbstreguliertes Arbeiten und das Umsetzen individueller Ideen der Schülerinnen und Schüler ermöglicht werden. Das Buch (mit beiliegender DVD) liefert neben unterrichtspraktischen Materialien der Mittel- und Oberstufe auch einen Beitrag zur Didaktik des Unterrichts mit Portfolios.

Weidner, M. (2003): Kooperatives Lernen im Unterricht. Das Arbeitsbuch. Seelze.

Zum Inhalt: Mit der Fokussierung auf die Förderung sozio-emotionaler Kompetenzen und Schlüsselqualifikationen, wie z. B. der Team- oder Gruppenfähigkeit, leistet dieses Werk einen wichtigen Beitrag nicht nur für Schule und Unterricht, sondern auch zur langfristigen Vorbereitung auf das gesellschaftliche Leben und das Berufsleben. Die Autorin liefert konkrete Unterrichtsbeispiele zur Steigerung kooperativen Lernens, die für sämtliche Jahrgangsstufen und Schularten adaptierbar sind.

2. Bisher erschienene wissenschaftliche Literatur aus dem Modellversuch

Stadler-Altmann, U., Zeinz, H., Scheunpflug, A., Dresel, M. (2010): Wie kann Stärkenorientierung im Schulunterricht gelingen? Anregungen aus einem Modellversuch. In: Warwas, J., Sembill, D. (Hg.): Schule zwischen Effizienzkriterien und Sinnfragen. Baltmannsweiler, 125–136.

Scheunpflug, A. & Zeinz, H. (2009): Schülerfeedback – Schüler lernen konstruktive Kommunikation. In: Schulmanagement 4/2009, 8–11.

Scheunpflug, A. & Zeinz, H.: KOMPASS: Überwindung der Defizitorientierung. Eine Herausforderung für Schulen. In: Schulmanagement 2/2009, 31–32.

Zeinz, H., Scheunpflug, A. (2010): Selbstbewusstsein und Lernerfolg. In: Pädagogik 10/2010, 36–39.

Zeinz, H., Scheunpflug, A. (2010): Changing School Culture: From Deficiencies to Strengths. An intervention-study about school culture. In: US-China Education Review. Vol.7/1 2010 (Serial Nr.62), 32–37.

3. Zitierte Literatur

Altrichter, H. & Wiesinger S. (2005): Implementation von Schulinnovationen – aktuelle Hoffnungen und Forschungswissen. In: Journal für Schulentwicklung 9 (2005) 4, 28–36.

Artelt, C. & Riecke-Baulecke, Th. (2004): Bildungsstandards. Fakten, Hintergründe, Praxistipps. München.

Bandura, A. (1997): Self-Efficacy. The Exercise of Control. New York.

Bayerisches Staatsministerium für Unterricht und Kultus (Hg.) (2007): SINUS Bayern. München.

Beck, U. (1986): Die Risikogesellschaft. Frankfurt/Main.

Bergmüller, C. (2010): Trainerqualifizierung in der Schulentwicklung. Visionen, Fahrpläne und Spannungsfelder empirisch betrachtet. Münster u.a.

Blackwell, L., Trzesniewski, K. & Dweck, C. (2007): Implicit Theories of Intelligence Predict Achievement Across an Adolescent Transition: A Longitudinal Study and an Intervention. Child Development, Vol 78 (1), 246–263.

Blum, W., Drüke-Noe, C., Hartung, R. & Köller, O. (Hg.) (2006): Bildungsstandards Mathematik: Konkret - Aufgabenbeispiele, Unterrichtsanregungen, Fortbildungsideen. Berlin.

Bruder, R.; Leuders, T. & Büchter, A. (2008): Mathematikunterricht entwickeln. Bausteine für kompetenzorientiertes Unterrichten. Berlin.

Burkhard, C., Eikenbusch, G., Ekholm, M. (2003): Starke Schüler – gute Schulen. Wege zu einer neuen Arbeitskultur im Unterricht. Berlin.

Chott, P. (2001): Lernen lernen - Lernen lehren. Mathetische Förderung von Methodenkompetenz in der Schule. Weiden.

Csikszentmihalyi, M. (2000): Das Flow-Erlebnis. Jenseits von Angst und Langeweile im Tun aufgehen. Stuttgart (Übers., OT: Beyond Boredom and Anxiety - The Experience of Play in Work and Games, 1975).

Cury, F., Da Fonseca, D., Zahn, I. & Elliot, A. (2008): Implicit theories and IQ test performance: A sequential mediational analysis. Journal of Experimental Social Psychology, 44 (3), 783–791.

Damasio, A. R. (1994): Descartes' Irrtum. Fühlen, Denken und das menschliche Gehirn. München.

Dresel, M. & Ziegler, A. (2006): Langfristige Förderung von Fähigkeitsselbstkonzept und Impliziter Fähigkeitstheorie durch computerbasiertes attributionales Feedback. In: Zeitschrift für Pädagogische Psychologie, (20), 49–63.

Eder, F. (2006): Schul- und Klassenklima. In: Rost, D. (Hg.): Handwörterbuch Pädagogische Psychologie. Weinheim, Basel, Berlin, 622–630.

Fahse, C. (2004): Wie unterrichtet man Kompetenzen? In: MNU 12/2004.

Fuchs, C. (2005): Selbstwirksam Lernen im schulischen Kontext. Kennzeichen – Bedingungen – Umsetzungsbeispiele. Pößneck.

Fuchs, C. (2006): Anstiftung zum Lernerfolg. Bern.

Häcker, T. (2005a): Mit der Portfoliomethode den Unterricht verändern. In: Pädagogik, 57 (3), 13–18.

Häcker, T. (2005b): Mit Portfolios in Projekten expansiv lernen. In: Forum Schulstiftung, 14 (41), 3–20.

Häcker, T. (2005c): Mit Portfolios in Projekten expansiv lernen. In: Krause, D. & Eyerer, P. (Hg.): Projektarbeit mit Ernstcharakter. Ein Handbuch für die Praxis der Aus- und Weiterbildung in Schule und Hochschule. Pfinztal, 212–227.

Häcker, T. (2007a): Portfolio: ein Entwicklungsinstrument für selbstbestimmtes Lernen. Eine explorative Studie zur Arbeit mit Portfolios in der Sekundarstufe 1. Baltmannsweiler.

Häcker, T. (2007b): Stärkenorientierung fördern durch Portfolioarbeit? Schulpädagogische Überlegungen zu zwei sperrigen Modewörtern. In: Stadler-Altmann, U.; Schindele, J. & Schraut, A. (Hg.): Neue Lernkultur – neue Leistungskultur, Bad Heilbrunn, 224–240.

Hannover, B. (1997): Das dynamischen Selbst. Die Kontextabhängigkeit selbstbezogenen Wissens, Bern.

Hattie, J. A. (1992): Self-concept, Hillsdale, N.J.

Hattie, J. (2009): Visible Learning. A Synthesis of Over 800 Meta-Analyses Relating to Achievement. London/New York.

Helmke, A. (1992): Selbstvertrauen und schulische Leistungen. Göttingen.

Helmke, A. (2009): Unterrichtsqualität und Lehrerprofessionalität. Diagnose, Evaluation und Verbesserung. Seelze-Velber.

Heymann, H. W. (2004): Besser Unterrichten durch Sicherung von „Standards"? In: Pädagogik (6), 6–9.

Honneth, A. (1994): Kampf um Anerkennung. Zur moralischen Grammatik sozialer Konflikte. Frankfurt/Main.

Hurrelmann, K. (2004): Lebensphase Jugend. Weinheim.

Jones, J. E. (1994): Portfolio Assessment as a Strategy for Self-Direction in Learning. New Directions for Adult and Continuing Education, (64), 23–29.

Kahlert, J. & Sigel, R. (2002): Achtsamkeit und Anerkennung. Sozialverhalten in der Grundschule. Herausgegeben von der Bundeszentrale für gesundheitliche Aufklärung, Bonn.

Kahlert, J. (2010): Regeln ohne Werte haben keinen Wert. In: Schulmanagement 5/2010, 8–10.

Kammermeyer, G. & Martschinke, S. (2003): Schulleistung und Fähigkeitsselbstbild im Anfangsunterricht – Ergebnisse aus dem KILIA-Projekt. Empirische Pädagogik, 17/4, 486–503.

Kanton Luzern/Amt für Volksschulbildung (Hg.) (2002): Portfolio. Ganzheitlich Beurteilen und Fördern. Luzern.

Klieme, E. u. a. (2003): Zur Entwicklung nationaler Bildungsstandards. Eine Expertise. Berlin.

Klieme, E. (2004): Was sind Kompetenzen und wie lassen sie sich messen? In: Pädagogik (2004) 6, 10–13.

Klippert, H. (2001): Eigenverantwortliches Arbeiten und Lernen. Bausteine für den Fachunterricht. Weinheim/Basel.

Klippert, H. (2008): Besser lernen. Kompetenzvermittlung und Schüleraktivierung im Schulalltag. Stuttgart u.a.

Klippert, H. (2009a): Teamentwicklung im Klassenraum. Weinheim/Basel.

Klippert, H. (2009b): Heterogene Lerngruppen unterrichten, Anregungen für den Schulalltag. In: Schule und Kirche (2009), H. 2, 17–26.

Krupitschka, M. (1990): Selbstbild und Schulleistung. Salzburg.

Luhmann, N. (1986): Ökologische Kommunikation. Opladen.

Marsh, H. W. (1990): Causal ordering of academic self-concept on academic achievement: A mulitwave, longitudinal panel analysis, Journal of Educational Psychology 82, 646–656.

Martschinke, S. (2011): Identitätsentwicklung und Selbstkonzept. In: Einsiedler, W., Götz, M., Hartinger, A., Heinzel, F., Kahlert, J. & Sandfuchs, U. (Hg.): Handbuch Grundschulpädagogik und Grundschuldidaktik. Bad Heilbrunn, 257–261.

Martschinke, S. (2006): Selbstkonzept. In: Arnold, K.-H.; Sandfuchs, U. & Wiechmann, J. (Hg.): Handbuch Unterricht, Bad Heilbrunn.

Martschinke, S. & Frank, A. (2002): Wie unterscheiden sich Schüler und Schülerinnen in Selbstkonzept und Leistung am Schulanfang? Erste Ergebnisse aus dem Kooperationsprojekt Identitäts- und Leistungsentwicklung im Anfangsunterricht KILIA. In: Prengel, A., & Heinzel, F. (Hg.): Heterogenität, Integration und Differenzierung in der Primarstufe, 6. Band des Jahrbuches Grundschulforschung. Opladen, 191–197.

Meißner, Stefan (2000): Vom Schulstreit zum Marchtaler Plan. Texte zur Theorie und Geschichte der Bildung, Bd. 14. Münster.

Meyer, H. (2004): Was ist guter Unterricht? Berlin.
Meyer, H. (2010): Was ist Kompetenzorientierung? In: Schulmanagement 6/2010, 23–24.
Moschner, B. (2001): Selbstkonzept. In: Rost, D. H. (Hg.): Handwörterbuch Pädagogische Psychologie. Weinheim, 629–635.
Moschner, B. & Dickhäuser, O. (2006): Selbstkonzept. In: Rost, D.H. (Hg.): Handwörterbuch Pädagogische Psychologie. Weinheim, 685–692.
Müller, A. & Noirjean, R. (2007): Lernerfolg ist lernbar. 22 x 33 handfeste Möglichkeiten, Freude am Verstehen zu kriegen. Bern.
Mummendey, H. D. (2006): Psychologie des „Selbst". Theorien, Methoden und Ergebnisse der Selbstkonzeptforschung. Göttingen.
Paulson, F. L., Paulson, P. R. & Meyer, C. A. (1991): What Makes a Portfolio a Portfolio? Eight thoughtful guidelines will help educators encourage self-directed learning. Educational Leadership, 48 (5), 1991, 60–63.
Poloczek, J. (o.J.): Kompetenzorientierter Unterricht, www-stud.rbi.informatik.uni-frankfurt.de/~poloczek/MNU-Tagung-2007-09-27/kompetenzorientierter_Informatikunterricht.pdf (10. März 2011).
Renkl, A., Helmke, A. & Schrader, F.-W. (1997): Schulleistung und Fähigkeitsselbstbild: Universelle Beziehungen oder kontextspezifische Zusammenhänge? In: Weinert, F.E. & Helmke, A. (Hg.): Entwicklung im Grundschulalter. Weinheim, 373–384.
Rihm, T., Portfolio (2004): Baustein einer neuen Lernkultur? Informationsschrift zur Lehrerbildung, Lehrerfortbildung und pädagogischen Weiterbildung, (67), 13–31.
Roggatz, C. (2009): Auf das Können kommt es an ... Unterricht an Kompetenzen orientiert. In: Hamburg macht Schule. Zeitschrift für Hamburger Lehrkräfte und Elternräte (2) 2009, 12–15.
Rolff, H.-G. (2007): Studien zu einer Theorie der Schulentwicklung. Weinheim, Basel.
Rosenbusch, H. (2005): Organisationspädagogik in der Schule. Grundlagen pädagogischen Führungshandelns. Neuwied.
Rosenthal, R. & Jacobson, L. (1966): Teachers' Expectancies: Determinants Of Pupils' IQ Gains. In: Psychological Reports, Bd. 19, 115–118.
Rost, D., Schermer, F. (2006): Leistungsängstlichkeit. In: Rost, D. H. (Hg.): Handwörterbuch Pädagogische Psychologie. Weinheim, 404–416.
Roth, G. (2001): Fühlen, Denken, Handeln. Wie das Gehirn unser Verhalten steuert. Frankfurt/M.
Rychen, D.S. & Salganik, L.H. (ed.) (2003): Key Competencies for a Successful Life and a Well-Functioning Society. Göttingen.
Sacher, W. (2004): Leistungen entwickeln, überprüfen und beurteilen. Bewährte und neue Wege für die Primar- und Sekundarstufe. Bad Heilbrunn.
Scheunpflug, A. (2001): Biologische Grundlagen des Lernens. Berlin.
Scheunpflug, A. (2006): Gefühle als Helfer. Körpereigene Bewertungssysteme. In: Lernen. Wie sich Kinder und Jugendliche Wissen und Fähigkeiten aneignen. Seelze, 34–36.
Scheunpflug, A. & Lang-Wojtasik, G. (2006): Kompetenzen Globalen Lernens. In: Zeitschrift für internationale Bildungsforschung und Entwicklungspädagogik, 28. Jg., H. 2, 2–7.
Scheunpflug, A. & Zeinz, H. (2009): KOMPASS: Überwindung der Defizitorientierung. Eine Herausforderung für Schulen. In: Schulmanagement 2/2009, 31–32.
Schober, B.; Ziegler, A. (2001): Das Münchner Motivationstraining (MMT). In: Zeitschrift für Pädagogische Psychologie, 15 (3/4), 168–180.
Schöne, C., Dickhäuser, O., Spinath, B. & Stiensmeier-Pelster, J. (2002): Skalen zur Erfassung des schulischen Selbstkonzepts (SESSKO). Göttingen.
Schwarzer, R. & Jerusalem, M. (1999): Skalen zur Erfassung von Lehrer- und Schülermerkmalen. Dokumentation der psychometrischen Verfahren im Rahmen der Wissenschaftlichen Begleitung des Modellversuchs Selbstwirksame Schulen. Berlin.
Shavelson, R. J., Hubner, J. J., Stanton, G. C. (1979): Self-Concept: Validation of Construct Interpretations. Review of Educational Research, (46), 407–441.

Stadler-Altmann, U. (2008): Auswirkungen der schulischen Bewertungspraxis auf das Fähigkeitsselbstkonzept von Schülern. Aktuelle empirische Befunde zu einem alltäglichen Phänomen. In: Stadler-Altmann, U., Schindele, J. & Schraut, A. (Hg.): Neue Lernkultur – neue Leistungskultur. Bad Heilbrunn, 272–283.

Stadler-Altmann, U. (2010): Das Schülerselbstkonzept. Eine empirische Annäherung. Bad Heilbrunn.

Stadler-Altmann, U., Schindele, J. & Schraut, A. (Hg.) (2008): Neue Lernkultur – neue Leistungskultur. Bad Heilbrunn.

Stiftung Bildungspakt Bayern (Hg.) (2007): Das KIDZ-Handbuch: Grundlagen, Konzepte und Praxisbeispiele aus dem Modellversuch „KIDZ – Kindergarten der Zukunft in Bayern". München.

Uhl, S. (1996): Die Mittel der Moralerziehung und ihre Wirksamkeit. Bad Heilbrunn.

Weidner, M. (2005): Soziale Kinder lernen besser. In: Grundschule 37/2, 22–28.

Weinert, F.E. (2001): Concept of Competence: A Conceptual Classification. In: Rychen, D.S. & Salganik, L.H. (ed.): Defining and selecting key competencies. Seattle.

Winter, F. (2004): Leistungsbewertung. Eine neue Lernkultur braucht einen anderen Umgang mit den Schülerleistungen. Baltmannsweiler.

Zeinz, H. (2006): Schulische Selbstkonzepte und soziale Vergleiche in der Grundschule: Welche Rolle spielt die Einführung von Schulnoten? Dissertation. Erlangen-Nürnberg.

Zeinz, H., Scheunpflug, A., Stadler-Altmann, U. & Dresel, M. (in Vorbereitung): Maßnahmen zur Stärkenförderung und ihre Auswirkungen. Empirische Ergebnisse des Modellversuchs KOMPASS.

Internetquellen

http://www.buddy.de (26. September 2011)
http://www.institut-beatenberg.ch (07. November 2011)
http://www.iqb.hu-berlin.de/bista/aufbsp (26. September 2011)
http://www.realschule-waldkraiburg.de/moodle (07. November 2011)

Bildquellenverzeichnis

S. 48 mit freundlicher Genehmigung von Andreas Müller, Institut Beatenberg (Schweiz); S. 49 u. 51 mit freundlicher Genehmigung von Heinz Klippert; S. 63 © Bruder, R.; Leuders, T. & Büchter, A. (2008): Mathematikunterricht entwickeln. Bausteine für kompetenzorientiertes Unterrichten. Berlin: Cornelsen; S. 21 (nach: Shavelson, R. J., Hubner, J. J., Stanton, G. C. (1979): Self-Concept: Validation of Construct Interpretations. Review of Educational Research, (46), 407–441), 30, 32 (nach: Rychen, D.S. & Salganik, L.H. (ed.) (2003): Key Competencies for a Successful Life and a Well-Functioning Society. Göttingen), 66–69, 72, 74, 77–79 oben, 79 unten, 81, 83–84, 86–87, 89–90, 95, 97, 106–107, 109–110, 114–119, 121–122, 126, 130–132, 136, 140 mit freundlicher Genehmigung der am KOMPASS-Projekt beteiligten Schulen; S. 164–177 © bei den Autoren.

Anhang

Die Maßnahmen im Überblick

In diesem Kapitel sind die einzelnen Maßnahmen des Schulversuchs nach Art der Maßnahme, nach Jahrgangsstufen und nach Fächern tabellarisch geordnet. Damit soll es möglich werden, mit unterschiedlichen Suchstrategien schnell für den alltäglichen Schulunterricht fündig zu werden und die erprobten Maßnahmen rasch umsetzen zu können.

1. Neues ausprobieren: Sortierung nach Maßnahmen

Viele Maßnahmen eigenen sich, um die Stärken und das Selbstvertrauen der Schülerinnen und Schüler aufzubauen. In der folgenden Tabelle sind die Maßnahmen alphabetisch angeordnet und somit leichter zu finden.

Maßnahme	Fach	Jahrgang	Seite
Benimm-Kurs	Alle	9./10.	127
Buddy-Programm	Deutsch	6.	89–92
Checklisten	Deutsch/Mathematik/Englisch	5./6./7.	75–81
Freiarbeit	Alle	5.–10.	117–119
Gesundheitsbewusste Lebensführung	Sport	9.	99–101
KOMPASS-Stunden	Alle	9./10.	112–117
	Deutsch/Mathematik/Englisch	5./6.	133–134
Kompetenzklassen	Deutsch	6.	88–89
Kompetenzraster	Deutsch	5./6.	65–66
	Mathematik	5.	66–67
	Englisch	6.	66–68
	Musik	5.	68–69
	Lernfelder		71–72
Kooperation mit außerschulischen Partnern	Sport	9.	137–138
	Alle	7.	137–138
Kooperationsvertrag	Alle	5.–10.	125–127
LdL – Lernen durch Lehren	Alle	5.–10.	96–98
Lernen lernen	Alle	5.–10.	104–107
Lernen mit Kopf, Herz und Hand	Alle	7.	120–123
Lernkartei	Deutsch	5./6.	70–71
Lernzimmer/Lernraum	Alle	5.–10.	135–137
Musical	Musik/Kunst/Sport/Deutsch	5.–10.	101–103
Persönlichkeitsentwicklung	Alle	5./6.	108–111
Portfolio	Englisch	5.–10.	72–74

▶

Rückmeldebögen	Deutsch/Mathematik/Englisch	5./6./7.	76–78
Rückmeldegespräche	Englisch	5.–10.	82–87
Schnupperkurse	Wahlpflichtfächer	6.	139, 142
Selbsteinschätzungsbögen	Alle	5.–10.	81
Stärketage	Alle	5.–9.	138–139
Teamteaching	Deutsch/Mathematik/Englisch	9.	134–136
Techni-Girls	MINT	7./8./9.	94–96
Vertikale Sechs	Deutsch/ Mathematik	6.	92–93
Wahlkurse	Deutsch/ Englisch/Mathematik/ Musik/ Orchester/Textiles Gestalten/Kunst/Theater/Natur und Technik/IT/Sport	5./6.	140–145
Wochenplan	Deutsch	7.	129

2. Altersgerecht fördern: Sortierung nach Jahrgängen

Je nach Schulsituation kann es sinnvoll sein, mit der Förderung von Stärken und Selbstvertrauen in einer bestimmten Jahrgangsstufe anzufangen oder diese zu intensivieren. Deshalb sind die im KOMPASS-Schulversuch erprobten Maßnahmen in der folgenden Tabelle nach Jahrgängen geordnet.

Jahrgang	Maßnahme	Seite
5.	Checklisten	76
	KOMPASS-Stunden	133–134
	Kompetenzraster	65–66, 70
	Lernkartei	70–71
	Persönlichkeitsentwicklung	108–111
	Rückmeldebögen	76
	Wahlkurse	140–145
6.	Buddy-Programm	89–92
	Checklisten	76
	KOMPASS-Stunden	133–134
	Kompetenzraster	65–70
	Lernkartei	70–71
	Persönlichkeitsentwicklung	108–111
	Rückmeldebögen	76
	Schnupperkurse	139; 142
	Vertikale Sechs	92–93
	Wahlkurse	140–145
7.	Checklisten	76
	Kooperation mit außerschulischen Partnern	137–138
	Lernen mit Kopf, Herz und Hand	120–123
	Rückmeldebögen	76

	Techni-Girls	94–96
	Wochenplan	129
8.	Techni-Girls	94–96
9.	Benimm-Kurs	127
	Gesundheitsbewusste Lebensführung	99–101
	KOMPASS-Stunden	112–117
	Kooperation mit außerschulischen Partnern	137–138
	Teamteaching	134–135
	Techni-Girls	94–96
10.	Benimm-Kurs	127
5.–9.	Stärketage	138–139
5.–10.	Freiarbeit	117–119
	Kooperationsvertrag	125–127
	LdL – Lernen durch Lehren	96–98
	Lernen lernen	104–107
	Lernzimmer/Lernraum	135–137
	Musical	101–109
	Portfolio	72–74
	Rückmeldegespräche	82–87
	Selbsteinschätzungsbögen	81

3. In Fachprofilen stärken: Sortierung nach Fächern

Viele Unterrichtsideen, die die Schulen im Schulversuch entwickelt und erprobt haben, setzen sich mit den Inhalten und unterrichtlichen Besonderheiten der Kernfächer auseinander. Aber auch andere Fächer sind in die jeweiligen Schulkonzepte der Förderung der Stärken und des Selbstkonzepts ihrer Schülerinnen und Schüler eingebunden worden. Deshalb sind in der folgenden Tabelle die Maßnahmen nach ihren Fachbezügen sortiert. Viele Lehrkräfte aus den KOMPASS-Schulen berichten, dass sie zunächst in einem Unterrichtsfach mit der Umsetzung ihrer Ideen begonnen haben und dann Schritt für Schritt ihre Ideen auf die ganze Schule ausgeweitet haben. Ein Weg, der auch von anderen Lehrkräften mit Hilfe der Tabelle nachvollzogen und selbst ausprobiert werden kann.

Fächer	**Maßnahmen**	**Seite**
Deutsch	Buddy-Programm	89–92
	Checklisten	77
	KOMPASS-Stunden	133–134
	Kompetenzklassen	88–91
	Kompetenzraster	65–66
	Lernkartei	70–71
	Musical	101–103

	Rückmeldebögen	77
	Teamteaching	134–135
	Vertikale Sechs	92–93
	Wochenplan	129
Mathematik	Checklisten	78–79
	KOMPASS-Stunde	133–134
	Kompetenzraster	66–67
	Rückmeldebögen	78
	Teamteaching	134–135
Englisch	Checklisten	77–78
	KOMPASS-Stunden	133–134
	Kompetenzraster	66–68
	Portfolio	74–75
	Rückmeldebögen	77
	Rückmeldegespräche	82–87
	Teamteaching	134–135
Musik	Kompetenzraster	68–69
Sport	Gesundheitsbewusste Lebensführung	99–101
	Kooperation mit außerschulischen Partnern	137–138
MINT	Techni-Girls	94–96; 145
Musik, Kunst, Sport, Deutsch	Musical	101–103
Wahlfächer	Wahlkurse	140–145
Wahlpflichtfächer	Schnupperkurse	139; 142
alle Fächer	Benimm-Kurs	127
	Freiarbeit	117–119
	KOMPASS-Stunden	112; 133
	Kooperation mit außerschulischen Partnern	137–138
	Kooperationsvertrag	125–127
	LdL – Lernen durch Lehren	96–98
	Lernen lernen	104–107
	Lernen mit Kopf, Herz und Hand	120–123
	Lernzimmer/ Lernraum	135–137
	Persönlichkeitsentwicklung	108–111
	Selbsteinschätzungsbögen	81
	Stärketag	138–139

Buchprogramm

Interaktive Tafelbilder gezielt nutzen

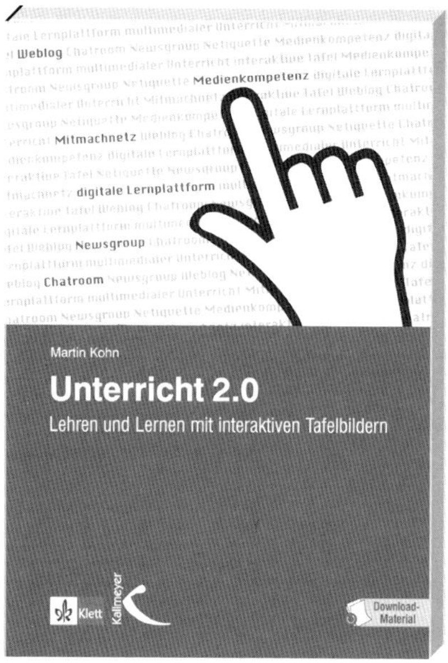

MARTIN KOHN

Unterricht 2.0

Lehren und Lernen mit interaktiven Tafelbildern

16 x 23 cm, 200 Seiten

ISBN 978-3-7800-1084-1, € 24,95

Deutschland zählt laut OECD-Studie noch immer zu den Schlusslichtern Europas, wenn es um die Nutzung von Computern im Unterricht geht. Zwar sind an den meisten Schulen Computer und interaktive Tafeln vorhanden, aber sie werden noch zu wenig oder nicht wirklich erfolgreich für den Unterricht genutzt, weil Konzepte für deren pädagogisch sinnvollen Einsatz fehlen.

Der Autor zeigt, dass gerade diese Medien Wegbereiter sein können für eine **neue Lehr- und Lernkultur**, die gekennzeichnet ist durch anregenden Unterricht sowie durch wirkungsvolleres, stärker eigenverantwortliches und selbständiges Lernen. Mit zahlreichen **anschaulichen Beispielen aus der Praxis** eröffnet er neue Perspektiven, wie Medien sinnvoll im Unterricht und für die Arbeit der Schülerinnen und Schüler zu Hause eingesetzt werden können. Die vorgestellten Projektideen haben sich im schulischen Einsatz bewährt. Einfach nachvollziehbar und sehr motivierend für alle – so können auch Sie Ihren Unterricht bereichern und zugleich die Medienkompetenz Ihrer Schülerinnen und Schüler fördern.

Alle Preise zzgl. Versandkosten, Stand 2012.

Unser Leserservice berät Sie gern:
Telefon: 05 11/4 00 04 -150
Fax: 05 11/4 00 04 -170
leserservice@friedrich-verlag.de

Gute Lernaufgaben im Fachunterricht

STEFAN KELLER I UTE BENDER (Hrsg.)

Aufgabenkulturen

Fachliche Lernprozesse herausfordern, begleiten, reflektieren

16 x 23 cm, 312 Seiten

ISBN 978-3-7800-4904-9, € 21,95

Lernaufgaben sind zentrale Bausteine des Unterrichts und Ausgangspunkte schulischen Lernens. Fokussiert bringen sie zum Ausdruck, welche Kompetenzen Schülerinnen und Schüler in einem Fach erwerben sollen und welche Fragestellungen, Strategien oder Materialien sie dabei unterstützen und fordern.
Der Band beleuchtet **Lernaufgaben für die Sekundarstufe I und II** aus mehreren Perspektiven:
Es führt zunächst in die **einschlägigen Diskurse** um Aufgabenkultur und deren „Brennpunkte" ein und skizziert im Weiteren die **Aufgabenkulturen im Unterricht verschiedener Fächer**. Schliesslich erläutert er die Bedeutung von Aufgaben in der Lehrerbildung. Zahlreiche Vertreterinnen und Vertreter der fachdidaktischen und erziehungswissenschaftlichen Forschung aus der Schweiz und Deutschland haben an der Publikation mitgearbeitet und ermöglichen fachlich wie überfachlich pointierte Einblicke.

www.klett-kallmeyer.de

Unter **www.friedrich-verlag.de** finden Sie Materialien zum Buch als Download.
Bitte geben Sie den Download-Code in das Suchfeld ein.

DOWNLOAD-CODE: **d11096bf**

Hinweis:

Download-Material (pdf)

Das Download-Material enthält zahlreiche Arbeitsblätter (Projektbeispiele, Unterrichtsmaterialien), die von den am KOMPASS-Projekt beteiligten Schulen erprobt worden sind, und die Sie bei der Vorbereitung Ihres Unterrichts unterstützen und/oder Ihnen vertiefende Hintergrundinformationen liefern.
Als Käufer des Buches (ISBN 978-3-7800-1096-4) sind Sie zum Download dieser Datei berechtigt. Weder die gesamte Datei noch einzelne Teile daraus dürfen ohne Einwilligung des Verlages an Dritte weitergegeben oder in ein Netzwerk gestellt werden. Dies gilt auch für Intranets von Schulen und sonstigen Bildungseinrichtungen.

Der Verlag behält sich vor, gegen urheberrechtliche Verstöße vorzugehen.

Haben Sie Fragen zum Download? Dann wenden Sie sich bitte an den Leserservice der Friedrich Verlags GmbH. Schreiben Sie uns oder rufen Sie uns an!

Sie erreichen unseren Leserservice
Montag bis Donnerstag von 8 – 18 Uhr
Freitag von 8 – 14 Uhr
Tel.: 05 11/4 00 04-150
Fax: 05 11/4 00 04-170
E-Mail: *leserservice@friedrich-verlag.de*

Wir freuen uns über Ihre Rückmeldungen und helfen Ihnen gerne weiter!